나는
무엇인가

배려의 철학을 위하여

나는 무엇인가

배려의 철학을 위하여

초판 1쇄 | 2015년 11월 15일

3쇄 | 2023년 3월 01일

지은이 | 신창호

디자인 | 김진경

편 집 | 김재범

펴낸곳 | 도서출판 써네스트

펴낸이 | 강완구

출판등록 | 2005년 7월 13일 제313-2005-000149호

주 소 | 서울시 마포구 양화로 156, 925호

전 화 | 02-332-9384   **팩 스** | 0303-0006-9384

이메일 | sunestbooks@yahoo.co.kr

홈페이지 | www.sunest.co.kr

ISBN 979-11-86430-06-4 (03100) 값 15,000원

우물이 있는 집은 써네스트의 인문브랜드입니다.

정성을 다해 만들었습니다만, 간혹 잘못된 책이 있습니다. 연락주시면 바꾸어 드리겠습니다.

이 도서의 국립중앙도서관 출판시도서목록(CIP)은 서지정보유통지원시스템 홈페이지(http://seoji.nl.go.kr)와 국가자료공동목록시스템(http://www.nl.go.kr/kolisnet)에서 이용하실 수 있습니다.(CIP제어번호: CIP2015026374)

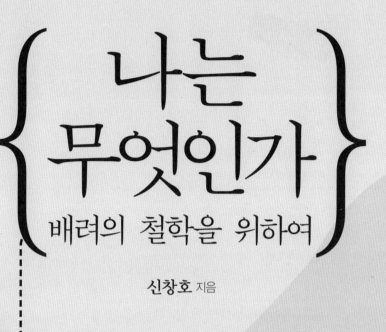

{ 나는 무엇인가 }

배려의 철학을 위하여

신창호 지음

우물이 있는 집

서문

8

| 신광호 교수의 인문학 특강 |

사람은 나로부터 너, 그리고 우리라는 세계로 인식을 확장합니다.
아니, 우리에서 너, 나, 혹은 너에서 나, 우리, 너에서, 우리, 나로
세상을 파악하는지도 모르겠습니다. 어쨌건 이 세상에 존재하고
발생하는 수많은 상황과 사태를 몸으로 경험하면서 우리는
삶을 영위합니다. 때로는 살아간다는 주체적 교만으로, 때로는
살아진다는 객체적 불만으로 인생의 희로애락을 노래하기도 합니다.
살아가기와 살아지기, 그 변증법적 대화 가운데의 실존!

　　대학에서 강의를 하기 시작한 지 20년이 다 되어갑니다. 전반기
10년은 강사로서 열정을 꽃피울 때였고, 후반기 10년은 교수로서
강의를 고민하면서 걸어온 시기였습니다. 그 열정과 고민은 나의
제자들에게 삶의 테크네(Techne)와 인생을 가꾸어갈 능력을 일깨우는
데 집중되었습니다. 교육자의 습관이라고나 할까요?

　　지금도 그 열정과 고민은 지속되고 있습니다. 어떻게 하면 저의
제자들과 저를 알고 있는 사람들에게, 버젓한 직장에서 돈을 벌고,

해박한 지식의 습득을 통해 교양을 갖추며, 좋은 사람들과 함께 살고, 건강, 스포츠, 여행 등 다양한 취미활동을 하며 자신을 가꾸어 가는 데 일조할 수 있을까? 정치, 경제, 사회, 문화 등 다양한 영역에서 자신의 목소리를 내면서 숨 쉬고 살아가게 할 수 있을까? 이런 열정과 고민을 일깨우고 싶은 마음으로 가득합니다.

어쩌면 이런 생각 자체가 어리석은 것일지도 모르겠습니다. 그만큼 교육과 교양, 인문정신을 고양하는 작업이 쉬우면서도 어렵고, 한계를 지니고 있기 때문일 수도 있겠습니다. 아니면 그 이면에 잠재하고 있는 무한한 상상력과 가능성이 두렵기 때문인지도 모를 일입니다.

이 책은 그런 것을 지향하는 사람살이에 대한 인문학 교양 강좌의 기본 교안이라고 할 수 있습니다. 10여 년 전,『존재와 가치에 관한 사색』(경희대학교 출판국)이라는 책을 발간한 적이 있습니다. 그 책은 인문교양 강의를 위해 기획된 교재였는데, 이 책은 그 강의교재의 수정증보판이라고 해도 무방합니다.

엄밀히 말하면, 이 책은 다음과 같은 열정과 고민을 담으면서, 재탄생의 기회를 얻었습니다. 2004년 고려대학교는 새로운 시대를 선도할 수 있는 교양교육과정을 개편합니다. 이 시대에 필요한 교양, 시대정신을 구가할 수 있는 교과목을 '핵심교양'이라는 이름으로 요청하였습니다. 이 과정에서 저는 인간의 삶과 교육에 기여할 수 있는 철학이 무엇일까? 그 고민의 끝에서 〈배려의 철학〉(처음에는 〈배려의 교육적 요구와 실천〉)이라는 교과목을 개설하였습니다. 〈배려의

9

철학)은 개설 당시부터 많은 학생들에게 좋은 반응을 얻었습니다. 학생들 사이에 '고려대 3대 교양'이라고 회자되면서, 들어볼 만한 교과목으로 추천되기도 했고, 우수강의상도 꾸준히 받았습니다.

이 책의 내용이 바로 그 강의의 기본 재료였습니다. 지난 10여 년간 이 강의를 수강한 제자들은 매년 300여 명 정도, 대략 3000여 명 가량 될 것입니다. 저는 그들과 스스럼없이 뒹굴어 보았습니다. 우리 시대에 필요한 덕목으로서 배려는 무엇이고 어떤 것이어야 하는가? 배려의 이론과 실천을 가슴에 안고 직접 뛰고 부딪치면서 배려와 비배려, 반배려의 상황들을 체험했습니다. 그것이 바로 우리의 삶이었습니다. 이 자리에서 저의 삶의 거울이 되어 준 수많은 제자들에게 고마운 마음을 전합니다.

강의에 대한 긍정적 평가는, 교수자로서는 즐거운 일일 수도 있지만, 그만큼 고민의 깊이와 폭을 확장해 놓았습니다. 스마트폰이 바뀌는 속도까지는 아니더라도, 제자들은 변화하고 시대정신도 미끄러져 가고 있는데, 이른바 86세대(80년대 학번, 60년대 생)라고 하는 50대 선생이 20대 제자들과 어떻게 마주해야 하는가? 나는 나 자신에게 어떤 배려를 하고 있는가? 제자들은 그들 나름대로 어떤 배려를 열망하는가? 그것은 강의를 개설하는 것만의 문제가 아니었습니다. 나와 너, 그리고 우리가 존재하며 더불어 사는 문제였고, 세상에 대해 알고 실천하는 문제였습니다.

그런 와중에 저의 후배이자 오랜 벗인 김재범, 강완구 선생에게서 연락이 왔습니다. 다시 새롭게 고쳐서 책을 펴내겠다고

말입니다. 사실은 많이 부끄러웠습니다. 80년대 우리는
서울지역에서 함께 문예운동을 하며 한국사회의 진로를 고민하던
열혈 대학생들이었습니다. 그때 참사람의 길을 모색하던, 아름다운
삶을 꿈꿨던 시기가 참 그립기도 했습니다. 다시 한 번 책을 다듬는
데 애써준, 써네스트를 이끌고 있는 나의 벗 김재범 주간과 강완구
대표에게 고마움을 전합니다.

　　이를 계기로 저는 2015년 연구년을 마무리하고, 2016년부터는
다시 대학생 시절의 마음을 되살려 학문의 열정을 보다 활발하게
움직이게 하고 싶습니다. 사랑하는 나의 제자들과 인문학을
갈망하는 여러 사람들과 함께 호흡하고 싶습니다. 이 책이 그 밀알이
되기를 소망합니다.

II

2015. 11
안암동 운초우선교육관 연구실에서
신 창 호

chapter 01

**"나는
누구인가"**

첫 강의는 누구나 한번쯤은 물어보았을 질문, "나는
누구인가?"로부터 시작하겠습니다. 이 질문은 "나는 무엇인가?"
"나는 어디로부터 와서 어디로 가는가?"로 확장할 수 있겠고,
나아가 "자아는 도대체 어떤 존재인가?"라는 질문까지 던져볼 수
있겠습니다.

15

　　우리는 살아가면서 수없이 자신에게 자기의 존재를 묻습니다.
그렇지만 '내가 누구인지' 쉽게 알 수 있는 것도 아닙니다. 그것은
우리 자신의 반성적 사고를 통해서 확인하기도 하고, 타인의 행위를
통해서도, 주변 상황의 변화를 통해서도 확인합니다. 그런데 그것이
우리에게 무슨 의미가 있을까요? 또 우리는 진정 자아를 발견할 수
있을까요? 수많은 철학자들이 이 문제를 탐색해 왔습니다.

소크라테스와 아리스토텔레스

서양철학사에서 이 문제를 처음으로 고민한 사람은 아마 소크라테스(Socrates, B.C. 470 ~ B.C. 399)일 겁니다. 소크라테스는 '자아'를 깨닫는 것은 자기가 알지 못하는 무지를 깨닫는 것과 같다고 생각했습니다. "너 자신을 알라! 그리고 너 자신을 탐구하라!" 소크라테스는 델포이 신전의 문에 걸린 이 말을 끊임없이 되뇌며 "너 자신을 알라gnothi seauton!"를 외쳤다고 합니다. 그렇다면 여러분은 자신에 대해 얼마나 알고 있습니까? 여러분은 아래와 같이 대답할 수 있을지 모릅니다.

"나는 학생으로서 생각하며 이 세상에 대해 느낀다."
"나는 무엇인가 되기를 바라고 미래에 어떤 희망을 추구한다."
"나는 나름대로 내 인생의 목표와 계획을 가지고 있다."
"나는 일상 속에서 기뻐하며 슬퍼한다."

자 그럼 위와 같은 대답이 나를 알고 있는 것이라고 말할 수 있겠습니까? 어떠한 생각과 행동으로 살아가고 있다면 나를 아는 것일까요? 이런 상황 속의 내가 진정한 나라고 할 수 있나요? 이 대답은 조금 뒤로 미루기로 하죠. 우선 소크라테스의 말을 더 들어봅시다.

소크라테스가 말하는 것은 자기의 무지를 제대로 아는 것이

진정한 자아를 발견하는 것이라고 강조합니다. 우리는 세상을
어떻게 인식합니까? 우리가 알고 있는 지식의 테두리 내에서
인식하는 것이죠. 이때 우리가 가진 지식이 반드시 참은 아닙니다.
거짓일 수도 있습니다. 우리는 이런 거짓과 무지를 깨닫는 가운데
자아를 발견할 수 있습니다. 소크라테스는 기존의 지식을 가진
나와 그 지식의 참 또는 거짓을 끊임없이 검토하는 반성적인 나를
구별합니다. 그는 지식에 대한 참 또는 거짓에 대해 반성적이고
정신적인 주체가 진정한 자아라고 말합니다. 이런 면에서
소크라테스는 자아를 순전히 정신적인 측면에서 이해했다고 할 수
있습니다.

우리는 소크라테스가 추구한 자아를 흔히 "영혼"이라고
부릅니다. 나에 대해서 말하라고 하면 우리의 몸이나 의식에
있는 따뜻하고도 생명력 있는 그 무엇이라고 표현합니다. 자아를
구성하는 몸과 의식은 나이가 들면서 점차 늙어가고 쇠퇴하여
사라져가죠. 소크라테스는 참다운 자아는 소멸하는 육체가 아니고
지속적인 영혼이라는 점을 발견했던 겁니다.

이런 영혼은 거짓으로부터 참을 알아낼 수 있습니다. 즉
영혼은 나쁜 것으로부터 착한 것을 인식하고 선택할 수 있는
통찰력이 내재하는 장소입니다. 따라서 인간의 자기인식은 바로
참다운 자아에 관한 인식을 말하는 것입니다. 참다운 자아인 영혼은
우리가 직접 보는 것뿐만 아니라 우리의 의지에도 관여합니다.
그리하여 자아의 의지는 선한 것을 절대적으로 바라는 것이죠.

자아에 대한 초기의 철학적 인식은 이러했습니다.

그런데 자아는 우리가 생각하는 대로 영혼일까요? 육체는 아무런 의미도 없는 것일까요? 이에 대해 아리스토텔레스(Aristoteles, B.C. 384~B.C. 322)는 자아를 몸과 정신의 양면이 합쳐진 것으로 보았습니다. 그는 몸의 움직임에 의한 감각이나 경험한 내용이 정신의 지적인 내용과 자연스럽게 연결된다고 보았던 것이죠. 하지만 아리스토텔레스 역시 자아를 정신적인 측면에서 고찰하려는 경향이 있었습니다. 소크라테스와 아리스토텔레스 이 두 철학자의 자아관은 후세에 많은 영향을 미칩니다. 자아의 정신적인 측면인 영혼을 강조하느냐, 육체와 정신의 합일체인가의 문제는 수세기에 걸쳐 끊임없는 논쟁거리가 되었죠.

그러나 중세 기독교시대에 들어서면서 인간은 하나님(신)의 아들로서 자기 존재를 신에 의존하게 됩니다. 이때 자아는 신과의 관계에서만 파악될 뿐입니다. 이렇게 되면 인간은 자기 정체성을 잃어버리고 맙니다. 즉, 인간은 신의 종이기에 그의 자아는 특별한 의미를 지닐 수 없었던 것입니다.

자아의 재탄생

중세를 훌쩍 넘어가면 근대는 다시금 자아를 회복합니다. 이는 신에게 지배당했던 인간의 자아가 수면 위로 다시 올라오는 혁명적인 사건이었죠. 그 선구에 데카르트(René Descartes, 1596~1650)가 있었습니다. 그는 깜깜한 암흑 속에 있던 인간의 자아를 향해 "나는 생각한다. 그러므로 나는 존재한다cogito ergo sum!"라는 유명한 말을 던졌습니다. 그는 생각, 사고, 의식의 활동성으로서의 자아를 발견한 것이었죠.

이를 위해 데카르트가 행한 방법이 "회의懷疑"입니다. 그는 이 세상의 모든 것을 의심하고 부정하고 회의했습니다. 그런데 그런 의심과 부정과 회의를 하고 있는 자기 자신만은 부정할 수 없었습니다. 그것만은 확실했기 때문이죠. 여러분이 지금 카드게임을 하고 있다고 생각해봅시다. 그저 재미로 게임을 즐길 수도 있고, 도박을 하고 있을 수도 있습니다. 그리고 게임을 하면서도 하고 있지 않다고 부정할 수도 있습니다. 그런데 카드놀이를 한다고 생각하는 자신의 생각만은 부정할 수 없는 것입니다.

여기에서 우리는 "나"라는 존재를 알게 됩니다. "나"는 단순히 몸뚱이를 가진 물리적 존재가 아니라 의심하거나 부정하거나 회의를 하는 존재라는 걸 발견하게 된다는 말입니다. 그렇다 하더라도 "나는 생각한다. 그러므로 나는 존재한다"에서 나의 생각과 존재가 따로 있는 것은 아니죠. 단지 나의 존재는 생각이라는 사유 활동 자체로만 확인됩니다. 그러므로 나의 본질, 즉 자아는 바로 생각(사유)라고 할 수 있는 것입니다.

그렇다면 여기서 질문 하나를 더 던져봅시다. 인간의 자아는 실제로 존재하는 것인가요, 아닌가요? 스피노자(Baruch de Spinoza,

1632~1677)는 데카르트와는 달리 인간 개체의 실체성을 부정합니다. 당연히 자아의 실체도 거부하죠. 왜냐하면 이 우주의 궁극적 실체를 무한자인 신으로 두었기 때문입니다. 인간은 무한자 안에서의 한 개체에 불과하며, 그 속에서 자기 존재를 부여받을 수 있을 뿐입니다. 인간은 다양한 상관관계 속의 유한한 개체들 중의 하나일 뿐인 것이죠. 달리 말하면, 인간의 자아는 무한 실체인 신의 한 양태로서 드러날 뿐입니다.

데카르트는 자아가 사고 활동을 통해서만 확인된다고 말했습니다. 그러나 데카르트의 사고는 정신과 육체가 서로 분리된 것으로 보이기 쉽습니다. 라이프니츠(Gottfried Wilhelm von Leibniz, 1646~1716)는 이에 대해 일격을 가합니다. 그는 모든 존재하는 것이 실체이며 영혼이라고 말합니다. 이 영혼의 실체를 그는 모나드(단순 실체. 모든 복합체는 모나드의 집합체에 지나지 않는다)라고 불렀습니다. 그에 따르면 우리의 자아 역시 하나의 모나드입니다. 우리의 자아는 욕구하며 지각하는 모나드인 것입니다.

하지만 여기서 또 하나의 고민이 생깁니다. 사고를 본질로 하는 자아이건, 신의 한 양태로서의 자아이건, 모나드로서의 자아이건, 이런 자아는 홀로 존재할까요? 우리가 흔히 알듯이 인간은 "사회적 동물"입니다. 자아는 절대로 홀로 존재할 수 없는 본성을 지녔습니다. 개별적인 자아는 반드시 전체(공동체)를 필요로 합니다. 다시 말해 개인은 사회나 국가와 같은 공동체를 필요로 한다는 것입니다. 문제는 인간이 사회인이 되면서 생깁니다. 인간은 그때부터 점점 타락하고 자기 이익을 챙기면서 경쟁하죠. 인간은 어느새 이기적 욕망의 주체로 탈바꿈하고 맙니다. 홉스(Thomas Hobbes, 1588~1679)는 인간이 극히 이기적이고 비사회적이며 자기 보존의 욕구에만 충실할 뿐이라고 지적하면서, 다른 사람과는 본능적으로 협동이 아닌 경쟁과 투쟁의 관계를 형성하는 존재라고 말합니다. 그의 생각은 "만인에 대한 만인의 투쟁(bellum omnium contra omnes)"이라는 언표에 여실히 드러납니다.

독일의 관념론

칸트(Immanuel Kant, 1724~1804)는 인간 인식의 두 원천을 "감성"과 "오성"이라고 정의합니다. 감성을 통해서 대상들은 우리들에게 주어집니다. 오성을 통해서 그 대상들은 사유됩니다. 그러므로 지식이라는 것은 인식하는 자와 인식되어지는 사물간의 협동 작업이라고 할 수 있습니다. 그런데 인식하는 자로서의 나와 인식하는 사물간의 차이를 구별할 수는 있지만, 결코 "물 자체"를 알 수는 없습니다. 왜냐하면 내가 사물을 인식하는 순간, 나의 구조화된 정신이 그것을 알 수 있도록 허용하는 대로 인식하기 때문이죠.

쉽게 이야기해보죠. 여기에 고목나무가 있습니다. 나는 그 고목나무를 인식합니다. 당연히 나와 고목나무는 다르죠. 그런데 내가 고목나무를 인식할 때, 내게는 "고목나무는 이런 것이다"라고

21

이미 부여되어 있는 정신에 따라 인식하는 것입니다. 그러나 고목나무 자체가 무엇인지는 알 수 없습니다.

그렇다면 무엇이 우리에게 세계에 관한 통합적인 파악을 가능하게 하는 것일까요? 칸트가 말하는 경험에 관한 지식은 정신의 여러 작용들이 통합된 것입니다. 여기에는 연속적으로 느끼고, 상상하고, 기억하고, 직관적으로 종합하는 능력이 수반됩니다. 이 모든 행위는 하나의 주체, 동일한 자아 내에서 발생해야 합니다. 이 통합 행위를 칸트는 "통각의 선험적 통일"이라고 부릅니다. 이 행위를 하는 주체를 자아라고 불러도 좋을 것입니다. 이런 자아는 선천적입니다. 따라서 자아가 세계를 구성하는 것이죠.

피히테(Johann Gottlieb Fichte, 1762~1814)에 이르면 자아는 비아非我와 관계하는 방식에서 발견할 수 있다고 말합니다. 자아는 비아에 의해 제한되고, 비아는 자아에 의해 제한된 것으로 볼 수 있습니다. 자아는 그 사이에서 유동합니다. 자아는 스스로 무한하면서도 비아인 객체로 나아가는 것은 유한합니다. 따라서 자아는 무한과 유한 사이에서 떠도는 것이죠.

칸트는 자아의 선천성을 얘기했습니다. 이는 초월적 자아를 의미합니다. 자연의 통일성은 인식된 자연에 앞서 그것을 인식하는 주체의 통일성에 기인하기 때문이죠. 인식하는 주체의 통일성은 단지 개별적 인식 주체에 머무르는 것은 아닙니다. 자연이 나에 의해서 인식됐건 너에 의해서 인식됐건 같은 하나의 자연이라고 간주할 수 있는 것은 인식 주체의 보편성이 전제되어야만 가능한

것입니다. 이때 개체로 나타나는 자아는 보편성을 획득할 수
있을까요? 이 보편을 실현하는 개체로서의 자아를 주목한 철학자가
바로 헤겔입니다.

　　헤겔에 의하면 한 인간은 하나의 사물에 대해 하나의 관념을
형성하고, 그것에 관해 판단을 행하며, 논리적 관계를 생각해
냅니다. 헤겔은 그 사실로부터 주관성의 범주를 추론합니다.
그 주관성으로부터 대립자인 객관성을 추론할 수 있습니다. 즉
주관성의 개념은 이미 객관성의 관념을 내포하고 있다는 것이죠.
자아가 있다는 것은 비아非我가 있음을 의미합니다. 그러므로 자아는
비아와의 종합 속에서 보편을 실현하는 개체라고 말할 수 있습니다.

23

둥근 원을 그리며 돌아가는 횃불

여기 어떤 사람이 깜깜한 밤에 횃불을 돌리고 있습니다. 횃불은 둥근
원을 그리며 돌아갑니다. 멀리서 바라보면 그저 둥글게 돌아가는
횃불일 뿐입니다. 자, 여기서 우리는 눈앞에서 벌어지고 있는 수많은
현상들을 어떻게 보아왔는지 질문해볼 필요가 있습니다. 횃불이
돌고 있을 때 실재하는 것은 무엇입니까? 둥근 횃불인가요, 아니면
그냥 한 점의 타는 횃불인가요?

　　인간에게는 이 세상의 모든 현상들보다 앞서는 움직임이
있습니다. 모든 움직임들을 싸고 움직여 그것을 하나의 유동적인
것으로 현상하는 것, 그것이 바로 의식의 흐름입니다. 모든

현상은 바로 우리 의식의 흐름에서 종합되어 얻어지는 것입니다.
우리의 자아는 바로 의식의 흐름입니다. 그리고 자아는 이 세계를
구성하려고 지향하는 주체입니다. 후설(Edmund Husserl, 1859~1938)은
자아가 바로 그것이라고 말했습니다.

우리는 소크라테스, 아리스토텔레스 이래 끊임없이 제기되어
온 문제, 즉 정신과 신체의 분리와 통합을 항상 골칫거리로 안고
왔습니다. 메를로 퐁티(Maurice Merleau Ponty, 1908~1961)는 이런
이원론을 완강히 거부합니다. 그는 세계를 분리된 것이 아니라
그 이전의 근원적 통일성을 이루는 것으로 보고자 했습니다.
인간도 마찬가지죠. 인간에게서 정신과 신체를 어떻게 분리할 수
있겠습니까? 인간의 자아는 정신과 신체로 나뉘는 것이 아니라
"신체성"으로 통합되어 있습니다. 따로 정신성을 두는 것이 아니라
분리할 수 없는 것으로서 신체성입니다. 즉 자아는 신체성인 것이죠.

모든 현상은 인간 존재에서 가장 직접적으로 체험됩니다.
따라서 인간 존재에 대한 물음은 궁극적인 질문이 됩니다.
실존철학은 주로 그것을 다루고자 했습니다. 특히 사르트르(Jean
Paul Sartre, 1905~1980)는 인간 존재를 의식의 존재로 보고 "의식은
그의 존재에 있어서 바로 그 자신의 존재 자체를 문제로 하고
있는 존재"라고 정의합니다. 자아는 자신의 존재자체를 문제
삼습니다. 하이데거도 "인간의 실체는 영혼과 신체의 종합인
정신이 아니라 실존이다"라고 규정하고 있습니다. 실존은 인격의
본질이며 현존재의 본성입니다. 그 실존의 본성은 존재를 추구하는

자기초월적인 "탈자脫自"라고 할 수 있습니다. 실존은 존재자가
된 과거를 초탈하여 존재 가능성인 미래를 향하여 현재의 존재를
투기합니다. 이러한 실존 행위 중에 자기 동일성을 확보하려는
지향성, 그것이 존재에의 관심입니다. 따라서 하이데거는 이렇게
말합니다.

순간적인 실존은 자기 존재가 독자적이고도 역사적인 동일성이
시간적 지평의 연장성을 갖고 있기 때문에 시간적으로 존재할 수 있는
것이다.

탈자의 자아관에 이르면 우리의 자아는 실재 존재에서
벗어납니다. 단순히 자아가 나의 존재가 있다 없다라는 문제가
아니라 어떤 존재로 있느냐로 나아가는 것입니다.

25

몸이 곧 마음이요, 마음이 곧 몸이다

이제 정신과 육체라는 이원론이 주종이었던 서양을 떠나 눈을
돌려봅시다. 동양으로 오면 서양의 분절 개념은 바로 희미해집니다.
특히 유학儒學에서는 자아의 개념이 단순히 몸, 즉 "기己" 하나로
나타나지 않습니다. 그것은 항상 인간성의 실현 과정과 결부되어
이해됩니다. 몸과 마음 또한 하나로 인식되어 몸이 곧 마음이고,
마음이 곧 몸이라고 말합니다. 자아는 이렇게 심신을 수련하면서

터득하는 것이고, 실현되는 것입니다. 『중용』에는 "말을 이룬다"의
의미의 "성誠"을 자아실현의 최고 목표로 보았습니다. 유학에서는
전통적으로 "진실로 그 마음을 굳게 잡는 작업"이 자아실현의 근본
조건이었습니다. 유학에서 말하는 마음을 바로 자아라고 이해하면
됩니다. 마음은 항상 현실에 대응합니다. 따라서 고정된 실체로 있을
수 없는 것이죠.

　　유학에서 자아는 어떤 인간의 존재양식이 아니라 성취해가는
과정 중에 이해되는 것이었습니다. 자아는 실체가 아닙니다.
그렇다고 현상만도 아닙니다. 자아는 유학의 목표인 성인으로
다가가는 인격체라고 이해할 수 있을 뿐입니다. 최고의 자아실현은
성인군자가 되는 것입니다. 이는 인간의 존재를 거론하는 것이
아니라 현실 속에서 군자가 되어가는 인간, 즉 실천하는 도덕적 인간
속에서 찾아지는 것입니다.

　　유학은 현실의 인간을 긍정하는 반면 불교는 그것을
부정하는 경향이 있습니다. 불교는 단순히 부정에 그치지 않고
대긍정으로 나아갑니다. 그것은 잘 알려진 바대로 제법무아諸法無我,
제행무상諸行無常, 일체개고一切皆苦, 열반적정涅槃寂靜에 집약되어
있습니다. 인간의 궁극적인 이상은 집착에서 벗어나 완전하게
해탈하는 경지, 즉 열반에 있습니다. 불교는 기본적으로 모든
것이 아我, 즉 나라는 개체적 인격(자기 존재)이 없는 제법무아를
가정합니다. 그것은 모든 존재가 독립적이고 변하지 않는 실체가
없어서 모든 사물에 주재 작용을 일으키는 아我나 영혼이 없다는

뜻입니다. 다시 말하면, 세상에는 단일하고 독립적이면서 영원한 사물은 없다는 것이죠. 모든 사물은 인연의 화합으로 이루어진 것이어서 상대적이고 임시적입니다. 불교는 이렇게 자아의 실체를 부정합니다. 그런데 이 부정은 많은 모순을 낳아서 나중에는 자성自性 긍정의 이론이 나오게 됩니다.

어쨌든 불교에서 인간은 우선적으로 허구와 습관적인 신념에 불과한 자아를 부정하고 자기를 극복하는 길로 나아가려고 합니다. 자아는 부정의 대상입니다. 자아의 존재나 주체는 없습니다. 그러나 이것은 자기발견과 자기회복, 자기완성을 진정으로 이루기 위한 방편에 불과합니다. 이렇듯 불교에서의 자아는 어떤 말로도 설명하기 어렵습니다. 다만 고정되어 있지 않은 자아 부정과 자기회복을 위한 수련의 전 과정이 자아를 비유적으로 설명해 주고 있을 뿐입니다.

장자의 자아관

현실의 긍정과 부정이라는 측면에서 유학과 불교에 대해 이야기했습니다. 그런데 이와는 또 다른 자아관을 바로 도가계열의 장자(莊子, B.C. 369~B.C. 289 경)에게서 확인할 수 있습니다. 동양적인 자아관의 절정은 이 장자에게서 드러납니다. 장자는 "참된 나"를 설명하면서 그 유명한 호접몽(나비의 꿈)을 예로 들고 있습니다. 예전에 장자는 꿈에 나비가 되었습니다. 나풀나풀 나는 나비였죠.

유쾌하게 마음이 가는 대로 날아다녔지만 장자인지를 알지
못했습니다. 갑자기 깨어나 보니, 엄연히 장자 자신이었습니다.
그렇다면 장자가 꿈에 나비가 된 것인가, 아니면 나비가 꿈에 장자가
된 것인가?

여기에서 우리는 "장자가 꿈을 꾸어 나비가 되었는지, 나비가
꿈을 꾸어 장자가 되었는지를 알지 못하겠다"는 두 가지 명제와
마주하게 됩니다. 인간은 형체에 집착하면 그 형체를 나라고
여깁니다. 형체 이외의 바깥세상은 비아非我입니다. 다른 사람도
여기에 포함되죠. 그런데 정말 형체는 바깥세계와 절대적으로
분리되는 것일까요? 모든 형체, 존재는 나름대로 경험한 바가
있습니다. 이런 경험의 내용은 사실 자아와는 아무런 상관이
없습니다. 형체는 바깥세계에 속하지만 자아는 그 바깥세계의 특정
사물을 본뜬 것이 아니기 때문이죠.

장자가 꿈꾼 나와 나비, 장자는 모두 일정한 관계가 없습니다.
스스로 나비라고 여기는 나는 스스로 장자라고 여기는 나인 것이죠.
나비가 되고 장자가 되는 것은 형체의 차이이지, 나는 여전히
나입니다. 나비와 장자는 본래의 나와 나 아닌 것, 즉 자아와 비아의
대립이 아닙니다. 이런 식으로 추론해 보면 모든 경험적 의미의
자아는 역시 바깥세계의 다른 사람과 대립할 수가 없습니다. 이렇게
해서 물아일체物我一體의 경지로 들어가게 되는 것입니다.

자아는 어떤 고정된 형체나 실체를 주장하지 않습니다. 옳고
그름을 주장하지도 않습니다. 인간이 어떤 것을 추구하면 자아는

28

타락하게 됩니다. 자아는 마음속에서 진정하게 긍정하는 자세일 때 발견됩니다. 우리의 자아는 무궁한 곳에서 노닐며 아무것도 추구하지 않습니다. 나 자신도 없고 그로 인해 생겨나는 공도 없고 이름도 없죠. 진정한 자아는 나와 남의 구분을 잊어버리는 데서 옵니다. 그런데도 자아는 그대로 있습니다.

그래도 자아의 문제는 여전히 풀리지 않습니다. 우리는 소크라테스와 아리스토텔레스의 육체와 영혼의 문제, 자아의 발견을 보류한 중세를 지나 데카르트에 이어 실존철학에 이르기까지 자아에 대한 인식을 다양하게 살펴보았습니다. 또한 유학의 자기 수련과 불교의 자기부정, 장자의 몰아일체까지 동양의 사고를 훑어보았지만 여전히 우리는 나는 누구인지, 진정 어떻게 있는 것인지를 해명하지 못하고 있습니다. 모든 인간에게 보편적인 자아(나)임에도 불구하고 우리는 다양한 방식의 설명을 들었을 뿐입니다. 그것은 어찌 보면 인간 인식의 한계이면서 영원한 과제로 남는 것일까요?

chapter 02

66 인간의 본성은

선한가, 악한가

99

우리는 첫 강의에서 "나"에 대한 탐색을 해보았습니다. 1920년대 이후부터 '사람이 무엇인가'라는 것을 철학의 중심 과제로 다루는 경향이 있습니다(철학적 인간학). 그러나 인간이 무엇인지에 대한 명쾌한 결론은 그 어디에서도 찾아볼 수 없습니다. 그저 다양한 해석이 분분할 뿐입니다. 우리를 당혹하게 만드는 결론은 인간 존재에 대한 규명이 난제라는 사실만을 명쾌하게 보여주기 때문입니다. 더구나 우리 인간을 둘러싸고 있는 세계는 어지러울 정도로 복잡하게 변화하고 있기 때문에 인간이 가진 자기 정체성을 이해하기가 더욱 어려워지고 있습니다.

이렇게 인간을 이해하기도 어려운데 '인간의 본성'을 이해하기 쉬울까요? 학자들이 고안해낸 가장 쉬운 방법이 무엇이었을까요? 그들의 눈에 인간과는 다른 동물이 들어왔습니다. 그렇게 구별해서 나온 용어들이 '사회적 동물', '정치적 동물', '도구를 사용하는 동물', '유희의 동물' 등등입니다. 많은 사람들이 이런 용어들을 진리처럼

사용하지만 여전히 인간에 대한 정의를 내리기에는 어딘가 많이
부족해 보입니다.

본성은 타고나는 것일까?

여러분은 모두 '이성'이라는 말을 알고 있을 겁니다. 서양에서는
근대에 이르러 인간의 가장 중요한 특징으로 이 '이성'을 말하고
있습니다. 특히 서양 근대의 산물인 합리주의에 따르면 사람의
이성은 감성적인 경험에 의존하지 않고, 오직 합리적인 판단에
의하여 참다운 '앎'을 가질 수 있다고 합니다. 하지만 다른 생각을
하는 이들도 있죠. 바로 경험주의자들입니다. 그들은 감성을
중시합니다.

자, 어떻습니까? 이성과 감성은 모두 인간이 갖고 있는 주요한
특징입니다. 둘 다 인간에게 존재하는데 여러분 생각은 어떤가요.
인간의 본성은 이성적입니까 아니면 감성적입니까? 아니면 이 두
가지를 포괄하는 것인가요?

인간의 본성을 생각할 때 어길 수 없는 하나의 문제가
있습니다. 인간이 사회적 존재라는 점이죠. 사회라는 말은 사람과
사람이 어울린다는 뜻이고, 질서와 윤리가 있으며 가치체계가
지배한다는 말입니다. 그렇다면 인간의 본성은 천부적인 것이
아니라 사회 속에서 역사적으로 이루어져 온 것은 아닐까 생각할 수
있습니다. 다시 말하면 한 인간이 다른 인간들과 더불어 살면서 그

사회가 공유한 문화유산을 습득하고 사회화하는 과정에서 본성이
만들어지는 것은 아닐까 하고 생각할 수 있다는 것이죠.

잠깐 동양 최고의 성인이라 불리는 공자(孔子, B.C. 551~B.C.
479)의 말을 들어볼까요.

인간성은 태어날 때는 서로 비슷하다. 그런데 사람마다 공부하여
어떻게 습관을 들이느냐에 따라 달라진다.

공자는 인간이 지니고 있는 이성과 감성이 어떤 환경에서
무슨 생각으로 공부하며 생활하느냐에 따라 달라진다고 말하고
있습니다. 공자는 사회적 존재로서의 인간 본성을 이야기하고 있는
것입니다. 그렇다면 인간의 본성은 선할까요, 악할까요? 위의 공자의
말로는 확인할 수 없습니다. 다만 앞서 이야기했던 대로 인간은 다른
동물들과 달리 이성과 감성을 특성으로 한다는 점을 확인할 수 있을
뿐입니다. 동물은 본능에 의한 행위만을 합니다. 따라서 인간처럼
'사유'하지 못합니다. 선과 악은 본성에 대한 사유의 결과입니다.
이는 인간의 행위와 사회의 발달 과정에 대한 인간 자신의 본성에
대한 의미부여라고 할 수 있습니다.

선과 악의 기준은 무엇인가?

여러분이 생각하는 선과 악의 기준은 무엇입니까? 절대적인 선,

절대적인 악은 있습니까? 그것은 대체로 인간이 이루어놓은 지적
유산과 가치관, 행위의 유형을 통해 추측합니다. 사전에는 선과 악에
대해 대체로 이렇게 풀어놓고 있습니다.

> 선; 착하고 정당하여 도덕적 생활의 최고 이상으로 되는 것
>
> 악; 도덕적 기준에 벗어난 나쁜 의지나 행위

여기 선과 악의 사전적 의미에서 공통적으로 등장하는 단어가
있습니다. 바로 '도덕'입니다. 우리는 보통 선과 악의 기준을 '도덕'과
관련하여 생각한다는 것을 알 수 있습니다. 도덕적으로 옳고
정당하면 선이고, 그르고 타당하지 않으면 악한 것입니다. 그렇다면
무엇이 도덕적으로 옳고 그른 것일까요? 서양에서 도덕적으로
옳은 것이 동양에서 옳을까요? 반대로 동양에서 도덕적으로 옳고
정당한 것이 서양에서도 옳고 정당할까요? 인간이 사는 사회에 따라
그 양상은 복잡할 수밖에 없습니다. 동양과 서양의 윤리와 덕목이
다르고, 민족마다 도덕적인 가치 기준이 상이합니다. 종교를 보아도
그 기준의 차이가 명백히 존재합니다. 그런데도 우리는 선과 악의
보편적 개념을 유효하다고 믿습니다. 아래의 예를 통해서 선과 악에
대해서 다시 생각해봅시다.

유럽에 특이한 암을 앓다가 죽음에 직면한 하인츠라는 부인이
있었다. 의사가 그 부인을 구할 수 있다고 말한, 단 하나의 약이 있었는데,

그 약은 최근에 그 마을의 약제사가 발견한 라디움 종류였다. 그 약은
만드는 데 큰돈이 들어갔다. 그런데 거기에 덧붙여 약제사는 제조비
대가로 10배나 더 요구하였다. 라디움 재료는 200달러였지만 제조사가
요구한 값은 2,000달러였다. 하인츠 부인의 남편은 아는 사람을 모두
찾아가 돈을 빌렸으나, 약값의 절반인 1,000달러밖에 구하지 못하였다.
그는 약제사를 찾아가 아내가 죽어가고 있으니 그 약을 싸게 팔거나,
뒷날에 갚게 해달라고 부탁했다. 그러나 약사는 "안돼요. 나는 오랜 세월
매우 힘들여 이 약을 발견했으니, 돈을 벌어야겠소"라고 말했다. 하인츠는
절망하게 되었고, 마침내 약방을 부수고 들어가 아내를 위해서 약을
훔쳤다.

37

　　하인츠 부인의 남편과 제조사 둘 중에 누가 도덕적이고 누가
비도덕적인가? 우리는 먼저 약제사와 남편, 그리고 하인츠 부인
사이에 얽혀있는 묘한 관계를 이해해야 합니다. 그런데 우리는
이 사건에서 도덕적인 옳고 그름을 판단하기 어렵습니다. 한
사람은 죽어가고 있고, 그녀를 사랑하는 남편은 절박합니다. 또
한편으로 오랜 세월 동안 연구해서 약을 제조한 제조사의 요구 또한
정당합니다. 여기서 우리는 딜레마에 빠지게 됩니다. 약제사와
하인츠는 나름대로 정당하기 때문이죠. 우리는 흔히 이런 딜레마에
빠지기 쉽습니다.
　　옳고 그름은 이처럼 판단하기 어렵습니다. 더욱이 인간의
본성이 선하냐 악하냐를 논하는 것은 더욱 어려운 일이죠. 행동에

따라 달라지고, 처한 조건에 따라 같은 사안도 달리 보일 수
있습니다.

인간의 본성은 선할까 악할까?

유학은 인간의 마음을 매우 중시하는 학문입니다. 이 마음은 또한
몸과 분리되지 않고 통일된 상태로 드러난다고 생각합니다. 그
마음이라는 것은 성품, 인정 등과 밀접하게 연관되어 있죠. 공자의
말을 다시 기억해볼까요? 공자는 사람이 태어날 때는 비슷하다고
말했습니다. 그 어디에서도 선하다 악하다라고 말하지 않습니다.
다만 학습과 습관에 따라 달라진다고 했을 뿐이죠. 다시 말하면 선과
악의 바탕은 인간이 태어난 뒤에 점차 형성된다는 입장인 것입니다.
공자는 교육에 무게 중심을 두었다고 말할 수 있습니다.

인간의 본성에 대하여 본격적으로 논의한 사람은 맹자(孟子,
B.C. 372?~B.C. 289?)와 순자(荀子, B.C. 298?~B.C. 238?)입니다. 먼저
인간은 본성적으로 선하다고 판단한 맹자의 이야기를 들어보기로
하죠. 맹자는 고자(告子, B.C. ?~B.C. ?)를 만나 논쟁을 벌입니다.

> 고자 : 사람의 성품은 빙빙 도는 물과 같다. 그래서 동쪽으로
> 터놓으면 동쪽으로 흐르고 서쪽으로 터놓으면 서쪽으로 흐른다.
> 사람의 성품이 선과 선하지 않음의 구분이 없는 것도, 이와 같다.
> 맹자 : 물은 동 · 서의 구분이 없지만, 위아래의 구분도 없을까?

사람의 성품이 선한 것은 물이 아래로 내려가는 것과 같다. 따라서
사람은 착하지 않은 사람이 없으며 물은 아래로 내려가지 않는 것이
없다. 지금 물을 손으로 튀겨 이마 위로 지나게 할 수도 있지만, 이것은
물의 본성이기보다는 외부의 힘인 손에 의한 것이다. 마찬가지로 사람이
착하지 않게 되는 것도 외부의 힘에 의한 것이다. 본래 인간의 성품은
선하다.

고자는 여울물 자체가 동서 구분이 없듯 사람의 본성도 선악의
구분이 없다고 말합니다. 이것을 무선무악설이라고 부르는데,
인간의 본성은 선도 악도 없다는 사상이죠. 하지만 맹자는 물이
동서 구분은 없지만 위아래로 나뉜다고 말합니다. 물은 외부의 힘을
가하는 경우가 아니면 늘 아래로 향합니다. 물이 성질이 아래로
흐르듯이 사람의 성품도 선한 것이죠. 물이 위로 향하게 하는 것은
물의 성질을 변하게 하는 것이듯이 사람도 외부의 영향을 받으면
나쁘게 변할 수 있는 것입니다. 인간의 본성이 선하다는 맹자의
확신은 아래의 예에서 극명하게 드러납니다.

어떤 사람이, 갑자기 어린 아이가 기어서 우물에 들어가려는
위험한 상황을 보면, 곧바로 가엾게 여기는 마음이 생겨 어린 아이가
우물에 빠질까 두려워하고 그를 구할 생각을 한다. 이 사람과 어린 아이의
부모는 친한 벗도 아니며 그 어떤 이해관계도 없다. 또한 그 사람은 마을
사람들에게 칭찬을 받으려고 아이를 구한 것도 아니며 다른 생각이 있는

것도 아니다. 그 가엾게 여기는 마음은, 인간으로서 진정한 느낌이며
가슴에서 우러나오는 자연스런 감정으로, 인간에게 내재되어 있는
것이다.

　　맹자의 얘기대로 인간에게는 가엾게 여기는 마음이 있습니다.
사람은 전혀 모르는 다른 사람이어도 어려움에 처하면 도와주고
싶은 마음을 가집니다. 우리는 그걸 흔히 인정이라고 부릅니다.
동양에서 유학은 이런 맹자의 전통을 이어받습니다. 선한 성품을
타고났기 때문에 잘 길러 나가면 요임금, 순임금(중국 삼황오제
신화 속의 군주로 성군의 대명사로 일컬어짐) 같은 성인이 될 수 있다고
믿어왔죠. 맹자의 주장에는 인간에 대한 무한한 신뢰가 들어
있습니다. 인간은 만물 중에서 가장 성스럽고 귀한 존재이며, 도
덕이 높은 존재입니다.

　　하지만 맹자의 말대로 인간의 도덕이 그렇게 완벽한 것일까요?
모든 행위를 인간의 도덕적인 자각에 맡기면 늘 선한 결과가
나올까요? 맹자의 성선설은 인간이 타고나면서 선하다고 당연하게
인식했기 때문에 악의 기원을 설명하기는 어렵습니다. 맹자는
외부에 힘에 의해 악해진다고 했지만 그 힘이 곧 악의 근원이라고
설득하기는 쉽지 않죠. 그래서 50년 늦게 태어난 순자는 성악설을
주장하기에 이릅니다.

　　사람은 태어나면서부터 맛있는 것을 좋아한다. 이익을 탐낸다.

또 좋은 음악을 좋아하고 아름다운 여자를 좋아하는 존재이다. 만약 컨트롤하지 않고 그런 욕구가 일어나는 대로 내버려 둔다면, 반드시 싸움이 일어나서 사회는 혼란하게 될 것이다. 이런 것을 볼 때, 사람의 본성은 악하다.

순자의 주장 또한 그럴 듯합니다. 우리는 사람이라면 누구나 욕심을 가지고 있다는 것을 알고 있기 때문이죠. 그리고 사람은 그것을 성취하려고 서로 다투기 마련입니다. 날이 갈수록 그 경쟁은 더욱 치열해지고 있습니다. 순자가 살았던 시대는 서로 먹고 먹히는 전쟁이 한창이었습니다. 그 당시 순자는 인간의 악한 얼굴을 목격했던 겁니다. 그러면서 고민을 했겠죠. 어떻게 하면 인간을 선하게 만들 수 있을까, 어떻게 하면 좋은 사회를 건설할 수 있을까? 이것이 순자의 고민이었습니다.

인간 본성이 악하다고 판단했으니 순자는 당연히 바로잡는 방법을 고민했을 겁니다. 그래서 내린 결론이 임금의 권위였습니다. 임금의 권위를 먼저 세우고, 예의를 이용해 교화하는 것이 먼저라고 생각했지요. 하지만 그것만으로는 악한 인간의 본성이 선하게 될 수 없다고 생각하여 법과 규범을 세우고 최후의 수단으로 형벌을 사용해야 한다고 주장했습니다.

순자의 생각을 정리해보죠. 인간을 교화하고, 법도로 제약하면 인간은 선하게 바뀐다. 교도소에 가면 온갖 악행을 저지른 범죄자들이 많다. 그들은 교도소에서 교화를 받는다. 선한 행위를

배우고 깨달아 출소하는 사람들도 많다. 자, 이렇게만 되면 순자의
말은 딱 들어맞는 셈입니다. 인간은 늘 선하게 될 가능성을 갖고
있으니까요. 하지만 순자는 인간의 선함이 어디에서 오는지, 어떻게
그 선함을 유지할 수 있는지 설득력 있는 답을 주지 못합니다.
순자의 논리를 따라가는 내내 우리는 인간이 정말 나쁜 성품만
가지고 있을까를 계속 의심하지 않을 수 없습니다.

맹자와 순자의 상반된 주장은 그 지향점과 목적지가 같다고
할 수 있습니다. 바로 착한 인간, 건전한 사람입니다. 두 철학자는
방법을 달리하고 있지만 더 성숙한 도덕적 인간을 추구하고
있습니다.

인간의 본성이 선하지도 악하지도 않다면, 우리는 다시 인간의
본성은 그럼 무엇이냐고 물을 수밖에 없게 됩니다. 그러면 이 두
관점 중의 하나를 선택할 게 아니라 서로 보완할 수는 없을까를
먼저 생각할 수 있습니다. 중국 전국시대의 세석(世碩, ?~?)과 서한의
양웅(揚雄, B.C. 53~18)이 사람의 본성에는 선도 있고 악도 있다고
주장했습니다. 인간이 선하게 될지 악하게 될지는 개인의 수양에
달려 있다고 믿었죠. 앞서 맹자와 논쟁을 벌였던 고자의 경우는
인간의 본성이 '선하지도 악하지도 않다'고 했죠. 이들의 주장은
맹자나 순자에 비해 더 포괄적이어서 더 설득력이 있는 것처럼
보입니다. 하지만 다른 한편으로 보면 선한지 악한지 잘 모르겠다는
의미를 내포한 것일 수도 있습니다. 다시 우리는 인간 본성이

무엇인지를 묻는 첫 길로 돌아왔습니다.

인간은 원초적으로 죄인인가?

도덕적 인간을 목표로 한 동양의 전통과는 달리 서양에는 기독교
전통이 뿌리 깊게 내려박혀 있습니다. 서양의 주요한 문화가
기독교라는 그늘 아래에서 형성되었기 때문이죠. 우리가 서양
문명을 이해하려면 반드시 기독교에서 생각하는 인간(또는 인간
본성)에 대한 이해가 전제되어야 합니다.

인간은 하나님 앞에서 원초적으로 죄인이다. 인간에 대한
기독교의 이해는 바로 이 원죄설에 있습니다. 우리는 에덴동산의
이야기를 알고 있습니다. 하나님이 지어놓은 에덴동산 한 복판에
나무 두 그루가 있었습니다. 한 나무는 생명에 이르게 하는
나무였고, 다른 나무는 죽음에 이르게 하는 나무였죠. 두 가지
가능성이 에덴동산 가운데에 있었습니다. 이 나무에 선악과가
열렸고 망설이던 인간은 악마의 유혹을 받아 죽음의 열매를 따먹고
말았습니다.

이로써 인간은 하나님의 품을 떠나 살게 되었습니다. 인간은
아무런 한계도 갖지 않는 존재, 즉 하나님과 같은 존재가 되려고
했습니다. 이것이 인간의 타락이고 죄인 것입니다. 불신, 교만,
욕망으로 살아갈 수밖에 없는 인간은 이로써 원초적인 죄악을
가지게 되었습니다. 그래서 인간은 그와 동시에 구원의 가능성이고

43

사랑의 대상이 되었습니다. 기독교 원죄설의 특징은 인간의 원초적 본성을 선보다는 악하다는 쪽으로 규정하는 듯합니다. 이 교리의 세계관은 변하지 않는 진리입니다. 인간 본성은 악하기 때문에 규제해야 마땅하고 구원의 대상이 될 뿐입니다. 이 원죄설이 오랫동안 인간 본성에 대한 서양의 사고에 깊숙이 깔려 있었다고 할 수 있습니다.

앞에서 우리는 성악설이 가지는 한계를 동양의 사고에서 알아본 적이 있습니다. 루소(Jean-Jacques Rousseau, 1712~1778)는 이 기독교적 세계관에 근본적인 의심을 품은 대표적인 사상가입니다. 루소는 그의 저서 『에밀』에서 인간 본성은 본래 선하다고 주장합니다. 첫 장에서 그는 다음과 같이 말하고 있습니다.

만물을 창조하신 하나님의 손을 떠날 때 모든 것은 선했으나, 사람의 손에 옮겨지게 되자 악해지고 말았다. 인간은 어떤 땅에다 다른 땅에서 나는 산물을 만들어 놓기도 하고 어떤 나무에다 다른 나무의 열매를 맺게도 한다. 풍토·환경·계절을 뒤섞어 놓기도 한다. ……모든 것을 뒤엎어 놓고 그 형태를 바꿔 놓는다. 인간은 추한 것, 괴상한 것을 좋아한다. 무엇하나 자연이 만들어 놓은 상태 그대로 두지 않는다. …… 편견·권위·필연·실례 등 우리들을 누르고 있는 일체의 사회 제도가 그 사람의 본성을 억제하여, 그 무엇 하나 살릴 수 없게 만들 것이다. 본성은 어쩌다가 길 한 가운데 나게 된 나무처럼, 지나가는 사람들에 의해 밟히고, 온갖 방향으로 꺾이고 굽어져서, 마침내 말라죽고야 말 것이다.

…… 이 세상에 갓 태어난 어린 나무를 말라죽지 않도록 그것을 키우고 물을 주라. ……

루소는 신이 모든 것을 선하게 창조했다고 생각했습니다. 인간이 이것을 망쳐놓은 것이죠. 인간은 때과 곳, 자연적 조건을 혼돈스럽게 만듭니다. 루소는 이 사회의 제도가 그렇게 만들었다고 진단했습니다. 인간 본성도 최초에는 자연 그대로 순수했습니다. 인간을 오염된 사회가 악으로 물들게 했으니 인간은 자연성 그대로 돌아가야만 합니다. 따라서 루소는 어린아이와 같은 이런 자연성, 순수성이 감염되지 않도록 보호하는 것이 중요하다고 생각했습니다.

기독교적 전통에서 보면 루소의 견해는 다분히 이단적입니다. 인간은 태어날 때부터 선하다는 말은 인간이 하나님과 동격이라는 의미를 띠고 있습니다. 기독교에서 선한 존재는 유일하게 하나님뿐이니까요. 루소의 견해를 따라가다 보면 맹자의 성선설이 떠오릅니다. 이 두 사상에는 착한 인간의 본성을 어떻게 잘 보전하고 지킬 수 있을까 하는 고민이 담겨져 있습니다.

인간 본성에 대한 인식의 한계

우리는 잠깐 동안 인간 본성에 대한 시비를 보아왔습니다. 그리고 우리가 한 첫 질문인 인간(나)을 안다는 것, 그것을 파악하여 설명한다는 것은 여간 어려운 일이 아니라는 사실도 알게 되었습니다. 그것은 너무 복잡하고 다양한 관계들을 갖고 있습니다. 맹자, 루소, 순자, 기독교를 언급했지만 우리가 이해한 건 각 사상의 경향성만을 파악했을 따름입니다. 지금 우리가 살아가는 세상에는 복잡하고 다양한 도덕관, 가치관이 존재합니다. 그만큼 인간 본성에 대한 논란도 더욱 복잡해졌습니다.

결론적으로 이 점 하나는 분명해졌습니다. 인간 본성에 대한 선악의 시비는 인간의 행위에 대한 기준을 제시합니다. 어떤 인간으로 길러야할지 기준을 제시합니다. 그것은 교육의 방향성을 암시하는 것입니다. 본성이 선하다면 선함을 잘 길러가야 하고, 악하다면 악함을 억제하는 방향으로 교육해야 합니다. 하지만 한 면은 또 다른 한 면을 결여하고 있음을 우리는 간파했습니다. 선하다는 주장은 악하다는 주장을 결여하고, 그 반대의 주장도 설득해내지 못합니다. 이것이 인간 자신의 본성에 대한 인식의 한계입니다.

우리는 인간에 대해서 진지하게 묻기 시작했습니다. 이제 사회에 대해, 나아가 우주에 대해 질문을 하게 될 것입니다. 그래서 우리 인간 자신과 우리를 둘러싼 모든 것에 질문을 던지고 나면 무언가 깨달음에 도달할 것입니다. 그 깨달음은 사회에서 우리가 무엇을 해야 할지를 다시금 질문하게 해줄 것입니다. 그 긴 여정을 이제 시작해보겠습니다.

chapter 03

" 나는
'존재'하는가
'실존'하는가
"

나는 무엇인가라는 질문을 해보았습니다. 그 풀리지 않는 해답
때문에 철학은 인간을 둘러싼 사물에 대해 눈을 돌렸습니다.
사물의 보편적인 본성을 이루는 '본질'에 관심을 가지기 시작했다는
것이지요. 다시 말하면 사물이 존재하는가, 존재하지 않는가라는
구체적인 의문을 품었다는 얘깁니다. 실제적인 존재에 대한 관심,
우리는 그것을 '존재' 혹은 '실존'이라고 불러왔습니다.

　　인간은 어떻게 존재합니까? 자, 우선 인간은 누구나 현실을
살아갑니다. 그 현실 속에서 생각하고 실천하며 자기의 한 생을
영위해가게 마련이죠. 여기서 한 가지는 확실해졌습니다. 인간은
모두 '현실적 존재'라는 것입니다. 실존의 문제는 바로 이 '현실적
존재'의 문제입니다. 즉, 현실적 존재는 현재의 시간과 공간 안에서
개체로서 살아가는 인간을 말하는 것입니다. 그런데, 그 현재라는
시간과 공간 안에서 인간은 어떻게 살아갑니까? 현실에서 상황과
조건이 다르면 얼마든지 다른 모습으로 변할 수 있습니다. 상황과

조건은 간단합니다. 평범한 회사원이 실직당한 후에 포장마차
주인이 될 수도 있고, 공사장의 인부가 될 수도 있습니다. 어떤 것이
다른 것으로 변할 가능성, 그 가능성이 실현되고 새로운 개체적
존재가 되는 것, 이것을 우리는 인간 실존이라고 부릅니다.

이러한 현실 안의 인간을 어떻게 이해해 왔을까요? 인간은
서로 다른 경험을 합니다. 그래서 서로 다른 이해를 할 수밖에
없습니다. 인간은 세계를 향해 열려 있는 존재이기 때문입니다.
실존은 바로 세계 속에 이미 던져져서 자기 삶을 선택하고 살아가는
인간인 것입니다. 그래서 철학자 하이데거(Martin Heidegger,
1889~1976)는 "인간의 본질은 실존"이라는 유명한 말을 남겼습니다.
키르케고르(Søren Aabye Kierkegaard, 1813~1855)가 가장 먼저 사용한
실존의 의미는 불안, 죽음, 한계 상황, 고통, 허무, 자유, 소외, 고독 등
다양한 개념들로 대치되었습니다.

나란 존재는 왜 이 복잡한 세상을 살아야 하는지, 그 존재의
이유를 지금부터 탐색해봐야겠습니다.

인간은 불안과 절망 속에 실존한다

키르케고르는 어려서부터 몸이 허약했습니다. 그는 일생동안
허약한 몸, 육체와 정신의 불균형 때문에 고민했다고 합니다.
그는 다른 많은 사상가들이 그랬던 것처럼 자신의 체험을 통해
인간을 탐구했습니다. 그는 젊은 시절 헤겔(Georg Wilhelm Friedrich

Hegel, 1770~1837)에 심취해 있었습니다. 회의와 절망의 나날을
보내다가 헤겔에게서 진리를 발견하려고 했지만 실패하고 맙니다.
키르케고르가 찾던 진리라는 것은 삶을 초월한 고상한 것이
아니라 현실 속에서 살아가는 개인의 삶을 붙들어주고 이끌어주는
것이었습니다. 다시 말하면, 모든 사람들이 보편적으로 받아들일 수
있는 객관적인 진리가 아니라, 어떤 한 사람이 자신의 특별한 삶의
과제를 이해하고 완성할 수 있게 해주는 현실적인 진리였습니다.

지금 나에게 부딪친 구체적인 현실의 문제를 어떻게 해결할 수
있을까?

키르케고르가 천착한 것은 어떤 개념(혹은 관념)이 아니라
문제 해결이었던 것입니다. 그는 이런 고민을 하는 동안 세계와
자기 자신에 대한 낯섦을 경험합니다. 그 분열과 밑도 끝도 없는
불안, 절망을 경험합니다. 그래서 그는 깨닫게 되죠. 우리 인간은
사는 동안 모두 이런 경험을 당한다. 이것은 인간이 처한 근본적인
상황이다. 불안과 죽음, 절망이라는 상황 속에서 살아간다. 그렇다면
그걸 어떻게 극복하지? 키르케고르는 이 현실적 삶의 문제를 철학적
문제로 고민하기 시작했던 것이지요.
미래를 알 수 없을 때 인간은 불안해합니다. 대학 시험을
치르고 이런 저런 억측들이 난무할 때, 어떤 대학 어떤 학과를
선택해야 할지 알 수 없을 때 우리는 불안해합니다. 그 불안이

현실을 압박해오는 것이죠. 이러한 절망을 키르케고르는 '죽음에 이르는 병Sygdodommen til Doeden'이라고 했습니다. 그런데 놀랍게도 인간은 그런 불안 속에서 자유의 가능성을 경험합니다. 인간은 어떤 불안한 상황이 닥쳐도 그것을 극복해 나갈 수 있는 가능성을 자기 안에서 발견합니다. 자기 진로를 생각하고 학과를 선택하는 과정에서 생겼던 불안을 극복하기 시작합니다. 자신이 어떤 존재로 살아갈 수 있을지에 대한 가능성을 발견하기 시작한 것입니다. 키르케고르는 실존의 가능성이라고 부르는 인생 여정에 세 단계가 있다고 말했습니다.

그 첫 번째 단계가 '심미적 실존'입니다. 이 단계에서는 쾌락을 인생의 지배 원리로 삼습니다. 쾌락을 초월하는 자기가 아직 없는 상태입니다. 육체적 욕망과 분리되어 있지 않기 때문에 쾌락과 대결하여 자기실현을 하려는 의지가 없습니다. 오로지 감각적 쾌락을 충족하려고 하지요. 하지만 현실 속에서 무한한 쾌락이 가능할까요? 모든 쾌락을 만족시킬 수는 없습니다. 쾌락을 추구했던 인간은 여기서 좌절합니다. 그 좌절은 절망으로 이어집니다.

이 절망을 통해 인간은 더 높은 단계로 나아갑니다. 바로 두 번째 단계인 '윤리적 실존'입니다. 이 단계의 인간은 유한한 현실을 받아들입니다. 그 토대 위에서 자신이 할 수 있는 삶의 과제를 결단하고 평생 노력하게 됩니다. 즉 윤리적 실존의 결단과 선택은 심미적 실존처럼 자기중심적인 쾌락을 추구하는 것이 아니라 보편타당한 무엇을 따르기 시작하는 것입니다. 그것이 바로 도덕적 의무의 원리입니다. 현실의 제약을 인정하고 그 속에서 실현 가능한 것을 스스로 선택하고 실천함으로써 균형 있는 인생을 성취하게 됩니다. 하지만 보편적인 도덕적 요구와 현실적인 가치가 통일될 수 있을까요? 즉 심미적 실존이 그랬던 것처럼 윤리적 실존 또한 현실과 가능성의 문제를 해결해줄 수 있을까요? 둘 사이의 괴리는 아직도 해결되지 못하고 있습니다.

그래서 키르케고르는 윤리적 실존의 허망한 자기주장을 버리고 자기를 설정한 신에 의존하라고 말합니다. 이것이 세 번째 단계인 '종교적 실존'입니다. 이 단계에서는 자신의 자유에 의존하던 인간이 신의 가능성에 의존하게 됩니다. 이 단계에서는 신과 세계를 철저히 구분하고, 동시에 유한한 세계를 체념하면서 영원한 신의 존재에 절대적으로 헌신하게 됩니다. 현실에 대해서는 상대적으로, 신에 대해서는 절대적인 관계를 맺습니다. 왜냐하면 인간은 자기 안에서가 아니라 신 안에서 구원의 가능성을 보기 때문입니다. 이 단계가 되면 자기완성이나 행복을 추구하는 것이 아니라 영원한 행복과 영생을 추구하게 됩니다.

이 단계의 구분을 보면 우리는 키르케고르의 사상이 기독교의 사상과 밀착되어 있다는 것을 발견할 수 있습니다. 우리가 그의 유신론적 실존철학을 통해 고마워해야 할 것은 그가 불안과 절망을 통해 실존적인 인간 이해의 길을 열어주었다는 점입니다. 동시에 개인이 주체적인 사고를 할 수 있는 계기도 열어주었습니다.

53

인간은 허무와 그 극복 사이에 실존한다

허무주의를 이야기할 때 철학자 니체(Friedrich Wilhelm Nietzsche, 1844~1900)를 빼놓을 수 없습니다. 그는 평생 동안 고독하게 살았고, 정신병원에서 생애를 마쳤습니다. 그는 합리적 철학, 기독교 윤리 등 이전의 부르주아 자유주의 이데올로기를 부정하고, 모든 삶의 무가치를 주장하였죠. 그는 왜 허무주의에 빠져들었을까요?

니체의 허무주의를 이해하기 위해서는 그가 살았던 19세기말을 이해해야 합니다. 19세기말은 허무함, 의미 없음을 대변합니다. 최고의 가치가 몰락하고 더 이상 기댈 것이 없는 시대에 허무주의에 빠지는 것은 어쩌면 당연해 보입니다. 가치는 무너지고, 진리는 해체당하고, 희망은 사라졌습니다. 허무주의는 학문에서, 윤리에서, 종교에서 다양하게 나타났습니다.

19세기말 니체는 학문이 삶에 유용했냐고 묻습니다. 니체가 보기에 당대는 학문에서 삶이 추방되어 버리고 없는 상태이며, 말라빠진 개념의 뼈다귀들이 부딪히는 시대였습니다. 그래서 그는 모든 믿음과 의견이 필연적으로 거짓일 뿐이라고 깨닫게 되었던 것입니다. 또한 그간 모두가 인정해온 도덕이 불확실성을 지녔음을 깨달았습니다. 원칙은 공표되었지만 현실적 행위는 그 원칙을 따르지 않습니다. 그러면 어떻게 될까요? 인간은 일상의 윤리와 모순에 빠지게 되겠지요. 이제 인간에게 남은 건 허탈감뿐입니다. 니체는 종교마저도 '노예 도덕'을 대표하고 있다고 생각했지요. 종교,

특히 기독교의 경우, 인간은 원죄를 안고 살아갈 수밖에 없습니다. 그는 이것을 거부하고 자유롭게 살고 싶어 했습니다.

이로써 니체는 학문, 윤리, 종교와 '끝장'을 내고 맙니다. 하지만 그는 허무주의의 늪에 빠져 있지만은 않았습니다. 자신의 허무주의는 끝이 아니라고 주장합니다. 그저 지나쳐가야 할 통과지점인 것이죠. 다시 말해, 모든 것은 허무하지만 삶은 긍정해야 한다고 말합니다. 니체는 허무를 극복하는 대안을 제시합니다. 여기서 '영겁회귀'와 '초인'의 개념이 등장하게 됩니다. 이 세상에 존재한 적이 있는 모든 것은 다시 돌아온다. 이것이 영겁회귀입니다. 현존재는 의미와 목적이 없고, 무無로 끝나버림 없이 불가피하게 되돌아옵니다. 여기서 더 나아가 니체는 무의미 없는 것가 영원하다고 말했습니다. 의미 없는 현존재를 긍정하고 그 안에서 의미를 창조하는 것, 다시 말해 인간은 끊임없이 자신을 초월해 밖으로 밀치고 나가는 위대한 삶의 창조 과정 속에 서 있다고 말했던 것입니다.

문제가 남았습니다. 인간의 길이 어디로 나 있는가가 문제죠. 인간은 인간 이상의 어떤 것으로 나아가려고 합니다. 니체는 그것을 일러 '초인超人, Übermensch: superman'이라고 명명했습니다. 신이 아닌 초인은 인간의 먹구름에서 내려치는 번개입니다. 숭고하고 새로운 인간 유형인 것이죠. 지금 살아가는 인간은 동물과 초인 사이를 이어주는 밧줄 같은 존재입니다. 자, 니체가 말한 인간의 실존을 무엇인지 한마디로 정리해볼까요. 허무, 그리고 그것의 극복 사이에 인간은 실존한다.

인간은 한계상황을 경험하며 실존한다

인간은 언제나 한계상황에 직면합니다. 야스퍼스(Karl Theodor Jaspers, 1883~1969)는 이 한계상황 속에서 자신을 각성하고, 존재에 대해 묻는다고 말합니다. 우리는 현실 속에서 늘 넘어설 수 없는 거대한 장벽에 부딪힙니다. 그리고 다시 자기 자신에게로 돌아오죠. 이때 실존으로서 각성하게 되는 것입니다. 다시 말하면 한계상황을 경험한다는 것은 실존한다는 것과 같습니다.

야스퍼스는 실존을 이렇게 정의했습니다. "나의 본래적인 존재", "나 자신인 바 모든 것, 이 세상에서 나에게 중대한 의미를 가진 모든 것이 그를 중심하여 도는 축과 같은 것." 이런 실존은 필연적으로 죽음, 고통, 투쟁, 우연, 세계에 대한 불신, 죄책감 같은 실존의 극한 상황에 직면합니다. 그것은 과학적인 연구를 통해 해결할 수 있는 것이 아닙니다. 야스퍼스의 표현에 의하면 한계상황은 "우리가 거기에 부딪쳐 난파하는 벽"과 같은 것입니다. 이럴 때 나라는 존재는 유한하고 무의미하다고 느낄 수밖에 없습니다.

하지만 인간은 이 상황에서 주저앉아 있지는 않습니다. 한계상황을 은폐하거나 회피하지 않고 나의 존재로 받아들여야 합니다. 그렇게 되면 한계상황은 실존으로서 나의 자유를 실현하게 하는 매개가 됩니다. 죽음을 예로 들어볼까요. 죽음은 나의 존재를 위협하는 한계입니다. 그런데 그것은 동시에 나의 결단을 촉구하는

도전이기도 하죠. 두려운 마음에 죽음을 은폐하고 회피한다면
인간은 결국 무의미한 절망 속에서 자신을 잃어버리고 말 것입니다.
반대로 내 죽음을 불가피한 한계로 받아들이고 남은 생애를 최대한
의미 있게 채우려고 결단한다면 나는 유한한 현존재를 초월할 수
있습니다.

　　나라는 현존재는 이 세상의 조건에 매어 있습니다. 그러나
그 모든 한계상황은 이 세상의 현실을 초월하는 실존으로서 나
자신에게 도달하도록 해줍니다. 야스퍼스에 따르면, 한계상황은
실존의식이 태어나는 장소인 것입니다.

인간은 세계 내에서 공동으로 실존한다 57

우리는 앞서 인간은 현실 속에서 '존재'한다고 말했습니다. 그런데
과연 무엇이 이 세상에 있는 것이죠? 존재란 도대체 무엇을 의미하는
것이죠? 나아가 인간은 어떤 존재이죠? 세상의 수많은 사물 존재
속에서 존재란 무엇을 말하는 것이죠? 그리고 우리는 어떤 존재자의
존재에 대해 물어야 하는 것이죠? 우리가 할 수 있는 질문은 끝이
없습니다.

　　하이데거는『존재와 시간』에서 인간 존재를 '현존재'라
일컬었습니다. 그리고 그 존재의 의미가 시간성이라고
분석했습니다. 또한 존재에 이르는 열쇠를 인간 안에서 찾았습니다.
오직 인간만이 자기 자신의 존재에 대해 물을 수 있다고 했습니다.

인간은 존재자일 뿐만 아니라 존재자로서 자신을 이해할 수 있습니다. 이 이해를 통해 인간은 나머지 모든 사물을 이해할 수 있습니다. 그래서 하이데거는 인간은 "존재의 집"이고 "존재의 이웃"이며 "모범적 존재"라고 말합니다. 오로지 이는 인간만이 본래적인 '현존재'임을 증명합니다. 오직 인간만이 현존재라면 인간만이 실존인 것입니다.

쉽게 이야기해볼까요. 우리는 일상 속에서 선한 사람, 악한 사람 그리고 교양 있는 사람, 교양 없는 사람 등 각양각색의 사람들을 만납니다. 그 다양한 사람들은 자신의 실존을 실현시키는 다양한 양식들입니다. 각자 자신을 만들어나가는 것이고, 자기 삶을 살아가는 것입니다. 이런 가운데 인간은 크게 두 가지의 존재 양식을 나타냅니다.

우선, 우리가 살아가는 세계에는 여러 사물이 존재합니다. 인간도 다른 존재와 마찬가지로 세계 내부에 있습니다. 그런데 인간은 다른 사물들과 다릅니다. 일반 사물을 초월한 존재이지요. 인간은 세계 내부에 속해 있지만 단순히 두 개의 물체가 공간적으로 관계를 맺고 있지 않습니다. 무엇엔가 '골몰하여 존재'합니다. 주관-객관의 관계가 성립하기 이전에, 먼저 세계 안에서 활동하는 것이죠. 이것을 하이데거는 "세계-내-존재"라고 일컬었습니다. 인간은 기분, 이해, 언변 등을 갖고 있어서 세계 내에서 단순히 다른 사물과 아무 관계없이 존재하지 않고 항상 사물과 연관을 맺습니다.

아울러 인간 실존은 다른 사람들과 더불어 실현됩니다.

역으로 다른 사람들은 나와 함께 현존합니다. 그러므로 하이데거는
인간 실존이 "공동 존재"로 나타난다고 말합니다. 이러한 인간의
현존재는 언제나 공동의 사람들과 함께 있습니다. 우리들 현존재가
공동 존재라는 사실을 통해 공동의 인간이 비로소 가능하게 되는
것입니다. 아주 단순하게 말하면 인간 공동체를 이루게 되는
것입니다.

    이 두 가지 양식을 통해 하이데거가 말하는 실존, 존재는
인간입니다. 무의미한 사물이 아니라 현실 세계 안에서 구체적으로
활동하고 있는 인간 존재라고 할 수 있습니다.

인간은 무에서의 창조, 자유정신의 소유자로 실존한다

실존 문제를 언급할 때 사르트르를 빼놓을 수 없습니다. 그는 여러
가지 면에서 하이데거를 이어받은 사상가죠. 먼저 그의 사상의
핵심을 보여주는 문학작품 『구토』의 한 구절을 인용해보겠습니다.

    이것은 참으로 갑자기 들이닥친 사건이다. 바로 며칠 전까지만
해도 나는 도대체 존재한다는 것이 무엇을 뜻하는지 짐작조차 못했다.
나는 다른 모든 사람들, 이를 테면 봄나들이를 위해서 화사한 옷차림으로
단장하고, 호숫가의 둑이나 산책하면서 평범한 나날을 보내는, 그런
사람들과 다를 바가 없었다. 그리하여 나 역시 그들과 마찬가지로 바다는
푸르다느니, 저 하늘 위로 보이는 흰 점은 갈매기라느니 하면서도, 결코

나는 그 갈매기가 생존하고 있다는 것, 그리고 그 갈매기는 분명히
실존하고 있는 하나의 갈매기라는 점에 대해서까지, 어떤 생각을 품어본
적이 없었다. 참으로 우리에게는 이와 같이 존재의 참모습이 가리어지곤
한다. …… 그런데 어찌 된 일인가. 갑자기 내 앞에 실존의 의미가, 그것도
마치 빛나는 태양과도 같이 환히 모습을 드러내지 않는가. 이제까지
가리어져 있던 실존의 참 모습이, 갑작스럽게 내 앞에 드러난 것이다.
마침내 실존의 의미는, 흔히 추상적인 범주적 개념으로만 여겨져 오던
힘없는 외양을 떨쳐버리고 말았다. 바로 이 실존이야말로 존재 자체의
원소이다. 존재의 근원도 다름 아닌 실존을 바탕으로 이루어져 있을
뿐이다.

60

    사르트르는 하이데거와 비슷해 보이지만 "무엇인가 마땅히
있어야 하는 것이 존재한다는 뜻이 아니라 그저 아무런 의미도 없는
무엇인가가 있다."는 것으로 실존을 이해하려고 합니다. 존재한다는
것은 단순히 무엇인가가 있다는 것을 가리킬 뿐입니다. 그러나
실존은 추론할 수 있는 것이 아니고 먼 거리를 두고 생각할 수 있는
것이 아닙니다. 갑자기 성난 파도처럼 우리에게 밀려드는 것이죠.
우리 앞에 떡 버티고 선 짐승처럼 우리의 가슴을 짓누르는 것입니다.
그밖에는 아무것도 없습니다.
    일상적인 사물은 모두 그 나름의 성질을 갖고 있습니다.
그런데 인간은 그런 통속적 존재일 수만은 없습니다. 오히려 인간은
'무'에 비길 수 있는 존재이며 그 무를 뚫고 끊임없이 창조를 하는

존재입니다. 그래서 인간은 있는 그대로 현재의 자기를 이룩해나갈 수밖에 없고, 자유를 추구하는 존재인 것입니다.

이 자유를 적극적으로 추구하면 인간은 다음 단계로 이동할 수 있습니다. 세계 안에서 스스로 참여하고 실천하면서 자기의 가치를 모색할 수도 있습니다. 인간의 자기실현은 이 자유로운 구상에 의해서만 수행될 수 있는 것이지요. 사르트르에게 실존은 무에서의 창조, 자유정신의 소유자라고 정리할 수 있겠습니다.

나는 실존하는가?

우리는 지금까지 여러 사상가들이 생각하는 인간의 실존에 대하여 살펴보았습니다. 인간의 현존재와 실존에 대한 이해 또한 다양하다는 것을 알게 되었습니다. 그래서 인간의 실존은 실존주의 철학 내에서도 하나의 의미로 정의하기 어렵다는 사실도 알았습니다. 그만큼 인간의 실존은 복잡하고 다의적일 수밖에 없는 것이지요.

잠깐 정리해볼까요. 키르케고르는 불안과 절망을 통해, 니체는 허무주의를 통해, 야스퍼스는 한계상황이라는 표현으로, 하이데거는 존재·현존재로 실존을 풀어내고, 사르트르는 존재와 무를 탐색하며 실존하는 인간의 자유를 강조했습니다.

저마다 다른 탐색 방법을 갖고 있지만 이 사상가들에게서 공통으로 드러나는 점이 있습니다. 바로 삶에 대한 긍정입니다.

61

우리 인간은 현실을 구체적으로 살아갑니다. 문제는 인간으로서 현실의 삶을 어떻게 살아가느냐겠지요. 바로 이 지점을 두고 모든 사상가들이 고민했던 것입니다. 실존을 탐구했던 그들에게는 휴머니즘적인 요소가 숨 쉬고 있습니다. 그래서 사르트르는 "실존주의는 휴머니즘"이라고 언급했던 것입니다.

"인간은 어떻게 성장하는가"

앞의 강의에서 보았듯이 맹자는 "인간은 착하다"고 확신했습니다.
그래서 맹자에게는 인간의 양심이 매우 중요했습니다. 그는 인간이
죄를 지으면 양심의 가책을 받는다고 말했죠. 또한 사람들의
고통이나 불행을 보고 그냥 지나칠 수 없다고도 했습니다. 따라서
맹자가 보기에 인간은 본성적으로 선한 성품을 토대로 성인 · 군자가
될 수 있다는 주장을 폅니다.

18세기 서구에서도 이와 유사한 생각이 나타났습니다. 루소는
그의 소설 『에밀』에서 인간의 성품이 본래부터 선하다고 주장합니다.
그에 의하면, 인간은 조물주의 손에서 태어날 때는 모든 것이
선하지만, 사람의 손으로 옮겨지면 모든 것은 악하게 됩니다. 순진한
성품을 지니고 태어났지만 어른들은 세속에 찌들어 있고, 사회의
풍습과 관계, 주변 환경은 더럽혀져 있습니다. 아이는 자라면서
이것을 배우게 되고 악한 성향으로 물들게 되는 것입니다. 루소는
인간의 타락을 막으려면 교육을 통하여 인간의 선한 본성을 따르게

해야 한다고 강조합니다.

하지만 인간이 나쁜 일, 악한 짓을 하는 이유는 인간의 성품
자체가 원래부터 악하기 때문이라고 주장하는 이들도 많습니다.
인간은 태어날 때부터 충동과 욕망, 공격성을 지니고 있어서
본질적으로 죄악을 저지르는 존재하는 것이죠. 우리는 이미 첫
강의에서 순자가 주장한 성악설을 알고 있습니다. 플라톤 이래
서구철학은 데카르트에 이르러 인간은 육체와 정신으로 구성되어
있다고 주장합니다. 인간의 육신은 불순하고 악하며 충동과
욕망으로 가득 차 있는 반면 정신은 순결하고 선하다는 것입니다.
우리는 이것을 "심신이원론心身二元論, mind-body dualism"이라고
부릅니다. 기독교도 이와 유사합니다. 『바이블』의 「로마서」 한
대목은 그 정신을 극명하게 보여줍니다. "육체의 욕망을 따라 살려는
마음은 죽음에 이르게 되고, 정신을 따라 살려는 마음은 생명과
평안을 누리게 된다."

인간의 성품은 경향성 혹은 기호이다

우리는 첫 강의에서 인간 본성의 선악을 구명하기가 쉽지 않다는
걸 알았습니다. 조금은 다른 주장을 들어보겠습니다. 조선 후기의
유명한 학자인 다산 정약용(丁若鏞, 1762~1836)은 인간의 본성이
일종의 기호嗜好라고 말합니다.

성품은 기호를 주로 말한 것이다. 어떤 사람은 산과 물을 좋아하는 성품을 지녔고, 어떤 사람은 독서를 좋아하는 성품을 지녔다. 이는 모두 기호를 성품으로 본 것이다. 성품이란 글자의 뜻은 본래 이러하다. 맹자가 성품을 논한 것도, 반드시 기호로서 말한 것이다.

다산은 맹자의 성선설조차도 기호라고 주장합니다. 기호는 쉽게 말하면, 취미와도 통합니다. 취미는 자기가 좋아하는 것에 따라 자신의 성품을 펼칠 때 드러나는 행위 양식입니다. 즉 자신의 인생을 질 높게 가꾸기 위한 하나의 경향성이라고 말할 수 있습니다.

20세기의 유명한 사회심리학자인 프롬(Erich Fromm, 1900~1980)도 『인간의 마음』이란 저서에서 이와 유사하게 이야기합니다. 인간의 선악을 실체로 보지 않고, 우리들의 마음에 내재하는 모순으로 보았습니다. 개개인에게는 선을 행하려는 경향과 악을 행하려는 경향이 있습니다. 이 두 경향 중에 어느 것이 우세한가에 따라 선을 행하기도 악을 행하기도 하는 것입니다. 이러한 경향은 후천적입니다. 성격 형성 과정에서 어떤 경향으로 정립되느냐에 달려 있는 것입니다.

앞의 강의에서 맹자와 논쟁을 벌였던 고자라는 사상가를 소개했습니다. 그는 인간 본성을 백지와 같다고 주장했습니다. 조금 더 소개하자면 그는 인간의 성품을 "빙빙 돌고 있는 물"에 비유했습니다. 고여서 빙빙 돌고 있는 물은, 동쪽으로 물줄기를 터놓으면 동쪽으로 흐르고 서쪽으로 터놓으면 서쪽으로 흐르게

마련입니다. 인간의 성품도 선한 방향으로 흘러갈지 악한 방향으로
흘러갈지 모르는 선악 평가 이전의 상태입니다.

　　서구에서도 백지설을 주장한 이가 있었습니다. 영국의 철학자
로크(John Locke, 1632~1704)입니다. 너무나 잘 알려진, "타블라
라사tabula rasa"라는 라틴어 문구! 인간의 성품은 아무것도 쓰여 있지
않은 조그마한 백지라는 뜻입니다. 그에 의하면 인간은 태어날 때
본능이라는 것을 전혀 지니고 있지 않습니다. 단지 환경의 자극을
수동적으로 받아들일 수 있는 준비 태세를 갖추고 있을 뿐입니다.
인간의 사고 또한 처음에는 백지 상태이기 때문에 경험한 것을
기록하고 정리하면서 인간을 형성하는 토대가 되는 것입니다.
그래서 그의 논리를 우리는 "경험론經驗論, empiricism"이라고 부르는
것입니다. 이러한 주장들을 더욱 자세히 살펴보았지만 또다시
인간성의 실체를 구명할 수 없는 한계에 부딪힙니다. 그런데
정신분석학으로 결정적인 전환점을 준 심리학자 프로이트가
등장합니다.

심리학적 본성의 체제

프로이트(Sigmund Freud, 1856~1939)는 인간에게 두 개의 기본적인
에너지가 있다고 했습니다. 하나는 성행동에서 표현되는 "삶의
본능"이고 다른 하나는 공격 행위에 바탕이 되는 "죽음의
본능"입니다. 그는 이 두 가지가 인간 행동을 결정한다고

믿었습니다. 이것은 무의식적이지만 매우 강력한 동기적 힘이
있습니다. 또한 본능은 세 가지의 중요한 체제로 구성되어 있는데,
원본능id, 자아ego, 초자아super-ego가 그것입니다.

원본능은 오직 기본적인 욕구의 충족만을 원하는 쾌락 원리에
의해 움직입니다. 그렇지만 자아와 초자아의 기능 수행에 필요한
정신적 에너지를 공급해주죠. 자아는 원본능에서 야기된 긴장을
유보하면서 현실을 파악하고 적절한 방도를 찾는 현실 원리에
충실합니다. 또 자아는 행동을 통제하고 환경의 성질을 파악하여,
어떤 본능을 만족시킬지 결정하는 것이어서, 성격의 통제자로
봅니다. 한편 초자아는 자아가 충분히 발달한 후에, 사회적 규범이나
가치관 등의 학습을 내면화하는 과정에서 발생합니다. 그래서
양심이나 도덕에 의해 움직이며 사회적 원리에 따르죠. 초자아는
사회 규범의 대변자인 까닭에 원본능의 본능적 충동을 억제할
뿐 아니라, 자아의 현실적 목표까지도 완전함을 위해 연기할 수
있습니다.

정신적으로 건강한 사람은 이 세 자아가 통일적인 조화를
이룹니다. 세 자아가 협조적으로 작용해서 개인에게 환경과
효과적이고 만족스러운 관계를 갖게 만들어 줍니다. 이런 환경과의
관계는 기본적인 욕구와 욕망의 충족을 목적으로 하죠. 이 세 자아가
조화를 이루지 못한다는 것은 그 사람이 환경에 적응하지 못한다는
말과 같은 것입니다.

그러니까 프로이트는 인간의 본성을 선과 악의 문제로

69

보지 않았습니다. 본성의 역동적인 체계는 심적 에너지의 분배가 어떤 상태인가에 따라 다양하게 나타납니다. 다시 말해 인간의 행동유형을 결정짓는 요인은 선한 본성이나 악한 본성이 아니라 에너지의 분배 상태라는 것입니다. 인간 본성의 탐구에서 프로이트가 다른 사상가들과 구별되는 위대함이 바로 여기에 있습니다.

인간의 발달 단계

우리가 여러 차례 인간의 본성을 언급했던 이유 중의 하나는 인간이 어떻게 발달하는지를 알아보기 위해서였습니다. 인간의 발달 또한 지금까지 수없이 연구되었고 이론도 매우 다양합니다. 지적 발달, 언어 발달, 성격 발달 등 여러 갈래의 주장들이 있죠. 우리는 그간 인간성을 탐구해왔으므로 그것과 관련된 도덕성 발달을 중심으로 살펴볼까 합니다.

다시 한 번 성선설을 주장했던 맹자 이야기를 해볼까요. 그는 자신의 믿음을 바탕으로 사람이 여섯 단계의 과정을 거쳐 인격을 형성한다고 했습니다. 착한 사람[善人]→믿음이 있는 사람[信人] →아름다운 사람[美人]→큰 사람[大人]→성스러운 사람[聖人]→신과 같은 사람[神人]이 그 과정입니다.

간단하게 설명해보겠습니다. 모든 인간은 착합니다. 문제는 그 선을 자기 것으로 만드느냐 아니냐죠. 나아가 더욱 내실을 다져 속이

꽉 찬 사람이 되면 고상해지고 한층 더 빛을 발하면서 큰 인격체가
됩니다. 이런 단계를 넘어서면 다른 사람과의 관계에서도, 사물을
접할 때도 모두 절도에 맞게 합니다. 이것이 성인의 경지입니다.
그러고는 삶과 죽음의 구분조차도 헤아리기 힘든 신의 경지로
들어서는 것이지요. 이것은 착한 본성을 얼마나 발현시키느냐와
관련이 있습니다. 맹자는 세상에 도덕적으로 선한 행위를 하면
할수록 높은 경지로 나아간다고 인식했던 겁니다.

　　인간 발달 과정에 대한 서구의 인식은 조금 다릅니다.
도덕성 발달 연구에 큰 공헌을 한 20세기의 유명한 인지심리학자
콜버그(Lawrence Kohlberg, 1927~1987)를 통해 그 인식을
살펴보겠습니다. 그는 도덕적 딜레마 상황에서 사람들이 그 상황을
어떻게 판단하는지 조사하였습니다. 그리고 사람들이 그렇게 판단한
이유를 추론했지요. 이런 상황을 흔히 앞에서 언급했던 '하인츠
딜레마Heinz dilemma'라고 부릅니다.

　　하인츠는 아내를 위해 약을 훔쳐야만 했을까? 그 이유는
무엇일까? 콜버그는 이런 물음들에 대한 대답을 기초로 개인의
도덕적 수준을 구분했습니다.

　　첫 번째 수준은 인습이전의 단계입니다. 이는 순전히 외적인
기준으로 도덕적인 판단을 하는 단계이죠. 처벌을 피하고 보상을
얻기 위해 권위적 인물이 부여한 규칙에 따릅니다. 이 단계에서는
9세 이전의 아이들과 일부의 청소년들, 범법자들 수준의 낮은
도덕성을 지니고 있습니다.

두 번째 수준은 인습적 도덕성 단계입니다. 이 단계에서는 자신의 도덕적 행동을 칭찬과 인정을 받으려고 합니다. 자신이 한 선한 행동, 사회 질서 유지를 위해 노력한 것을 칭찬받고 인정받기 위해 부모, 또래, 사회집단의 규칙을 따르려고 애씁니다. 대부분의 청소년기에 착한 소년, 착한 소녀 지향을 드러내는 이유도 같습니다.

세 번째 단계인 인습 이후의 수준에서는 개인이나 집단의 권위와 상관없이 도덕적 기준이 내면화됩니다. 다시 말해 도덕적 기준이 자신의 것이 되는 것입니다. 대개 스무 살이 넘어야 가능하며 사회계약으로서의 도덕성과 보편적 윤리의 원칙을 획득하고 있습니다.

콜버그는 이 세 단계를 거쳐 도덕성이 발달한다고 했습니다. 이 발달 단계는 인간이 성장함에 따라 변하는 것이지 어떤 단계에 합당한 특징으로 고정되는 것은 아닙니다.

인간은 특정한 단계에서 특정한 것을 배워야 합니다. 어린 시절에, 청소년기에, 어른이 되었을 때 그때그때에 맞는 과제가 주어집니다. 이 과제를 제대로 수행하면서 인간은 사회에서 건전한 성장을 하게 됩니다. 하비거스트(Robert Havighrst, 1900~1991)는 나이 수준에 맞게 그 과제를 제시했습니다. 앞서 소개한 맹자, 콜버그와 비교하면서 읽으면 흥미로울 것입니다.

하비거스트는 유아기 때 걸음걸이, 언어, 선악의 구분과 양심의 발달을 배워야 한다고 말합니다. 아동기에는 친구를 사귀고 성적

역할, 읽고 쓰고 셈하기, 양심이나 도덕성, 가치 척도를 발달시켜야
합니다. 청년기에 가면 이성간의 성숙한 관계, 정서적이고 인격적인
독립을 발달시키고, 직업 선택을 준비하고 시민으로서의 자질을
키우며, 결혼과 가정생활을 준비하고 차후 어른으로서 해야 할
일을 배웁니다. 그런 다음 성년이 되면 배우자를 선정하고 육아에
대한 기본 상식을 익히고, 시민으로서의 사회적 책임감을 수행해야
합니다. 또한 10대 자녀들을 뒷바라지 하고 나이 드신 부모님을
모셔야 합니다. 마지막으로 노년이 되면 체력이 떨어지는 것에
적응해야 하고, 동년배와 친밀한 관계를 유지하며 노인으로서의
인생을 가꾸어가야 합니다. 이 단계별 과제는 개인이 인생을
살아가는 데 필수적인 기본적 교육과정입니다. 그러니 인생 전체가
교육의 과정이라고 볼 수 있는 것입니다.

73

　　지금까지 인간의 성품과 발달 단계를 도덕성을 중심으로
살펴보았습니다. 여러 차례 이야기했지만 인간은 태어날 때 선한지
악한지 백지상태인지, 어떤 경향이나 기호를 타고 나는지 단언하기
힘듭니다. 모든 이론이 충분히 수긍할만한 점을 지니고 있습니다.
선한 본성이라면 선한 것을 잘 기르면 되고, 악한 본성이라면 악한
것을 잘 제어하면 됩니다. 그리고 백지상태라면 그 위에 글을 써
내려가듯 아름답고 고귀한 내용으로 채우면 될 것입니다. 문제는
상황인 것이죠. 하인츠의 딜레마처럼 이러지도 저러지도 못할 때
우리가 어떤 선택을 할지가 중요합니다. 태어날 때 정해진 본성이
아니라 인간과 인간이 부딪히면서, 발달 단계에서 겪는 어려움을

어떻게 극복하느냐가 중요한 것입니다.

모든 인간이 착하게 태어나서 선한 세상이 된다면 더할 나위
없겠죠. 하지만 그건 이상일 뿐입니다. 인간 사회는 선과 악이
교차하며 모순투성이로 남아 있습니다. 인간이 선한지 악한지를
생각해보는 것은 아주 중요합니다. 그런데 그것과 동시에 우리가
성숙하게 발달해가면서 각 단계에서 무엇을 해야 하는지도 무엇보다
중요하다고 하겠습니다.

지금까지 소개한 것들을 상기하면서 잠시 물어봅시다. 나의
성품은 어떨까? 나는 지금 어디쯤 와 있을까? 내가 하는 행위는
어떨까?

"
욕망하는

인간
"

우리 인간은 끊임없이 무언가를 바라고 행합니다. 그것은 우리가
얻으려고 하는 쾌락과 맞닿아 있습니다. 인간은 자신의 삶을 위해
필요한 사물을 획득하려 하고, 쾌락을 통해 행복을 추구하려고
합니다. 이러한 욕망과 쾌락은 인간의 사회적 활동을 자극하는
추진력입니다. 또한 인간을 망치는 계기가 되기도 해서 동서양을
막론하고 "욕망을 줄여라, 지나친 쾌락에 빠지지 말라"는 금언이
있어 왔습니다. 그런데 왜 욕망을 줄여야 하고 쾌락에 빠지지
말아야 하죠? 방금 이야기한 대로 인간은 무언가를 욕망하고 쾌락을
얻으며 행복하게 살아가려고 하는데 말입니다. 또한 욕망하지
않는 인간, 쾌락을 추구하지 않는 인간이 있을까요? 그렇다면
욕망과 쾌락의 문제는 인간 본질에 대한 질문과도 통한다고 할 수
있습니다.

반쪽은 쪼개진 반쪽을 욕망한다

욕망의 실마리를 어디에서부터 찾아야 할까요? 태초에 욕망은
어떠했을까요? 극적인 구성이 돋보이는 플라톤의 『향연』이라는
명저가 있습니다. 플라톤은 이 책에서 에로스Eros를 주제로 연애론을
펼쳐놓고 있는데, 여기에서 욕망의 근원을 찾을 수 있습니다. 한번
따라가 보죠.

사랑에는 반드시 어떤 대상이 있습니다. 남자가 여자에 대해,
여자가 남자에 대해, 사람이 동물이나 식물, 또는 어떤 무생물에
대해, 때로는 어떤 이데아에 대해 사랑의 감정을 품습니다. 따라서
사랑은 어떤 "대상"을 향하고 있다는 것을 알 수 있습니다. 달리
말하면 사랑은 객체인 대상을 갖고자 하는 나(주체)의 욕망입니다.
내가 누군가(무엇인가)를 사랑하고자 할 때 나는 그 대상을 가까이
끌어 당겨 소유하거나 얻으려고 합니다. 그렇다면 왜 사랑하는
대상을 소유하려고 하는 걸까요? 『향연』에서 플라톤이 말하는
이야기를 요약해보겠습니다.

원래 인간은 지금처럼 남성과 여성으로 나뉘어 있지
않았습니다. 이 둘을 다 가지고 있는 제3의 성(남여성)이 있었죠.
사람의 모양은 아주 둥글게 생겨서 등과 옆구리가 둥그렇게 뼹 둘러
있었습니다. 그리고 팔다리가 각각 네 개씩 있었고, 둥근 목 위에
똑같이 생긴 얼굴이 둘 있었습니다. 머리는 하나인데 두 얼굴이

반대 방향을 보고 있었고, 귀가 넷, 음부가 둘이었습니다. 그들은
지금처럼 똑바로 서서 걸었는데, 어느 방향으로든 가고 싶은 대로
걸어갈 수 있었습니다. 빨리 뛰고 싶을 때는 마치 공중제비를 하는
곡예사가 두 다리를 공중으로 쳐들었다가 저쪽으로 넘어가듯,
그들이 가지고 있던 여덟 개의 손발로 땅을 번갈아 짚어가면서 아주
빠른 속도로 굴러갈 수 있었습니다. 그들은 무서운 힘과 기운을
가지고 있었고, 야심도 대단했습니다.

급기야 그들이 신을 공격하자 제우스Zeus와 여러 신들은
어떻게 하면 좋을지 회의를 했습니다. 번갯불로 모조리 죽일
수도 없었습니다. 왜냐하면 그들은 신들에게 제물을 바치고
예배를 드려왔는데 그들이 없어지면 신들은 막대한 손해를 보기
때문이었습니다. 골똘히 생각하던 제우스가 좋은 아이디어를
냈습니다. "인간을 그대로 살게 해주면서 지금보다 약하게 하면
난폭한 짓을 못할 것이오. 사람을 모두 두 동강내겠소. 그렇게
하면 지금보다 약해질 것이고 오히려 수는 늘어날 테니 우리한테
더 유리할 것이오. 나중에도 난폭하게 굴면 또 두 동강내어 한쪽
다리로 뛰어다니게 만들 것이오." 말이 끝나자마자 제우스는 삶은
달걀을 머리카락으로 자르듯 사람들을 한가운데서 갈라 두 조각으로
쪼개었습니다.

그래서 인간은 본래의 몸이 갈라졌고, 갈라진 반쪽은 각각 다른
반쪽을 그리워하고 다시 한 몸이 되려고 하는 것입니다.

제우스에 의해 반쪽으로 쪼개진 인간은 잃어버린 반쪽을 그리워하게 됩니다. 이 그리움이 바로 사랑이며 욕망의 기원입니다. 인간은 반쪽으로 쪼개지면서 고통과 소외, 결핍을 맛보게 되었습니다. 상실된 것에 대한 그리움과 결핍을 채우려고 하는 욕망이 자연스레 생겼던 것입니다. 둘로 나뉘면서 반쪽은 다른 반쪽에 타자가 되었고 하나인 나로 다시 통합되기 전에는 근원적인 결핍 상태에 빠지게 되었습니다. 반쪽의 상실은 반쪽의 부재이고 이것은 전체적 통일성의 상실을 의미합니다.

반쪽으로 쪼개진 인간은 무엇을 추구한 것일까요? 인간은 가장 먼저 하나였던 본래의 모습을 회복하고 싶어 합니다. 다시 말해 전체로서의 인간, 하나로서의 인간인 자기를 회복하는 것입니다. 플라톤의 『향연』에서는 욕망의 발생이 제우스라는 신에 의해 쪼개진 인간의 자기 결핍을 채우는 것으로 묘사되었습니다. 아직도 우리 인간은 이것을 추구하고 있습니다. 그것은 채워도 채워도 채워지지 않는 독과 같습니다. 이것이 인간 욕망의 특성입니다.

고요한 마음의 평정

스토아학파Stoics와 에피쿠로스학파Epicurean school에 이르면 체념을 미덕으로 내세우고 절제된 욕망이 진정한 행복의 조건이라고 주장하게 됩니다. 특히, 헬레니즘시대의 에피쿠로스학파는 쾌락과 행복을 주장하게 됩니다. 인간은 누구나 행복하기를 바라고, 쾌락을

추구합니다. 에피쿠로스(Epikuros, B.C. 341~B.C. 270 ?)는 인간에게
자연적인 욕구로서의 쾌락이 있다고 말합니다. 규범으로서의
선과 악은 의미 없으며 쾌락 이외에 본질적인 가치는 없습니다.
쾌락이야말로 행복한 생활의 시작이며 끝이죠. 그러나 에피쿠로스는
결코 무절제한 쾌락을 말한 것이 아닙니다. 다만 인간이 성취해야
할 유일한 목표를 행복에 두었을 뿐이죠. 쾌락에 도달하는 것은
행복이며, 반대로 불쾌한 것은 불행한 것을 뜻합니다.

　쾌락은 동적 쾌락, 정적 쾌락이 있습니다. 동적 쾌락은
육체적인 탐욕이나 세속적인 야심에 빠지기 쉬운 건전하지 못한
쾌락입니다. 욕망으로 가득 찬 사람, 분수를 생각하지 못하고
야망에 들뜬 사람은 그 욕망이 채워지더라도 만족하지 못합니다.
그들에게는 늘 외적인 자극이 필요하며, 그들이 느끼는 쾌락이란
음식으로 배고픔을 채우는 것 같은 물리적인 만족에 그칩니다.
하지만 정적 쾌락은 외적 자극보다 심신 그 자체의 자연적인
안정, 평형 상태, 죽음과 같은 공포로부터 자유로운 본래적
자연상태입니다. 이들은 무언가에 항상 만족하고, 마음을 고요히
다스리며, 평온을 되찾는 정신적인 만족의 극에 도달합니다.

　인간이 지나치게 동적 쾌락만을 추구하다보면 반드시
고통스러운 상태에 이르게 됩니다. 인간 이성은 정적 쾌락을 위해
행복에 이르는 길을 인도하고 규제해야만 합니다. 이성은 홀가분한
마음으로 조용히 관조하며 마음의 평정을 유지하는 데 진정한
행복이 깃들어 있음을 가르쳐야 합니다. 이에 평정무애平靜無礙한

아타락시아_{ataraxia}의 상태(감정적, 정신적 동요가 없는 평정심의 상태)를 강조하게 되는 것입니다.

인간에게만 있는 이성을 활용해서 쾌락을 행복에 결부시키면 우리는 쾌락을 현재에 한정시키지 않고, 과거와 미래를 포함한 인생의 총체에서 포착하게 됩니다. 이때 안일한 생활로서의 동적인 쾌락과 반대로 아타락시아가 설정됩니다. 고요한 마음의 평정. 이것이 인간이 바라는 가장 큰 행복에 이른 것입니다. 어떻습니까, 플라톤과는 사뭇 다르죠? 결핍의 욕구를 메우는 것이 아니라 개인의 안정 상태과 평형을 유지하는 것을 목표로 합니다. 그래서 다른 용어로는 개인적 쾌락설이라고도 부릅니다.

쾌락에 대한 다양한 견해들

인간의 쾌락은 대개 인간 행동의 동기와 목적 또는 도덕적 기초와 목적에 관련됩니다. 벤담(Jeremy Bentham, 1748~1832)이나 홉스는 인간이 쾌락을 궁극적 욕망으로 삼는다고 보았습니다. 다른 어떤 것보다도 유쾌함, 쾌락을 최대의 추구 대상으로 삼았다는 얘기죠. 쉽게 말하면 인생 최대의 목적은 쾌락이라는 말입니다. 문제는 어떤 쾌락을 추구하느냐겠죠.

벤담이나 홉스의 경우, 인간은 그 심리에 있어 쾌락을 궁극적 욕망으로 삼습니다. 즉 다른 무엇보다도 인간의 유쾌함, 쾌락을 최대의 추구 대상으로 삼았다는 것입니다. 따라서 인생의 최대

목적은 쾌락입니다. 이는 인간이 가장 욕망하는 것이 쾌락임을
의미합니다. 어쩌면 모든 인간은 궁극적으로 쾌락을 추구하고
있는지도 모릅니다. 이때 쾌락은 인간의 본질입니다. 문제는
에피쿠로스학파에서처럼 어떤 쾌락을 추구하느냐겠지요. 이런
관점을 심리적 쾌락설이라 부릅니다.

　　그러나 시즈위크(Henry Sidgwick, 1838-1900)는 쾌락을 추구하는
것이 심리적이라기보다는 근원적으로 실천 이성의 직관에 의해
이루어진다고 보았습니다. 그래서 도덕은 이러한 실천 이성이
직관하는 공정의 원리에 의거해야 한다고 주장했던 것입니다.
인간의 심리에 있어서 쾌락의 추구보다는 실천 이성의 직관이 더
본질적이고 근본적이라는 것이죠. 물론 심리와 이성의 차이가
무엇인지를 가리는 것은 고민으로 남습니다. 그러나 이성은
좀 더 객관적인 기준을 가지고 공정하게 인간의 쾌락을 추구해
나갑니다.

　　공리주의자로 불리는 벤담이나 밀(John Stuart Mill, 1806-1873)은
환경에 상관없이 각 개인은 행복을 추구할 평등한 권리를 가진다고
보았습니다. 우리의 행위는 최대 다수의 최대 행복을 목적으로
하여야 합니다. 더 많은 사람이 더 많은 행복을 누릴 수 있다면
그보다 더 좋은 사회는 없을 것입니다. 이때 인간의 욕망은 다수의
행복을 추구하는 쪽으로 기울어지죠. 이런 가정 하에 벤담은
쾌락에는 질적 차이가 없고 양적 차이가 있을 뿐이라며 쾌락
계산법을 고안하기도 했습니다. 그 반면에 쾌락은 양적 차이뿐만이

83

아닌 질적 차이도 있다고 인정하고, 좀 더 나은 쾌락이나 높은 쾌락을 구하라는 질적 쾌락설도 대두했습니다.

욕망, 자기 보존을 위한 긍정성

플라톤은 인간의 욕망을 '결핍'으로 보았고, 쾌락주의자들은 인간의 욕망을 쾌락의 달성으로 보았습니다. 그러나 스피노자에 의하면, 모든 인간은 본성의 한 부분으로서 그들 자신의 존재를 계속 지속시키려는 충동을 지니고 있습니다. 대부분의 인간은 자기를 해체하기보다는 지키려고 합니다. 다시 말하면, 자기 존재의 보존을 욕망하는 것이죠. 그것은 유기적인 세계뿐만 아니라 정신적 세계에서도 가치를 지닙니다. 따라서 인간도 자연에 의해 그에게 부여된 방식으로 존속하려고 합니다. 자기 동일성을 지니고 자기를 유지시키려는 것과 같습니다. 스피노자는 자기 보존을 위한 이 맹목적 의지를 "욕구"라고 불렀습니다.

맹목적 의지를 가진 단계에서 인간은 어린이나 동물처럼 이 욕구에 대해 알지 못합니다. 맹목적 의지만으로 무엇인가를 하려고 할 뿐이죠. 만일 우리들이 이 충동을 의식하게 되면, 의식적인 욕망을 가지고 그것을 갈망하게 됩니다. 자기를 보존하려는 의식이 욕망의 기본이 되는 것입니다. 무언가를 의식할 때 우리는 그것을 소유하려거나 보존하려고 합니다. 그리고 더 높은 정도의 자기 보존과 완성을 의식하게 되면 쾌락을 경험하게 됩니다. 이러한 완전성이 줄어들수록 고통은 커지게 됩니다.

"나는 온갖 종류의 쾌락을 가져다주는 것이 무엇이든지, 특히
우리의 강렬한 욕망을 충족시켜주는 것이 무엇이든지 선으로
이해한다. 나는 온갖 종류의 고통, 특히 우리의 욕망을 좌절시키는
것은 무엇이든지 악으로 이해한다."

이렇게 볼 때, 선과 악은 쾌락, 고통과 연관되어 있습니다.
그리고 우리가 무언가를 갈망할 때는 그것을 선이라 부르고, 싫어할
때는 악이라고 부르기 때문에 본래적인 선이나 악은 있을 수
없습니다. 즉 선과 악은 주관적인 평가를 반영하는 것입니다. 우리의
갈망은 이미 결정되었기 때문에 우리의 판단도 결정됩니다.

스피노자의 욕망은 플라톤의 결핍을 채우는 것과는 다릅니다.
욕망은 욕망의 대상이 되는 사물의 가치에 종속되지 않습니다.
오히려 욕망이 스스로 가치를 생산해내죠. 욕망은 대상을 앞서며
대상을 생산해내는 것입니다. 어떤 사물이 좋기 때문에 욕망을
가지는 것이 아니라 우리가 욕망을 가지기 때문에 그 사물을 좋다고
하는 것입니다. 즉 욕망은 인간이 현상태와 다른 어떤 상태가 되고
싶어 하는 근원적인 성향이라고 말할 수 있습니다. "욕망이란
인간의 본질이며 욕망이 있기에 인간은 자기 보존이 가능하다."
이는 라이프니츠와 오늘날의 들뢰즈(Gilles Deleuze, 1925~1995) 같은
철학자에게서 욕망의 긍정적인 특성을 강조하는 것으로 이어집니다.
그리고 현대의 정신분석학은 나의 욕망과 타인의 욕망 사이에
존재하는 관계를 지적함으로서 어떤 본질적인 사실을 드러내려고

합니다. 즉 우리는 타인이 원하는 것을 원합니다.

스피노자에게서 욕망은 결핍을 채우는 것과 같은 부정성이
아니라, 인간의 자기 보존을 위한 긍정성으로 이해됩니다. 이런
이해 속에서 우리는 현실을 생산해내는 창조적인 역할의 욕망을
발견합니다. 욕망은 절대 부정적인 것만은 아닙니다.

천리에 다가가기

유학은 인간의 욕망을 어떻게 바라보았을까요? 그를 위해 먼저
천리天理(하늘이 부여한 이치)와 인욕人欲(인간의 욕심)을 이해할
필요가 있습니다. 유학은 "천리"를 보존하고 인욕을 제어하는
것[存天理去人欲]을 사상의 핵심으로 하기 때문입니다. 대체로 천리는
선에, 인욕은 악에 대응합니다. 주자는 그 관계를 이렇게 말합니다.

사람이 태어날 때는 고요하며 하늘의 본성으로서 인간성도 선하지
아니함이 없다. 이런 성품이 사물에 대해 느껴 움직이는 것이 욕망이다.
이 역시 선하지 아니함이 없다. 그런데 사물에 이르러 비로소 앎에
도달하며, 그런 뒤에 좋고 나쁜 형태가 생긴다. 좋고 나쁜 것이 마음
안에서 절제함이 없고, 앎이 밖에서 유혹되어도 자신을 돌이켜 볼 수
없으면 천리가 사라진다. 이것이 비로소 악이다.

인간은 처음 태어날 적에는 착했습니다. 그런데 외부의

사물을 접하면서 욕망이 발동하고 좋고 나쁜 것의 차이가 생겼죠.
이때 천리가 그대로 보존되며 운행하는 것은 선이고 사라진 것은
악입니다. 인간의 선악 실현 여부는 천리를 어떻게 실현하느냐의
문제입니다. 마음을 어떻게 움직이느냐에 따라 욕망의 정도가
드러나고 이것이 악과 연관됩니다. 그런데 인간의 욕망은 어떻게
흘러나오는 것일까요?

어느 날 한 사람이 물었습니다. "기운이 맑은 사람은 저절로
물욕이 없어집니까?" 그러자 주자(朱子, 1130~1200)는 말합니다.
"그렇게 말할 수는 없다. 입은 맛보고자 하고, 귀는 듣고자 하니,
사람마다 그것은 공통적이다. 비록 맑은 기운을 타고났다고
하더라도, 자신을 점검하여 단속하지 않으면 곧 욕심으로 흘러간다.
즉 욕심으로 흐르는 것이 악이다. 마음이란 비유하면 물과 같은
것이다. 그리고 인간성이란 물의 이치를 따른다. 인간성은 물의
고요함에서 찾아볼 수 있으며, 세상에 사는 인간의 현실은 물의
움직임에서 찾아볼 수 있다. 인간의 욕망이란 바로 물이 흐르다가
넘치는 것과 같다."

욕망은 인간의 세상살이 속에서 발동합니다. 인간 세상에서
펼쳐지는 감정은 기쁨·성냄·슬픔·두려움·사랑함·미워함·욕심, 즉
희노애구애오욕喜怒哀懼愛惡欲입니다. 이 일곱 가지 감정[七情]이 바로
마음을 어지럽혀서 인간 본래의 모습을 은폐시키는 것이죠. 마음에
노여움이 일어나면 바른 상태를 얻지 못하고, 두려움이나 좋아하고
즐거워함이나 근심이 일어나도 바른 상태를 유지하지 못합니다.

마음이라는 존재가 언제나 외부의 사물에 감응하여 감정으로
나타나기 때문입니다. 사물에 접한다는 사실이 바로 인간을 욕망의
세계로 가게 하는 조건이 됩니다. 인간의 마음은 바로 욕망에 의해
은폐되기 쉽고 위태로운 것입니다. 욕망을 조절하지 못하면 인간은
자기의 본래 모습을 상실하게 됩니다.

　　유학에서 욕망은 욕망의 대상에 따라 일어나는 인간의
욕심입니다. 중요한 것은 이를 어떻게 잘 제어하여 정상적인 인간의
마음을 회복하여 천리에 다가가느냐 입니다. 유학은 그런 점에서
인간의 욕망을 부정적으로 보는 편입니다. 조절해야 할 대상으로
보고 있는 것이죠. 물론 인간의 욕망 자체를 부정하지는 않습니다.
이 점은 불교에 가면 극단적으로 드러납니다.

일체의 욕망을 끊는 추구

불교는 기본적으로 무언가를 줄여가려는 경향을 지니고 있습니다.
들어내고 버리는 종교라고도 말할 수 있습니다. 불교의 기본
교리인 고苦 · 집集 · 멸滅 · 도道 중 괴로움[苦]은 다시 태어나고자
하고, 쾌락을 갈망하며, 탐욕을 부리는 데서 생깁니다. 불교에서는
이를 없애기 위해 괴로움을 끊는 방법인 팔정도에 따라 끊임없이
수행합니다. 따라서 불교는 욕망을 추구하는 것이 아니라 "욕망을
끊는 것을 추구"하고 있다고 볼 수 있습니다.

　　욕망은 괴로움의 원인인 집集제와 좀 더 관련됩니다. 일체 존재

모두가 어떤 조건이 모여서 이루어진 것이라고 말합니다. 이것의
주요 내용이 잘 알려진 12연기緣起입니다. 욕망 또한 이 연기에 의해
발생합니다. 풀어서 말하면, 모든 사물은 인연이 화합해서 이루어진
것이며, 모두가 인과관계를 일으키는 것입니다. 인생의 고통, 인간의
생명, 운명 또한 자기가 원인을 만들고 자기가 결과를 받습니다.

12인연은 어리석음, 의지적 활동, 정신 활동, 정신과 육체,
오관과 마음, 촉각, 감수함, 탐욕, 집착, 사상 행위, 내세의 삶, 늙어
죽음입니다. 이 12가지 원인과 결과는 인간에게 흔히 일어나는
욕망이죠. 이것을 제어하려는 것이 불교의 목적입니다.

인생은 무상한 것이고 마침내는 죽어 없어집니다. 그러나
인간은 자신이 항상 존재하기를 바라죠. 이를 깨닫지 못한 어리석은
인간은 세속적인 활동을 하며 여러 가지 문제를 스스로 유발합니다.
그러면 더 큰 괴로움이 생기는 것입니다. 그리고 일상생활은
그에 걸 맞는 정신활동을 요구합니다. 이 정신활동은 몸과 마음을
더욱 채찍질하고 눈, 귀, 코 등의 기관을 통해 구체적으로 세계를
인식하도록 합니다. 어떤 세계를 접촉하면 당연히 그 세계에 있는
대상들을 받아들이게 될 것입니다. 그럴 때 인간은 자기가 즐길 수
있는 대상에 집착하게 되고 그것을 욕망하게 됩니다. 그 욕망에
집착하는 만큼 많은 일들이 벌어지고, 선과 악이 드러나게 됩니다.
이 선과 악은 내세의 업보를 만들어냅니다. 내세에 어떤 사람으로
태어나건, 태어남 자체는 늙고 죽어가는 조건이 됩니다. 우리는
그렇게 삶을 되풀이하다 죽어갈 것입니다.

이것이 12인연의 요지입니다. 이 모든 과정은 바로 욕망의
과정이자 결과입니다. 불교는 이런 욕망을 잊어버리기 위한
수행과정으로 볼 수 있습니다. 무욕망의 욕망이라고 부를 수
있을까요. 불교에서는 욕망을 이렇게 극단적으로 제거해야 할
대상으로 봅니다. 매우 부정적인 인간의 마음 작용으로 이해하는
것이죠. 욕망은 단지 깨달음을 통해 극복해야 할 대상이며, 인간의
마음을 수양하는 일에 적극적으로 관계합니다. 그래서 불교를
마음의 종교라 부르기도 하는 것입니다.

우리 인간은 항상 무언가를 욕망하는 동시에 그 욕망을
제어하려고 노력합니다. 목적이야 어떻든 간에, 이 강의도, 공부를
하는 것도 하나의 욕망이 될 수 있을 것입니다. 앞에서 우리는
욕망의 부정적인 의미와 긍정적인 의미를 나누어 살펴보았습니다.
물론 이것이 욕망론의 전체는 아닙니다.

플라톤은 인간을 결핍된 존재, 고통의 존재, 그리움의 존재로
이해했습니다. 이에 인간은 본래의 전체적인 인간으로서 결핍과
고통과 그리움을 채워 회복하기를 바랐습니다. 거기에서 인간
욕망의 기원을 엿볼 수 있었습니다. 그러나 에피쿠로스학파 이후
쾌락주의자들에 이르면 인간의 욕망을 기본적으로 쾌락 추구라고
보았습니다. 그 쾌락의 의미는 조금씩 다릅니다. 즐겁지 않은
것을 추구하는 인간이 거의 없다는 점에서 이는 상당한 설득력을
지닙니다.

한편 스피노자는 욕망을 지금 현재의 나와는 다른 어떤 것이
되고 싶어 하는 근원적인 인간의 성향으로 보았죠. 부족한 것을
채우는 것이 아니라 적극적으로 또 다른 것을 추구하는 것입니다.
스피노자는 꾸준히 무언가를 만들어가고 창조해가는 것을 인간의
욕망으로 이해함으로써 우리에게 다른 용기를 주었습니다.

유교와 불교는 인간 욕망을 제어해야 할 대상으로 보았습니다.
불교는 그것에 있어서 더욱 적극적이었습니다. 동양적 욕망론은
외부 사물을 접했을 때 일어나는 인간의 마음, 그 욕망을 잘
제어하는 것을 목적으로 삼았습니다. 무소유, 무욕망의 욕망이라고
할 수 있습니다.

문제는 우리가 아직도 무언가를 욕망하고 있다는 점입니다.
무언가를 하고자 하는 욕망이건, 그 반대의 욕망이건, 우리는 그것을
바라고 있습니다. 이때 우리가 바라는 것은 과연 무엇을 위한
것일까요?

chapter 06

"어떻게

건강한 삶을

건설할 것인가"

여러분은 언제부터인가 "인간은 사회적 동물이다"라는 말을
흔히 들어왔을 겁니다. 그리스의 철학자 아리스토텔레스가 했던
유명한 말이죠. 훗날 듀이(John Dewey, 1859~1952)는 "인간은 사회적
생물이다"라고 말을 했습니다. 이제 너무도 당연하게 생각해왔던,
인간은 사회적 동물, 혹은 사회적 생물이란 말에 의문을 가져봐야 할
차례입니다.

　지구상에는 수많은 존재들이 있습니다. 그 가운데 유독
인간만이 사회라는 집단을 이루고 살아갑니다. 그리고 그 안에서
인간은 '문화'라는 핵심 내용을 형성합니다. 여러분은 우리가
무의식적으로 향유하고 있는 이 사회와 문화에 대해 생각해볼
기회가 있었나요? 유구한 세월에 거쳐 인간의 손때를 묻혀 온
문화, 그리고 그것을 지속하는 사회는 인간에게 어떤 의미를 갖는
것일까요?

　인간은 절대 혼자서 살 수 없습니다. 인간은 혈육, 이웃,

친구들과 이해관계를 맺으며 살아갑니다. 예외가 있을까요?
인간이 생활하면서 참가하는 생활 공동체 일체를 가리켜 사회라고
부릅니다. 사회는 인간의 집입니다. 그 집에서 뿌리를 박고 살아가는
동안 인간관계는 더욱 복잡해지고 광범위해졌습니다.

　　사회는 우리가 보통 생각하는 것 이상으로 다양합니다. 원시
사회, 미개 사회, 고대 사회, 중세 사회, 근대 사회, 현대 사회, 미국
사회, 한국 사회, 계급 사회, 상류 사회, 하류 사회, 대학 사회 등
개념과 범주가 이루 헤아릴 수 없을 만큼 많습니다. 그리고 그
사회에는 정치가, 회사원, 학자, 상인, 농민, 기술자 등 이루 헤아릴
수 없는 구성원들이 살아가고 있습니다. 이 다양한 사람들의
다양한 공동생활은 인간의 생존을 위해 필수적입니다. 간단하게
생각해봅시다. 사회 구성원 모두가 정치가이거나 모두 학생이라면
어떨까요? 아니면 모두 상인이라면? 가정이 필요 없겠죠.

　　새 구성원이 편입되면 그 사회는 구성원에게 사회 행동의
공통적 측면이나 필요한 여러 행동들을 교육시킵니다. 예를 들면
대학사회는 신입생들을 위해 오리엔테이션을 실시합니다. 어떤
사회든 여러 특정 활동을 위한 새로운 구성원에 대한 분배, 훈련
체제, 특정 공동생활 교육을 위한 체제를 갖추어야 합니다. 그것이
사회를 지속시키고 인간을 존속하게 하는 장치입니다. 인간은
사회라는 테두리를 벗어나 자기 존재를 확인할 수 없습니다. 그래서
사회는 인간을 지켜주는 울타리인 것입니다.

인간은 문화적 동물이다

인간이 공동체를 이루어 살아가는 이유는 간단합니다. 인간은 그
안에서 자기를 보존하고 자기 혁신을 이루어갑니다. 이를 가능하게
하는 매개체가 바로 문화입니다. 사회가 다르면 문화가 다르게
마련입니다. 그래서 해당 사회를 지배하는 다양한 풍속, 전통, 태도,
이념, 금기가 있는 것입니다. 그리고 각각의 집단과 사회는 그
구성원 사이의 공통된 행동의 틀을 지니고 있는데, 그 행동의 틀이
사회적으로 학습되고 공유되며 후대로 전수됩니다. 이런 행동의 틀,
다시 말하면 행동 양식, 전통, 태도 등을 문화라고 부르는 것입니다.

『문화의 과학적 이론』을 쓴 말리노프스키(Bronislaw Kasper
Malinowski, 1884~1942)라는 영국의 문화인류학자가 있습니다. 그는
저서에서 문화를 이렇게 언급합니다.

도구, 상품, 각종 사회 집단을 위한 헌법 조항, 그밖에도 인간의
관념과 기예, 신앙과 관습 등으로 이루어진 전체가 문화이다. 지극히
단순한 원시문화를 살펴보건 혹은 극도로 복잡하고 발달된 문화를
살펴보건 간에 우리는 수많은 도구들을 접할 수 있다. 그 도구들은 인간이
스스로 당면한 구체적이고도 특정적인 문제들을 해결할 수 있도록 해주는
것으로서, 그 중에는 물질적인 것도 있고 정신적인 것도 있다.

이처럼 문화는 인간의 모든 행위, 그 행위를 가능하게 하는

도구 등과 관련되어 인간 사회의 생활을 구체적으로 이끌어갑니다.
그 도구 중에 가장 기초적인 게 뭘까요? 바로 언어입니다. 문화의
구성 요소에서 의사소통 체제는 기초 중의 기초입니다. 언어는 어떤
문화를 다른 사회 구성원에게 전달해주는 필수적인 매체입니다.
우리 일상생활에서 쓰이는 말이나 글을 생각해보세요.

그 다음으로 문화는 신체적 생존을 위해 필요한 의식주의
재료들을 제공해주는 행동 양식과 관계가 있습니다. 그것들의
도구가 문화인 것이죠. 문화는 각종 도구와 관념, 관습 등 모든
것이지만 인간 생존의 도구이기도 한 것입니다. 또한 인간 사회에는
공동생활을 위한 여러 가지 가치와 행동양식이 필요합니다.
사람들이 자기의 가치 판단대로만 행위를 한다고 생각해봅시다.
그것을 문화라고 오해하여 행동한다고 상상해봅시다. 과연 이
사회가 유지될 수 있을까요? 그래서 문화는 사회를 통합하는 기능도
하는 것입니다.

그리고 사회가 유지되려면 재생산과 훈련이 반드시
필요합니다. 공동생활을 유지하는 것은 보편적인 생활양식의
재생산과 깊게 관련되어 있습니다. 문화는 그것을 지속적으로
가능하게 해줍니다. 결혼제도를 예로 들어보죠. 인간은 결혼을 통해
종족을 번식하고 사회가 기대하는 인간을 키움으로써 그 사회를
유지하고 보존해 나갑니다. 그 외에도 문화는 게임이나 예술 활동 등
여가나 휴식을 제공해주기도 합니다. 우리에게 일상화된 컴퓨터 게임
같은 오락은 사회생활을 원활하게 해주는 주요한 문화인 것이지요.

이 문화는 끊임없는 해체와 전달, 창조의 과정을 겪어가며 지탱해 나갑니다. 다시 말하면 문화는 인간 존속의 기본 형태이며 양식이죠. 그것을 어떻게 영위하느냐에 따라 인간이 규정되는 것입니다. 문화에 대한 규정을 따라오다 보니 우리는 자연스럽게 인간이 문화적 동물이라는 결론에 도달했습니다.

사회와 문화의 다양성

우리가 생각할 수 있는 모든 인간 집단에 사회라는 말을 붙여 봅시다. 얼핏 생각해보아도 우리의 언어만큼이나 많습니다. 여기에서 그 성격을 일일이 다 구명究明할 수 없을 정도입니다. 학생사회라고 하면 '학생'이 의미하는 사회적인 위치, 계층 등을 따져보아야 합니다. 그리고 미국사회에 대한 한국사회라는 관계까지 구명하려면 더욱 복잡해집니다.

사회는 이토록 다양하지만 모든 사회는 전체 구성원들이 반드시 학습해야 할 것이 있습니다. 그리고 대부분 그 사회의 특정인에게 적합한 것에 대해서도 규정하고 있습니다. 사회 또는 문화 집단이 모든 사람들에게 기대하고 요구하는 행동 유형을 우리는 "보편성"이라고 부릅니다. 한국인들은 한글을 익히고 알아야 한국사회에서 살아갈 수 있습니다.

그런데 한국사회에서도 각 지방마다 사투리가 있습니다. 한복과 양복 입는 법이 다르고, 특정 음식을 조리하고 먹는 법도

다릅니다. 각 사회마다 행동 영역이 있다는 말이죠. 그리고 개인이
선택하는 양식이 다를 수 있습니다. 규모가 큰 사회일수록 그것이
복잡하고 더욱 다양해지고 선택의 범위도 넓어지게 마련입니다.

특수한 지위나 역할을 지니고 있는 사람들에게 기대된 양식도
있습니다. 남성적인 것, 여성적인 것으로 규정되어 있기도 하고,
교사나 의사, 농부, 상인들은 자기들 신분에 적합한 행동 양식을
배웁니다. 고학력자들은 다양한 전문성에 적합한 행위를 배우려고
합니다. 이렇듯 인간은 보편성, 선택성, 전문성이라는 행동양식으로
사회를 지속시켜 나가는 것이죠.

사회가 우리가 쓰는 언어만큼이나 다양하듯 문화 또한
그렇습니다. 한국문화, 미국문화, 농촌문화, 도시문화, 청소년문화,
성인문화 등 인간이 만들어낸 모든 도구와 수단 그리고 유산에
문화라는 말을 붙일 수 있습니다. 그런 공통의 문화가 있는가 하면
각 개인이 경험한 하위문화도 존재합니다. 그것은 각 개인의 고유한
특성을 지니게 마련입니다. 흔히 한국사회를 종교의 박물관이라고
하듯 종교적 신념에 따른 다양한 종교문화도 있습니다. 또한
경제활동의 차이에 따라 상이한 문화가 존재하지요.

또한 사람들도 다양하게 나뉩니다. 청소년 집단의 행동은
40대, 50대 이상 기성세대들의 행동과는 사뭇 다릅니다. 신입사원은
과장이나 부장처럼 오랜 근무경력을 지닌 회사원의 행동과는
다릅니다. 이 모든 다양성은 인간이라는 사회집단 속에서 나오죠. 왜
이런 다양성이 발생하는 것일까요? 사회집단은 도대체 어떤 속성을

지녔기에 서로 다른 차이를 만들어내는 것일까요?

인간은 사회적 관계를 맺은
인간의 집합체 속에서 생활한다

인간은 태어나면서부터 크고 작은 집단 속에서 사회생활을 하게

됩니다. 먼저 가족의 구성원으로, 조금 자라면 초 · 중 · 고등학교의

학생이 됩니다. 학교생활을 하면서 방송반, 문예반, 과학반 동아리의

회원이 되기도 합니다. 어른이 되면 지역사회의 구성원으로

활동합니다. 또한 시민인 동시에 국민이 됩니다. 사회의 여러 집단에

소속되어 생활하면서 동시에 각기 특유한 양식에 따라 행동하고

역할을 수행합니다. 누구나 그 과정을 통해 인간으로서 성장과

발달을 하게 되는 것이죠.

좀 정리를 해볼까요. 쿠버는 사회집단을 "상호간의 의사소통의

관계에 있는 인간들의 집합체"라고 규정하면서 그 의미를 다음과

같이 설명했습니다. 첫째, 집단은 의사소통을 하는 사람들이 관련된

것이다.—의사소통이 없다면 비록 지역상으로 밀접할지라도 집단을

형성했다고 할 수 없죠. 오히려 신체적인 접촉의 공간적 밀접성에서

의사소통은 집단을 형성합니다. 둘째, 집단의 크기는 이론상으로나

실제적으로나 두 사람 이상에서 전 세계의 인구에 이를 수 있다.—

집단은 개인이 아닙니다. 중요한 것은 사람이 모여야 한다는 것이죠.

셋째, 의사소통은 대면성과 말만을 필요로 하지 않는다.—글 또는

통신 수단에 의한 간접적인 것이라도 좋습니다. 오히려 요즈음은 인터넷 망을 통해서 동호인이나 집단을 형성하는 게 일상이 되었을 정도입니다. 여기서 중요한 점은 집단은 상호간에 영향을 주어야 한다는 것입니다. 일방적인 의사 전달은 집단을 형성하지 못하기 때문입니다.

"집단"을 어떻게 정의할 수 있을까요? 사회에서 집단은 두 사람 또는 그 이상의 사람들 사이에 제도화된 심리적 상호작용의 양식이 이루어진 것입니다. 쉽게 말하면 사회집단은 그 성원들 그리고 다른 사회집단의 성원들로부터 하나의 실제로 인정받는 것입니다. 두 사람 이상의 인간이 욕구를 충족시키고 어떠한 목적을 달성하기 위하여 적극적인 관계를 유지하며 통일적인 행동을 지향하는 집합체라고 할 수 있습니다. 그 집합체는 다음의 다섯 가지 조건을 갖추어야만 합니다.

첫째, 성원들의 공동 목표와 관심이 있어야 합니다. 둘째, 그 목표를 두고 각자 역할을 맞는 조직이 이루어져야 합니다. 셋째, 성원들이 취해야 할 행동이나 관계를 규제하는 제도와 규범이 있어야 합니다. 넷째, 이해, 감정, 태도에 있어서 통일성이 있어야 하며, '우리들'이라는 의식으로 통합되어야 합니다. 다섯째, 성원들의 상호 행위가 지속적으로 이루어져야 합니다.

연극반이라는 동아리를 예로 들어봅시다. 연극반은 연극이라는 공동 관심을 갖고 있습니다. 그리고 동아리 회장과 총무, 회원이 있습니다. 또한 연극반 자체의 규칙이 있을 것이고

같은 연극반 회원이라는 공감대가 형성되어 있을 겁니다. 뿐만
아니라 연극반은 계속해서 질적으로 수준을 끌어올리려고 노력할
겁니다. 이런 여러 조건이 갖추어져야 사회집단으로서 인정받을 수
있습니다. 여기서 우리가 기억해야 할 것은 사회집단은 개개인이
모래알처럼 모여 있는 것이 아니라는 사실입니다.

사회화 과정; 요람에서 무덤까지

인간은 자신이 속한 사회집단 속에 자기실현을 도모합니다.
사회집단의 행동양식 속에서 자기를 길러가는 것이지요. 다시
말하면 누구나 사회적 삶의 행동양식인 문화의 전승, 창조,
해체를 통해서 사회화 과정을 거친다는 말입니다. 인간은 사회를
형성해간다고도 말할 수 있습니다. 개인이 어느 특정 사회집단의
생활양식을 배우고 익히면서 정규 구성원이 되어가는 것입니다.
여기에서 개인은 상호작용을 통해 자신의 행동을 수정하거나
서로 영향을 주고받으며 동화해 가기도 합니다. 우리는 야생에서
자란 아이 이야기를 가끔 듣습니다. 숲에서 동물의 보호를 받으며
자란 아이는 이 사회화 과정을 겪을 수 없습니다. 동물의 본능적인
감각만을 지니고 있을 뿐이죠. 문화를 갖지 못했기 때문에
사회집단을 형성할 수도 없습니다. 겉모습은 분명 사람이지만
인간으로서의 동화과정을 겪지 못했기 때문에 보통의 인간이 될 수
없는 것입니다. 사회화는 한 사람이 인간이 되어가는 과정이라고

말할 수 있습니다. 그래서 사회가 갖는 행위나 지식을 포함하여
생활에 필요한 모든 것을 요구하게 됩니다. 이렇게 보면 사회화는
넓은 의미에서 교육과 같은 의미를 지닌다고 할 수 있습니다.

사람은 보통 부모 형제와의 접촉을 통해 살아가는 데 필요한
언어, 관습, 태도를 배웁니다. 그리고 자기가 누구인지, 가정에서
내 역할은 무엇인지 학습합니다. 자라면서 유치원, 학교에 가서
친구들을 사귀고 선생님에게 배우면서 자기 세계를 넓혀나갑니다.
학교에서 요구하는 기준에 따라 체계적인 지식을 얻고 삶의 태도를
발전시킵니다. 학교 또는 학급에서 집단의 한 성원으로서의 역할을
배우고 수행하죠. 새로운 직장에 가면 새로운 역할을 배워야 합니다.
노년이 되어 다가오는 죽음에 대비하는 것도 사회 일원으로서
만년을 어떻게 보내고 죽음에 대비할지도 사회화를 통해 학습해야
합니다. 사회화는 이렇듯 요람에서 무덤까지의 과정이라고 볼 수
있습니다. 이것은 인간이 사회적 동물이기 때문입니다.

왜 인간은 사회화 과정을 겪어야만 할까요? 인간은 사회화를
통해 자기 포부를 키우고, 사회적 역할과 태도를 습득하고, 사회에
참여합니다. 청소년기만 따로 떼어 이야기해볼까요. 이 시기는
인생에 대한 새로운 적응을 필요로 하는 시기입니다. 신체가 급격하게
성장하고 다양한 사람들을 만나며 다양한 연령, 계층과 상호작용을
합니다. 혼자 깊은 사색에 빠지기도 하고, 인생의 의미를 탐구하는가
하면, 기존 질서에 대한 반항과 회의를 품기도 합니다. 이때 사회에
제대로 적응하느냐 그렇지 않으냐는 매우 중요합니다. 이 사회화

과정에서 많은 실패가 발생하기 때문입니다. 하지만 실패를 두려워할
필요는 없습니다. 또한 성공에 너무 기뻐하지도 말아야 합니다.
사회화 과정은 수시로 성공과 실패를 반복할 수 있기 때문입니다.

인간은 문화를 건설하는 동물이다

자, 우리가 배낭을 메고 외국으로 여행을 떠났다고 합시다. 우리가
도착한 곳은 아프리카입니다. 당신은 어떤 느낌을 받을까요?
피부도 다르고, 사는 집도 다르고, 먹는 것도 다른 그들을 보며
무슨 느낌일지 상상해보세요. 뭐라고 표현할 수는 없지만, 우리는
확연히 '다르다'는 느낌을 갖게 됩니다. 자, 우리는 또 몽골 초원에
도착했습니다. 그들은 보니 얼굴 생김새도 비슷하고 먹는 것도
크게 다르지 않다고 느낍니다. 뭐라고 표현하긴 어렵지만, 우리는
'비슷하다'는 느낌을 갖게 됩니다. 그렇긴 해도 그들은 내가
자라온 지역에서 느끼던 것과는 사뭇 다른 사람들이라고 느낄
겁니다. 이처럼 우리는 여러 지역 사람들과 유사하거나 차이가
있다고 느낍니다. 그것은 각 사회가 갖고 있는 특정한 생활양식이
있기 때문입니다. 언어, 가족관계, 의복, 종교, 남녀관계 등은 각
지역마다 너무도 다릅니다. 우리와 너무 다르다는 느낌, 그것이 문화
충격입니다.

그 충격을 통해 우리는 배웁니다. 내가 본 것이 보편적인지를
저울질해 보고, 다른 구성원들에게 전파하기도 합니다. 문화는

105

이런 과정을 통해 다른 곳으로 파고듭니다. 그것은 그 문화 내에
정착하거나 해체되기 마련이죠. 또는 이식된 그 문화가 새로운
문화를 창조해내기도 합니다. 어쨌든 문화는 사회구성원들의
상호작용 속에서 만들어집니다. 때로는 비형식 교육에 의해, 때로는
전문적인 교육기관에 의해 전달되죠. 그래서 모든 사회구성원들은
문화의 수혜를 받는 사람임과 동시에 전수를 하는 사람인 것입니다.
인간은 그런 과정을 평생 동안 진행하면서 문화를 건설하는
동물이라고 결론지을 수 있겠습니다.

나는 얼마나 사회 · 문화적 인간인가?

인간은 사회적 관계를 매개로 존재하기 때문에 사회를 떠날 수
없다고 이야기했습니다. 그 관계를 매개로 할 때 인간은 문화의
건설자로서 사회를 지속시키며 그 사회를 자기가 살아가는 집으로
삼습니다.

　　사회는 인간 생활의 공동체 모두를 일컫습니다. 우리 인간이
살아가야 할 보금자리인 셈입니다. 문화는 그 사회에서 살아가기
위한 삶의 양식이죠. 우리는 모두 한국사회에 살고 있습니다.
우리는 지금 한국문화를 건설하고 있습니다. 그 문화를 통해 우리의
현재와 미래를 보아야 합니다. 한국사회도 다양한 소사회와 문화가
있습니다. 각자 속한 사회집단에서의 역할을 다하는 것은 사회화
과정에 충실한 것이며 건전한 삶을 건설해가는 과정입니다.

chapter 07

"우정은 관계의

근원이다"

인간의 삶은 두말할 나위 없이 다양합니다. 그 다양한 삶들은
때로는 아름답기도 하고 추하기도 하며, 이 삶들이 교차하면 사랑과
미움이 생기기도 합니다. 희열의 즐거움 뒤엔 절망의 고통도 있게
마련입니다. 그래서 삶은 한마디로 형용할 수 없을 만큼 복잡하고
모순적입니다. 뒤집어 말하면 이런 가지각색의 형상, 여러 인격으로
채워가는 것이 인간의 본 모습이라고 말할 수 있습니다. 그런데
인간은 이렇게 얽히고설킨 관계 속에서 삶의 진실을 추구합니다.
고귀한 이상을 꿈꿉니다. 가히 "만물의 영장"이라 할 만합니다.
인간은 삶의 기준을 제시하고, 도덕적 생활을 요구하며, 인간다움을
갈망합니다. 인간다움을 늘 고민하는 것, 이것이 인간만이 할 수
있는 목적일 것입니다.

　　형식적으로 보자면 인간은 수직적 관계와 수평적 관계를
맺으며 살아갑니다. 유교에서는 이를 인간에게 필요한 다섯 가지의
윤리, "오륜五倫"으로 제시합니다. 즉, '부모-자식 사이,' '임금-

109

신하(백성) 사이,' '어른-어린이 사이'가 수직적 관계이고, '부부 사이'와 '친구 사이'는 수평적 관계의 전형입니다. 모든 인간관계는 이 수직-수평 사이에 놓여있는 것 같습니다. 나를 중심으로 보면 상하사방의 관계입니다. 다시 말해, 나의 위아래 사람들, 그리고 나와 동등한 위치의 친구들 사이의 관계망. 이런 질서로 사회는 유지되어 왔습니다.

　　이 중에서 우리는 먼저 수평적 질서를 전제로 하는 "우정"의 문제를 생각해보려고 합니다. 우정은 어떤 식으로 정의하든 평등한 가치 위에서 출발합니다. 말뜻 그대로 "친구 사이의 정"입니다. 청소년기가 되면 매우 활발하게 친구들을 만납니다. 학급에서 매일 마주하는 가장 가까운 대상이기 때문이죠. 이 시기에 우정이 가장 잘 싹틀 수 있습니다. 초등학생 시절도 있지만 대부분 절친한 친구를 이 시기에 사귀게 됩니다. 흔히 사춘기라고 하는 시절에 친구라는 존재가 "나에게 달려온다"는 말입니다.

우정은 친구 사이의 가장 숭고한 예의다

본격적으로 친구를 사귀는 시기는 인간의 실존을 자각하는 때와 결부됩니다. "나는 누구인가." "무엇을 하며 어떻게 살 것인가." 다시 말해, 이 시기에는 자기의 존재 가치를 고민하고, 타인과의 관계를 두루 생각하는 계기를 맞이합니다. 그때 우리 앞에 가장 먼저 다가오는 존재가 "친구"인 것이죠. 친구란 무엇일까? 나에게

어떤 존재일까? 우리는 대부분 자기도 모르게 끼리끼리 어울려
다니면서 친구를 사귑니다. 나와 주변 환경과의 교감 속에서 정을
싹틔워 가죠. 마치 햇빛, 토양, 물, 바람, 서리 등 제반 자연조건을
타고 자라나는 새싹처럼 이 시기에 우정의 싹을 틔워가는 것입니다.
그런데 어떤 친구 사이가 우정이 있는 관계일까요? 많은 이들이
우정에 대해서 이야기합니다. 신의가 있는 친구, 나를 이해해주는
친구, 도움을 주는 친구 등 다양한 표현들이 있습니다.

　　우정을 이야기할 때 빠지지 않는 두 인물이 있습니다. 고대
중국의 관중(管仲, ?~B.C. 645)과 포숙鮑叔의 이야기는 누구든 한번쯤
들어보았을 겁니다. 왜 이 둘의 관계를 친구 사이에 형성될 수 있는
최고의 경지로 묘사하는 것일까요? 그들은 평소에 신의가 있고,
일상생활에서 재미있게 잘 지냈을까요? 고사를 살펴보면 우정의
핵심은 다른 데 있습니다. 사마천(司馬遷, B.C. 145?~B.C. 86?)은 『사기』
「관안열전管晏列傳」에서 그들의 이야기를 구체적으로 적고 있습니다.
세 가지 일화를 소개합니다.

　　첫 번째 일화는 같이 장사할 때의 사연입니다. 어렸을 때부터
친구였던 관중과 포숙은 젊은 시절 생선 장사를 합니다. 그런데
언제나 이익금을 관중이 많이 챙겨가는 것입니다. 주변 사람들은
관중을 의리 없는 녀석이라고 욕을 했습니다. 하지만 포숙만은 화도
내지 않고 욕도 하지 않았습니다. 오히려 관중을 변호하며 이렇게
말했습니다. "관중은 가난해요. 딸린 식구도 많고요. 절대 욕심이
많아서 그런 게 아니에요."

두 번째 이야기는 전쟁에 나갔을 때의 일입니다. 당시 중국은 힘으로 패권을 차지하려고 싸우던 전쟁의 시기, 춘추시대였습니다. 관중과 포숙은 모두 전쟁터에 불려나갔습니다. 치열한 전투가 벌어지고 있을 때 관중은 언제나 대열의 후미에서 자기 몸을 가누기에 바빴습니다. 싸움이 끝나면 맨 앞에서 걸어오곤 했죠. 전투에 참가했던 사람들은 관중을 겁쟁이라고 욕을 해댔습니다. 그럴 때면 포숙이 나서서 동료들에게 말했습니다. "관중은 절대 비겁하거나 용기가 없어서 그런 것이 아니오. 그는 노모를 모시고 있소. 그는 몸을 아껴 어머니에게 길이 효도하려는 갸륵한 마음이 있소. 당신들이 이런 상황이라면 어떻게 했을 것 같소!"

세 번째 이야기는 관중과 포숙이 모두 정치가로 성공해서 요직을 맡고 있을 때입니다. 당시에는 자칫하면 목숨이 위태로운 정쟁이 벌어질 때였는데, 이 둘은 서로 다른 정파에 속해 있었습니다. 한치 앞을 내다보기 힘든 혼란의 시기였습니다. 그러다 관중이 왕위 쟁탈 과정에서 반역의 무리가 되었습니다. 관중이 사로잡혀 왕 앞에 끌려왔습니다. 곧 죽을 목숨이 되었는데, 이때 왕의 측근이었던 포숙이 나섰습니다. 그는 왕에게 관중을 죽이는 대신 재상에 앉히라고 말했습니다. 그야말로 목숨을 내놓는 간언이었는데 포숙을 믿고 있던 왕은 그의 말을 믿고 관중을 재상에 앉혔습니다.

오히려 포숙은 관중 밑에서 조용히 벼슬을 지냅니다. 포숙의 행동은 우리가 흔히 생각하는 친구 사이의 사적인 감정이 아니었던 겁니다. 포숙은 관중을 오랫동안 알아왔기에 그가 현실적인 국정 수행 능력이 자기보다 뛰어나다는 것을 알고 있었습니다. 타인에 대한 진정한 이해와 배려를 실천한 위대한 일이었습니다.

자, 우리는 포숙의 행동에서 무엇을 느껴야 합니까? 포숙은 언제나 관중을 이해하고 변호했으며, 관중은 현실을 파악하고 잘 적응하는 인물이었습니다. 실제로 중국 역사에서 관중은 현실개혁적인 인물로 존경받고 있습니다. 그는 춘추시대 초기 제나라를 가장 힘 있는 나라로 만든 장본인이었던 것입니다. 그런데 사마천은 포숙을 더 높이 평가했습니다. "세상 사람들은 관중의 뛰어난 재능과 경륜보다도 포숙의 사람 알아보는 혜안을 더 높이 샀다"고 말했죠. 우리가 깊이 생각해봐야 하는 대목입니다. 그는 아마 친구 사이의 가장 숭고한 예의를 보았을 것입니다. 우정이란 것의 참 의미를 말이죠.

우정은 서로의 인생을 완성시키는 디딤돌이다

인간은 모두 현실적인 삶을 살아갑니다. 그러므로 자기 이익에서 자유로운 사람이 별로 없습니다. 포숙처럼 타인에 대한 이해나 배려보다는 내 삶을 일차적으로 앞세우기 마련입니다. 이런 현실에서 "관포지교"는 무슨 메시지를 줄까요? 관중은 현실을 중시하는 사람입니다. 그는 현실적 삶을 중시합니다. 가족과 노모를 봉양하기 위해 자기 몸을 보존하려 합니다. 자기를 죽이려고 했던 왕 밑에서도 잘 적응합니다. 반면 포숙은 인간의 내면적 가치를 중시하는 사람입니다. 타인이 지닌 재능과 가능성을 적극 믿어줍니다. 기다리고 인내하면서 마침내 잠재된 가치를 실현할 기회를 제공하지요. 관중과 포숙은 수십 년을 사귀면서 서로의 필요성과 가치를 인정할 줄 알았습니다. 즉 상대의 성격과 인품에 안팎으로 드러나는 가치의 중요성과 의미를 제대로 꿰뚫고 있었던 것입니다.

인간은 전통적으로 정신적 가치를 물질적 가치보다 우위에 두어 왔습니다. 돈보다는 명예, 세속적 삶보다는 종교적 삶, 현실의 매몰보다는 이상의 추구를 높이 평가해 왔죠. 하지만 물질적 가치를 소홀히 할 수 있을까요? 그것은 현실을 움직여 가는 주요 동력입니다. 관중은 그것을 실천했을 뿐입니다. 포숙이 위대한 것은 그 가치를 인정하고 인내했다는 사실이죠. 우정의 핵심은 여기에 있습니다. 어떤 가치가 어떤 가치보다 우위에 있는 것이 아니라 상대의 가치를 인정할 줄 아는 지혜가 필요한 것입니다. 다시 말하면, 우정은 정신적·내재적 가치와 물질적·외재적 가치의 합치를 통해 삶의 완성을 도모하는 기반입니다. 따라서 우정은 서로의 인생을 완성시켜가는 디딤돌이라고 할 수 있습니다.

우정은 '나와 너의 충실'이라는 꽃

지금 내 주변을 둘러보세요. 무수한 사람들이 있습니다. 학생이라면

다양한 모습을 한 학우들이 있을 것이고, 직장인이라면 나와 힘을
합쳐 열심히 일하는 동료들이 있을 겁니다. 좋은 사람이건 싫은
사람이건, 언제 어디서건, 나는 타인들과 부딪치며 살아갑니다.
우리는 이렇게 부딪혀 살아가면서 다른 사람들이 나를 싫어하면
어쩌나, 내가 싫어지면 어쩌나 걱정합니다. 사람들을 싫어해서는
절대 이해와 배려는 싹트지 않습니다. 더욱이 우정은 거론할
수도 없습니다. 삶의 경험이 쌓여 가면 갈수록, 인생의 깊이와
폭이 넓어지고 인간에 대한 신뢰도 확장되어야 합니다. 그런데
사람으로부터 더욱 멀어지고 신뢰감이 떨어지는 게 현실이기도
하죠. 어떤 관계에서 우정의 싹이 자랄 수 있을까요?

　　"신信" 이야기를 해볼까 합니다. 옛날부터 친구관계를 이
"신信"이라는 말로 대신했습니다. 맞습니다, 믿음이죠. 오륜의
"붕우유신朋友有信", 화랑도 세속오계의 "붕우이신朋友以信"에서도
믿음을 얘기해왔습니다. 이 믿음이 구체적으로 무엇을 말하는
것일까요? 유학에서 어떻게 말하고 있는지 알아봅시다.

　　유학에서는 인간관계 질서의 핵심을 "효제충신孝悌忠信"에
둡니다. 효는 수직 관계이고 제는 수평관계죠. 충은 자기 자신에
관한 언급이고, 신은 타인과의 관계에 대한 언표입니다. 효제는
부모에게 효도고, 형제 사이에 공경하고 우애 있게 지내는 것을
말합니다. 물론 이를 사회적으로 확장하면, 어른을 높이는 것도
효이고, 사람과 사람 사이의 예절을 지키는 것이 제이기도 합니다.
그런데 친구 사이의 우정과 관련해서는 예로부터 유독 '믿음信'을

중심에 두었습니다. 이 믿음(信)은 충忠과 짝을 이룹니다. 충은 원래
'자기를 다한다'는 자기 성실성의 표현입니다. 즉 최선을 다하는 것이
충이죠. 우리가 흔히 알고 있는 '국가에 충성한다'는 의미의 충은,
한나라 이후 지배자들이 신하와 백성을 다스리기 위한 수단으로
왜곡시킨 개념입니다. 믿음(信)은 거짓 없이 다른 사람에게 진실하게
다가가는 것을 의미합니다. 이는 다른 사람을 본받으며 어기지
않을 때 생깁니다. 충은 자기 성실성이고, 신은 그것이 타인에게로
확장되어 표출되는 형식이라고 할 수 있습니다. 다시 말하면
내 마음 가운데로부터 나오는 성실성은 충이고, 그것을 착실히
실행하는 것은 신입니다. 믿음은 타인에 대해 자기 마음을 다하는
진실한 행위입니다. 그러니 우정은 우선 자기 충실에서 시작한다고
하겠습니다. 그리고 나아가 타인에게 성실할 때 우러나오는 감정인
것입니다.

　　자, 그럼 우리는 친구를 어떻게 대해야겠습니까? 친구 사이에
믿음은 나와 너의 인격적 관계가 성립할 때 일어납니다. 만남과
대화의 철학자 부버(Martin Buber, 1878~1965)는 『나와 너』에서 "'너'는
'나'와 마주 서 있다. 그러나 나는 '너'와의 직접적인 관계 속으로 걸어
들어간다. 이렇듯 관계란 선택받는 것인 동시에 선택하는 것이며,
수동인 동시에 능동이다"라고 했습니다. 너와 나, 얼마나 멋있는
말입니까. 친구 사이에 일어나는 성실성은 이처럼 상호적입니다.
어느 일방의 희생이 아니죠. 앞에서 말한 자기 충실과 타인에 대한
성실성이 친구 사이에 동시에 이루어질 때 우정은 가능합니다.

관중과 포숙은 자기 충실을 통해 서로에게 성실했습니다. 우정은
바로 성실함, 미더움에 기초해 있는 인간관계의 덕목입니다.

우정은 삶의 주춧돌

앞에서 언급한 것처럼 우정은 수평적 인간관계에서 발생합니다.
완전히 평등한 사람 사이에 존재하는 정감이죠. 그래서 지적 능력의
차이, 사회적 지위, 권력, 재물 등이 큰 영향을 미치지 않습니다.
지식이 많아 똑똑한 사람, 자기 혼자 잘난 사람, 돈 많은 사람에게
친구가 많지 않습니다. 어떤 처지에 있건 오직 인간에 대한 성실함이
중요할 뿐이죠. 인간의 속성상 비슷비슷한 처지인 사람들이 마음을
터놓고 만나는 경우가 잦긴 합니다. 서로가 지닌 비슷한 고민을 서로
알아주면서 믿음이 생기기 때문입니다.

117

　　그런데 왜 살아가면서 우정이 절실히 요구되는 것일까요?
우정이 싹트는 청소년기에 어떤 교우 관계가 필요할까요? 이는 삶을
대하는 태도와 관련이 있습니다. 에리히 프롬은 "인간의 사명이란,
자유를 확대하고, 죽음으로 인도되는 조건에 대항하여, 삶으로
향하는 조건을 강화하는 데 있다"고 했습니다. 그렇습니다, 인간은
죽음이 아니라 삶을 중시합니다. 인간이 두려워하는 죽음조차
삶의 한 국면이라고 말할 수 있습니다. 공자도, 소크라테스도,
예수도, 석가도 궁극적으로는 삶의 정당한 모습을 찾으려고
노력했던 선각들이었습니다. 그들은 하나같이 인간을 사랑했고

신뢰했습니다. 그래서 오늘날에도 인간을 계도하여 깨달음으로 나아가도록 지침을 주고 있는 것입니다.

다시 말하지만 우정, 벗에 대한 정감, 자기 충실과 타인에 대한 성실성은 우리 삶의 주춧돌입니다. 인간의 삶에는 다양한 목소리가 상존하는데, 건전한 사회는 이를 잘 조절하여 사회적 질서로 이끌어 냅니다. 이는 마치 서로가 서로를 비춰주는 샹들리에 불빛처럼 다양한 불빛을 하나로 모아내는 일과도 같습니다. 서로에 대한 배려와 이해, 상대방에 대한 인정이 사회를 유지하는 기본 바탕입니다. 이런 의미에서 우정은 사회를 지속시키는 뼈대이자 신경망이라고 할 수도 있습니다.

친구 사이의 만남이 활발해지는 청소년기에는 우정이 더욱 소중합니다. 청소년기는 인생에서 떠오르는 해와 같다고 할 수 있습니다. 해가 떠오를 때부터, 잿빛 구름이 주변을 감싸고 있다고 생각해 봅시다. 사람 사이, 인생도 마찬가지입니다. 사람에 대한 이해와 배려, 신뢰 없이 주변을 맴돌고 있는 사람이 많다면, 인생이 얼마나 삭막할까요!

산업사회 이후 정보가 넘쳐나는 지금 인간은 더욱 고립되었습니다. 사람들은 다른 사람들을 직접 만나지 않고 가상의 공간을 찾습니다. 그 공간에서 끊임없이 자기를 소외시켜가기도 합니다. 이것이 이 시대의 현실입니다. 어쩌면 이런 현실을 고려하면 지금껏 이야기했던 우정이라는 말 자체가 낯설 수도 있습니다. 하지만 인간의 목적이 만남과 대화를 통해 인간됨을 추구하는

것이라면 진실한 벗을 만나 삶을 나누는 중요한 일을 포기할 수는
없습니다. 다시 관포지교의 두 가지를 상기해봅시다.

상대방을 이해하고 배려하는 것은 말처럼 쉽지 않습니다.
상대방의 처지와 상황을 구체적으로 보고 듣고 살펴야 하기
때문이죠. 단순히 외모나 말씨가 아니라 상대의 마음에까지
들어가서 이해를 구해보세요. 설령 외면적으로 실수를 하는 친구가
있다 하더라도, 그 내면의 가치도 함께 보는 자세가 필요합니다.
이것은 꽤나 인내가 필요한 일입니다.

친구에 대해서는 절대적 신뢰가 필요합니다. 내 마음을 먼저
열어놓고 다가가는 것이 중요합니다. 그래야 상대방도 그렇게
합니다. 내 마음을 열고 다가가려고 할 때 현실적으로 손해 보는
느낌이 들 수도 있습니다. 이때 필요한 것이 포숙의 너그러움입니다.
진실은 전해지기 마련입니다. 내 진실이 상대에게 전해지고 동시에
상대의 그것을 내가 수용할 때 신뢰는 저절로 생기는 것입니다.

인간은 누구나 잠재된 가치를 지니고 있습니다. 한마디로
가능성의 존재이죠. 우리는 교육을 통해 그 가치를 발현하려고
합니다. 우정의 씨앗인 성실함은 인간에게 다양한 형태로 보존되어
있습니다. 단지 우리는 속도와 가상이 좌우하는 세상에서 그것을
펼칠 여유를 찾지 못합니다. 세상은 점점 더 빠르게, 꿈에나
존재하는 가상의 현실로 빠져들게 합니다. 여기서 그것들의
가치가 전혀 없다고 말하는 것은 아닙니다. 소중하죠. 하지만 이는
겉으로만 드러난 외재적 가치라는 걸 명심해야 합니다. 이제는 그

119

빛과 같은 속도와 공간을 빠져나와 느림과 여유를 찾는 사람들이 많아지고 있습니다. 우정도 분명 되새김해봐야 하는 인간의 소중한 가치입니다. 인간 지혜의 저 밑바닥에 남아 있을 성실함이라는 내재적 가치 말입니다.

chapter 08

" 신이란

무엇인가 "

123

하나님, 혹은 하느님은 과연 어떻게 존재하는 것일까? 존재한다면
어떻게 그것을 증명할 수 있을까? 신(神, God), 혹은 절대자에
대한 이해는 우리 인간이 영원히 풀 수 없는 수수께끼일지도
모릅니다. 눈에 보이지도 않고, 그렇다고 존재하지 않는다고 함부로
얘기하기도 쉽지 않습니다. 영원한 딜레마 속에서 우리는 신에 대해
이런 저런 추측을 하며 살아갈 뿐입니다. 우리는 이런 신에 대해
일상 속에서 어떻게 이해하며 살아왔을까요?

신에 대한 일반적 개념

신은 신앙의 대상입니다. 어떤 해결할 수 없는 상황에 부딪혔을
때, 인간은 절대자를 찾습니다. 인간을 넘어서 있는 어떤 초월적
존재에 의지하여 문제를 풀려고 합니다. 이런 신을 우리는 하나님,
혹은 하느님이라고 부르며, 천도교에서는 한울님이라고도 합니다.

말하자면 신은 인간이 무언가에 기대려는 의식에서 나온 종교적 개념입니다. 인간 자신이 해결할 수 없는 문제들에 대해 전지전능한 힘을 가지고 그것을 풀어주는 막강한 힘을 가진 존재입니다.

여러 종교는 각기 다른 신앙과 숭배의 대상을 갖고 있습니다. 기독교는 하나님, 이슬람교는 알라 등 초월적 인간으로서 신은 절대자로 군림합니다. 이런 까닭에 종교와 신은 불가결의 관계를 맺고 있는 것이죠. 그래서 신의 개념이나 본질은 종교에 따라, 학자들의 견해나 입장에 따라 제각기 다를 수밖에 없습니다.

그러나 신은 모두 "초감각적 존재" "인간 이상의 힘을 지닌 존재"입니다. 초감각적 존재라는 것은 감각적인 현실성을 초월한 영적 실재라는 뜻입니다. 그리고 힘을 가진 존재라는 것은 섭리와 구원의 뜻을 포함하는 전지전능한 자라는 내용을 포함하고 있습니다. 그러므로 모든 생명체의 영을 신이라고 보는 원시종교로부터 신은 우주에 충만한 실재라고 보는 형이상학적 신관까지 모두 초감각적이라는 점에서는 일치합니다.

신은 개인의 행복과 불행을 취급합니다. 이는 인간의 지혜가 덜 발달한 원시신앙에서 잘 드러납니다. 세계와 인류를 주관한다는 절대적인 존재, 능력 있는 존재죠. 그래서 일부 종교 철학자들의 이론을 빌린다면, 신의 본질은 언제나 완전무결한 신성성神聖性과 그 힘에 따르는 구원救援의 뜻을 내포하고 있다고 할 수 있습니다.

신들의 이야기-신화

이런 신들에 대한 이야기가 신화입니다. 인류에게는 그리스-
로마신화, 중국의 반고신화, 한국의 단군신화 등 다양한 신들에
대한 이야기가 있습니다. 이런 신화는 하나의 신 또는 여러 신을
주인공으로 하여 전해져 내려옵니다. 신화는 세계의 발생을
말해주기도 하고 신들의 탄생이나 업적을 말해주기도 합니다.
별들의 생김새, 초목과 오곡이 왜 가을에 말라 죽었다가 봄에
싹트는지를 말해주기도 합니다. 또한 인간이 어떻게 생겨났으며,
생명이 어디에서 와서 어디로 가는지를 말하기도 합니다.

이처럼 신화의 내용과 주제는 다양합니다. 곰과 호랑이가
마늘을 먹으며 삼칠일을 햇빛을 피해 굴속에서 지내는 게임을 하고
곰이 승리하여 사람으로 태어나는 이야기, 베 짜는 소녀가 기예의
여신보다 더 교묘하게 잘 짠다고 뽐내다가 여신의 벌을 받아 거미가
되었다는 이야기, 시필로스 산의 물을 뿜는 돌은 니오베가 벌을
받아 이 돌이 되었다는 이야기 등. 세계와 우주의 생성, 신들의 발생,
태양과 인류의 발생, 수많은 영웅들이 다양한 형태로 등장합니다.

신화는 아득한 옛날에 발생했습니다. 그 형성 과정도
오랜 세월에 걸쳐 이루어졌으며, 민족에 따라 전해오는 내용도
다릅니다. 그것은 그 나라의 역사적·문화적 배경에 따라 각기
다른 민족 신화가 성립되었기 때문입니다. 어쩌면 신화는 단순히
신들의 이야기가 아니라 고대 인간의 삶을 신화의 형식으로 빌어

설명해주는 것입니다.

신화는 신들의 이야기지만, 그 속에 등장하는 신을 신성하게
여길 때, 신화로서 성립합니다. 그러므로 신화는 대개 민간신앙의
근원이 되기도 합니다. 신에 대한 외경심이 일종의 신앙으로
나타나게 되는 것입니다. 신화는 이처럼 신앙의 대상이 되어
신성시되는 이야기입니다. 신화의 내용은 신의 근원을 이야기하거나
자연현상이나 사회현상의 근원과 질서를 설명합니다. 예컨대
바리데기 공주 설화는 무조신이 된 기원을 설명하고 당금 애기
신화는 산신이 된 근원을 설명하고 있습니다.

그렇다면 이런 신화에서 인간은 신을 어떻게 이해하고
구체적인 신의 존재를 드러내었을까요?

영원 이전부터 존재한 하나님

기독교는 유일신 하나님을 숭상합니다. 이는 신의 존재를
적극적으로 주장하는 유신론입니다. 이 유신론은 그리스 문화권
속에 기독교가 선교되면서 형성되었습니다. 대개의 문명이
타문화에 전파될 때 원래 문명에 의탁하게 됩니다. 기독교 역시
그리스적 사고방식에 따라 기독교 신앙의 진리를 설명하고 그
타당성을 제시하고자 노력할 수밖에 없었습니다. 기독교적 진리는
그리스 철학이 추구하는 진리에 대하여 이질적일 수 없었습니다.
오히려 그리스 철학이 추구하는 진리의 완성된 형태로 제시되었고

보편타당성을 얻을 수 있었습니다. 기독교가 신앙하는 하나님은
바로 그리스 철학이 찾고 있는 하나님으로 제시되었습니다.

당시 그리스 철학이 추구하던 하나님은 어떤
모습이었을까요? 그리스 철학의 가장 중심적인 문제는 만물이
어디에서부터 와서 어디로 돌아가는가, 즉 만물의 근원자에
대한 탐색이었습니다. 탈레스(Thales, B.C. 624?~B.C. 546?)는 그것을
물이라고 했고, 아낙시메네스(Anaximenes, B.C. 585?~B.C. 525)는
공기, 파르메니데스(B.C. 515?~B.C. 445?)는 존재, 아리스토텔레스는
최초의 원동자라고 보았습니다. 이렇게 여러 가지로 정의되는
만물의 근원자를 초기 그리스 철학자들은 신과 같은 존재자로
생각하였습니다. 이런 신적인 존재는 늙지도 않고, 죽지도 않으며,
나누어지지도 않고, 시작과 끝이 없습니다. 그리스 문화권 속에
등장한 기독교는 그리스 사상가들이 신적 존재라고 한 이 만물의
근원자를 기독교 신앙의 하나님과 동일시하였던 것입니다. 이리하여
하나님은 만물의 근원으로서의 보편성을 획득하게 됩니다.

이 세계의 모든 것은 하나님의 존재로부터 옵니다. 따라서
우리는 하나님과 동일한 본성을 가지고 있습니다. 물론 이 세계의
모든 사물들은 유한하며 제약되어 있고 불완전하죠. 그러나 그들은
신적 본성을 가지고 있습니다. 신과 이 세계는 공통된 본성을 통하여
관계되어 있습니다. 다시 말하면 신과 인간, 신과 신의 피조물인
세계의 모든 것은 같은 부류에 속하며 동질성을 가지고 있는 것이죠.
피조물의 세계는 신적인 구조, 곧 로고스Logos(신이 인간에게 전하는

127

말씀)를 그의 구조로 가지고 있습니다. 그러므로 이 세계 안에 있는 모든 사물들은 신적인 조화와 질서에 따라 자리 잡혀 있으며, 생성하고 소멸합니다. 이와 같이 신적인 구조, 신적인 조화와 질서 속에 있는 아름다운 세계, 합목적적인 세계를 가리켜 고대 그리스인들은 코스모스Cosmos(우주)라고 불렀습니다. 그리고 인간을 가리켜 마이크로 코스모스Mikrokosmos(소우주)라고 불렀습니다.

이와 같이 그리스 철학에서 세계는 신적인 구조, 조화와 질서를 가지고 있으며, 신과 동질성 내지 유사성을 가지고 있기 때문에, 우리는 코스모스를 보면 신이 누구인지를 인식할 수 있고, 그의 존재를 증명할 수 있습니다. 이것이 그 유명한 우주론적 신에 대한 존재 증명의 원리를 형성하고 있습니다. 이 문제는 다시 설명하겠습니다. 어쨌든 이 세계는 하나님의 존재를 보장하여 주는 반면, 하나님은 이 세계를, 이 세계의 모든 질서를 신적인 것으로 보장하여주고 정당화시켜 줍니다. 이 세계의 모든 질서는 신적인 질서이기 때문에 우리 인간은 이 질서에 절대적으로 복종해야 하는 것입니다.

그러나 기독교의 참 하나님은 그리스 철학이 의미하는 바의 '근원자'와는 다릅니다. 기독교의 하나님은 이 세계에 속한 사물들과 비유되는 존재가 아니기 때문에 이 세계와는 근본적으로 다른 존재입니다. 이 세계와 그 속에 있는 모든 사물들은 창조가 일어나기 전에는 아무 것도 없었습니다. 오로지 하나님만 있었을 뿐이죠. 이 하나님이 본래 존재하지 않았던, 아무 것도 없었던 이 세계와 그 속의 만물들을 있게 하였습니다. 하나님은 영원 이전부터 존재했고, 이 세계와 그 속의 만물들은 본래 없었던 것인데 하나님의 의지로 있게 되었습니다. 그러므로 하나님과 이 세계는 다른 차원입니다. 하나님은 이 세계와 그 속에 있는 모든 것에 대하여 다른 존재이고 초월된 존재입니다. 하나님은 스스로 존재하는 창조자인 반면 이 세계는 그로 말미암아 존재하게 된 피조물일 뿐입니다. 이것이 하나님과 이 세계, 그 속에 있는 사물과 비교할 수 없는 까닭입니다. 따라서 하나님의 생각은 우리의 생각과 같지 않으며 그의 길은 우리의 길과 같지 않습니다.

그러나 성서의 하나님은 단순히 이 세계에 대하여, 다르고 초월적인 존재로만 머무르지 않습니다. 초월적 존재로서 끝까지 이 세계와의 관계 속에 있고자 합니다. 그는 홀로 자족하고 있는 존재가 아니라 다른 자들과 함께 있고자 합니다. 그리하여 그는 자기와는 다른 피조물의 세계와 그 속에 있는 모든 것을 창조합니다. 이제 하나님은 이 세계 앞에 있고, 이 세계는 하나님 앞에 있습니다. 이와 같이 성서는 하나님을 세계와 인간과의 관계 속에 있는 존재로 이해하고 있으며, 이 관계를 떠난 하나님 존재 자체에 대한 생각을 거부합니다. 하나님은 철저히 인간의 하나님입니다. 하나님은 인간이 있는 곳에는 어디에나 함께 있으면서 인간의 삶과 세계를 다스리고자 합니다.

기독교의 신인 하나님은 이처럼 인간과의 관계에서 하나님입니다. 하나님과 인간의 관계는 내재적으로 영원히 주어져

있는 것은 아닙니다. 거룩하신 하나님이 자신의 피조물인 인간을
찾아옴으로써, 그리고 이 하나님의 피조물과 맺는 계약에 의하여
성립되는 관계입니다. 이 계약에 의해 하나님은 인간의 하나님이
되고, 인간은 그의 말씀에 순종하는 백성이 되는 것입니다.

신의 철학적 개념

신의 존재 유무에 대한 논쟁을 비롯하여 신에 관한 언급은
철학자들의 궁극적인 관심사였습니다. 특히 서양 철학의
진행과정에서 신의 실존에 관한 논증은 다양하게 진행되어
왔습니다. 그 중 가장 잘 알려져 있는 것이 ① 우주론적 논증,
② 존재론적 논증, ③ 목적론적 논증입니다.

먼저 우주론적 논증을 보시죠. 이 가운데 하나는 '운동'하고
있다는 사실로부터 증명하는 것입니다. 세계는 움직이거나 변화하는
사물들로 이루어져 있습니다. 이 중의 어느 것도 스스로 움직일
수는 없죠. 사물은 모두 다른 사물에 의해서 움직입니다. 이 다른
사물 역시 스스로 운동하는 능력이 없기 때문에 또 다른 사물에
의하여 움직이며, 이것은 또 다른 움직이는 것에 의해서 움직입니다.
우리가 "이 세계의 사물들이 자기 운동능력을 가지고 있다"는
결론을 내리지 않는다면, 결국 "이 세계는 움직이지 않는 원동자에
의해 궁극적으로 움직인다"고 결론지을 수밖에 없습니다. 그래서
아리스토텔레스는 "제일 원동자는 오직 하나 뿐이고 또 영원한

것임은 명백하다."고 결론을 내렸습니다. 이 "부동의 원동자"가 바로 신입니다.

존재론적 논증은 안셀무스(Anselmus, 1033~1109)에서 비롯하여 데카르트, 스피노자, 라이프니츠의 저술에서 발견할 수 있습니다. 먼저 우리가 "완전자"를 생각해봅시다. 완전한 것은 모든 완전한 속성을 소유할 것입니다. 우리는 완전자에 대해서, "존재하는 완전자"와 "존재하지 않는 완전자"를 상정할 수 있습니다. 그러나 완전자는 두 완전자가 가지지 않는 어떤 것을 소유하므로 "존재하는 완전자"만이 참다운 완전자가 됩니다. 그런데 완전자가 존재의 속성을 지녔다고 말하는 것은 신이 존재한다는 것을 다른 방식으로 말하는 것에 불과합니다.

131

세 번째는 목적론적 논증입니다. 이는 세계로부터의 논증으로도 불립니다. 예컨대 인간이나 동물의 감각기관은 놀라운 통합성을 지니고 있습니다. 그리고 동물과 식물들은 세계 속에 가득 차 있는 것들과 잘 적응합니다. 자연적 사물들은 이처럼 합목적적인 특성을 지니고 있는 것입니다. 자연 속의 이러한 목적은 단지 우연의 결과가 아닙니다. 이는 자연이 이지적인 창조자의 작품일 수밖에 없음을 말해줍니다. 이 창조자가 바로 신입니다. 그리고 물리적인 자연의 통일성과 질서도 이지적인 설계의 증거입니다. 이 설계자가 바로 신인 것입니다.

자, 이제 신을 증명했으니 신이 어떤 속성을 지니고 있는지를 알아야겠군요. 유대교와 기독교 철학자들은 신에게 인간의 특성을

부여하는 '신인동형동성론神人同形同性論'에 빠지지 않으려고 애써
왔습니다. 앞에서 언급한 것처럼 그들은 신이 인간의 지식을 훨씬
초월해 있다는 데에 의견의 일치를 보았습니다. 엄격하게 말하면,
우리는 신의 본성을 적절하게 나타낼 수 있는 어떠한 말도 할 수
없죠. 그래서 아퀴나스(Thomas Aquinas, 1225?~1274)는 신을 설명할
때는 비유적인 방식으로 서술할 것을 제안했던 것입니다.

　　그런데 근세에 들어 신을 이해하는 방식이 달라집니다.
스피노자는 신이 물리적 우주와 같지는 않지만 그것으로부터 분리할
수도 없다고 말합니다. 그리고 신에게 '실체substance'라는 비인격적
이름을 부여합니다. 이 실체는 절대적으로 독립적이고 다른 모든
것이 이 신에 의존합니다. 다른 모든 존재는 이 무한한 실체의
양상이거나 양태에 불과합니다.

　　괴테(Johann Wolfgang von Goethe, 1749~1832)나 워즈워스(William
Wordsworth, 1770~1850) 같은 시인들에 이르면 "모든 것이 신"이라는
범신론적 경향이 등장합니다. 괴테는 「하나가 모든 것으로」라는
시에서 자기 자신을 발견하는 최상의 방법은 무한 속에서 자기
자신을 잃는 것이라고 말합니다. 워즈워스는 자연 속의 신의
내재성에 가장 깊이 사로 잡혀 있었던 시인입니다. 그는 이렇게
노래합니다. "높은 깨달음의 희열로/ 가슴 속 깊이 스미어 하나된
장엄함으로/ 나를 뒤 흔드는 당신의 현현/ 석양 빛, 가없는 바다/
살아 움직이는 대기와 푸른 하늘, 그리고/ 인간의 마음에 당신이
살아 있나니/ 모든 생각하는 생령들과 생각되어지는 것들/

저들대로이게 하고/ 저들의 맥으로 구비치는 당신/ 오, 영이여!"

신에 대한 또 다른 견해는 '전 영혼All-Soul', 혹은 '전 정신All-Mind'이라는 교의 속에 드러납니다. 고대 인도에서는 개개의 영혼이 모든 것을 품고 있는 무한한 영혼으로서 신의 분신이라고 믿었습니다. 서양의 스토아학파에서는 개인의 정신은 모든 것을 포함하는 보편 이성의 일부라고 생각했습니다.

무한한 존재인 신은 궁극적인 형이상학적 작용인이고, 모든 것의 기초이며, 모든 존재의 원인입니다. 신은 무한하기 때문에 자기 자신 이외의 어떤 것에 의해서도 제약받지 않습니다. 하지만 유한하다면 어떨까요? 이 신은 최소한 자신의 속성들 중 어떤 것에서라도 유한하겠죠. 신은 궁극적 우주적 작용인들 중의 하나입니다. 그렇다고 유일한 작용인은 아닙니다. 신은 자기 자신이 아닌 어떤 것에 의해 제약을 받기 때문입니다.

물론 이러한 신에 대한 논쟁은 아직 진행 중입니다. 현대로 오면 올수록 신에 대한 개념이 달라집니다. 베르그송(Henri Bergson, 1859~1941)은 신을 창조적인 힘의 일차적인 근원인 "창조적 생명력"이라 불렀습니다. 그리고 과정철학자 화이트헤드(Alfred North Whitehead, 1861~1947)는 신의 본성에 양면성이 있다고 보았습니다. 하나는 선행성이고 하나는 귀결성입니다. 선행성에 있어서 신은 "구체화의 원리"인 가능성으로부터 현실을 이끌어내는 우주적 인자입니다. 이는 현실적인 신이라기보다는 개념상의 신이죠. 그래서 실재하지 않습니다. 다른 의미의 신은 귀결성(파생성)을 가지고 있습니다. 이 신은 그 자신이 실재reality로 존재하도록 해온 이 세계와 지금 여기서 관계하고 세계에 의해 영향을 받습니다. 신은 바로 세계 속에 살고 있고 또 세계가 그 속에서 살고 있는 것이죠. 20세기 신학의 거장 틸리히(Paul Johannes Tillich, 1886~1965)는 "신은 궁극적 관심이다"라는 말로 신의 개념을 표현합니다. 이는 어찌 보면 신이 존재하느냐 하지 않느냐의 논쟁을 한 차원 끌어 올려놓은 듯합니다. 즉 쉽게 알 수 있는 존재가 아니라 우리가 궁극적으로 관심을 갖는 대상이라고 일러주는 것입니다.

동양의 신관 ; 역易의 세계

동양의 신은 서양과는 사뭇 다릅니다. 객관 대상으로서의 신God, 초월자로서의 신을 먼저 상정하지 않습니다. 현실적 삶을 우선했기 때문이죠. 먼저 변화의 성경인 『역전』을 살펴볼까요. '역'의 유래는 복사(인간과 세계의 길흉을 점치던 행위)입니다. 이 점복은 고대 은나라에서 유행했다고 합니다. 복사에는 신神과 귀鬼가 나누어져 있는데, 신은 천신(하늘 신)이고 귀는 인귀(사람 귀신)로서 조상신을 의미합니다. 이는 주나라와 춘추시대를 거치면서 점점 인간 본위로 바뀌게 됩니다.

공자는 귀신의 신성성을 유지하면서도 인간의 지혜에 더욱 의존하도록 권고합니다. 공자는 『논어』에서 자신의 조상이 아닌데 거기에 제사하는 것은 아첨이고, 제자가 지혜가 무엇인지 묻자,

"사람으로서 할 도리에 힘쓰고 귀신을 섬기는 일을 멀리하라"고
합니다. 제자가 귀신 섬기는 것에 대해 묻자, "사람 섬기는 것도 다
못하는 데 어찌 귀신을 섬기느냐"고 무안을 줍니다. 그리고 괴이한
일이나, 무모한 힘으로써 일삼는 것, 혼란스럽게 하거나 어지럽히는
일, 신령스런 신의 일에 대해서는 아예 말조차 꺼내지 않습니다.
그러면서도 신에 대해서는 신중한 태도를 보입니다. "신을 공경하되
그것을 멀리하라."

　"음과 양의 헤아릴 수 없는 작용을 일러 신이라 한다."
『역전』에서 말하는 이러한 신은 음양의 개념을 알아야 이해할 수
있습니다. 단순히 생각해 봅시다. 아침이면 해가 뜨고 밤에는 달이
뜹니다. 해는 양이고 달은 음입니다. 낮이나 밝음은 양이고 밤이나
어둠은 음이다. 이것은 번갈아 듭니다. 왜 그럴까요? 우리는 그것을
쉽게 헤아릴 수 없습니다. 바로 이것이 신입니다.

　음양은 세상의 모든 사물의 구성 원리이자 우주의 생성
원리입니다. 이 자체의 조화나 운동이 바로 신이라는 말이죠. 어쩌면
헤아릴 수 없는 움직임 자체가 신일지도 모릅니다. 다시 말해 우주
본체의 작용이 귀신인 것이죠. 귀鬼는 '오므리다'는 의미이고, 신神은
'펴다'는 뜻을 지니고 있습니다. 오므리고 펴는 작용인 귀신은 모든
사물의 움직임인 기氣일 뿐입니다. 가고 오고, 구부리고 펴고, 밝고
어둡고, 사그러들고 자라나는 모든 것이 귀신입니다. 이는 삶 자체,
모든 사물의 속성 자체를 의미합니다. 우리는 모두 음양이라는
우주적 구성 원리와 작용을 합니다. 이 모든 활동 자체가 신인

것입니다.

　이는 서양의 신, 객관적으로 존재하느냐 않느냐의
대상으로서의 신과는 아주 다른 모습입니다. 모든 사람과 존재
속에, 사물의 움직임 자체가 신의 활동입니다. 정말 묘하다고밖에
말할 수 없습니다. 그래서 동양인들은 무언가 헤아리기 힘들 때
"신묘神妙하다"는 말을 썼던 모양입니다.

　신을 이해한다는 것은 정말 어렵습니다. 아니, 반대로 아주
간단할 수도 있습니다. 종교인이라면 신의 존재 자체를 묻는다는
것 자체가 어리석은 행위입니다. 기독교인이 하나님의 존재에 대해
왈가왈부할 리가 없습니다. 아직도 많은 사람들이 신의 존재에 대해
궁금해 하지만 그 궁금증을 쉽사리 해소하지는 못했습니다. 신은
풀리지 않는, 혹은 풀 수 없는 비밀 상자와도 같습니다.

　그렇더라도 다시 정리해볼까요. 신은 인간과 달리
완전무결해야 합니다. 그런 신성성을 지니고 인간을 구원해야
합니다. 그것이 신의 본질이자 임무입니다. 신화는 그런 이야기를
담고 있습니다. 신화는 인간에게 삶의 방향과 지침을 줍니다. 기독교
하나님의 경우, 신은 거룩한 모습으로 인간에게 찾아옵니다. 그리고
신과 인간 사이의 계약에 의해 구원의 손길을 뻗습니다. 신은 인간의
주인으로 우리는 그의 백성으로 순종하며 아름다운 나라를 건설하는
데 이바지해야 합니다. 그러나 철학자들은 신의 존재 방식을
논의하면서 신에 대해 다양하게 정의합니다. 그러다 결국 "인간의

궁극적 관심이다"라고 말하며 신에 대한 정의가 무의미하다고도 말합니다. 동양에서는 신이 전혀 다른 옷을 입고 우리에게 다가옵니다. 그냥 음양의 갈마듦. 헤아릴 수 없는 이 세상의 움직임 자체가 신이라고 인식합니다.

우리는 이번 강의에서 신에 대해 희미하게 살펴보았을 뿐입니다. 어떤 윤곽도 잡을 수 없었습니다. 어쩌면 묘하다는 것 자체로 계속 논의를 이어갈지 모릅니다. 그런 과정에서 개개인은 신을 마주하는 태도를 배울 수도 있을 것입니다. 신에 대한 어떤 생각이 바르고 그른지는 아무도 확인시켜 주지 않습니다. 단지 인간 자신이 신과 대화할 수 있을 때 다가올 뿐입니다.

137

chapter 09

" 변증법에 대한

담론 "

인간의 특징 중 하나는 말을 할 줄 안다는 점입니다. 우리는
일상에서 끊임없이 웃고 떠들고 즐깁니다. 타인과 늘 대화를
통하여 의사소통을 합니다. 쉴 새 없이 묻고 답하고 또 묻습니다.
그 속에서 우리는 서로를 이해합니다. 그런 대화에서 출발한 것이
변증법입니다. 수없이 많은 대화 가운데 어떤 논리를 가지고
어떤 기술로 대하느냐에 따라 변증의 방법이 달라집니다. 그리고
끊임없이 새로운 차원에서 전개되어 나가는 대립적인 힘의
상호작용이 있습니다. 그것을 통한 생성의 흐름 속에 진보의 법칙을
통찰하고자 하는 것, 이것도 변증법입니다.

날아가는 화살은 날지 않는다

아리스토텔레스는 제논(Zēnōn, 490?~430?)을 변증법의
발견자라고 했습니다. 유명한 "제논의 역설(Zenon's paradoxes)"

때문이었습니다. 제논은 대화를 통해서 인식을 전개시키는
방법을 택했습니다. 제논의 역설은 그의 스승인 파르메니데스를
옹호하기 위해 사용된 논법입니다. 파르메니데스는 참된 실재는
유일唯一·부동不動·불생不生의 존재라고 주장했습니다.
이는 실재를 다수로 보는 다원론자나 "만물은 유전한다"는
헤라클레이토스(Heraclitus, B.C. 540?~B.C. 480?) 등의 견해와는
대립된 것이었죠. 제논의 역설은 이들의 견해를 논박하기 위해
제시되었습니다.

　　　제논의 역설 중 유명한 것이 "날아가는 화살은 날지 않는다"는
것입니다. 날아가고 있는 화살은 어떤 한 순간에는 어느 특정한
장소에 있습니다. 어느 한 지점에 그것이 존재한다면 그것은
날아가는 것이 아니라 정지해 있는 것입니다. 그리고 "아킬레스와
거북이"의 역설에서도 발이 빠른 아킬레스는 발이 느린 거북이를
따라 잡을 수 없습니다. 거북이를 뒤쫓는 아킬레스는 우선 거북이가
걷기 시작한 출발점에 도달해야만 합니다. 그러나 아킬레스가
출발점에 도달하는 사이 거북이는 그 출발점보다 앞서 있습니다.
아킬레스가 다시 그 점에 도달하면 거북이는 또 저만큼 앞서
있습니다. 그러므로 이 둘 사이의 거리가 좁혀질 수는 있어도
아킬레스가 거북이를 따라 잡을 수는 없는 것입니다.

　　　제논은 이런 역설을 통하여, "운동이 실재하고 있다"고 보는
것은 감각의 오류이며 모순에 빠질 수 있다고 보았습니다. 그리고
이 역설을 통해 상대방이 자기모순에 빠지는 것을 보았습니다.

바로 이런 역설적인 대화와 논리로서 그들을 물리친 것이 변증법의
출발이었습니다.

거짓을 물리치는 수단으로서의 변증법

제논의 역설은 소크라테스에 오면 물음과 대답으로 바뀝니다. 잘
알려져 있다시피 소크라테스는 수많은 사람들과 대화를 했습니다.
대화를 통해 인식을 발전시키려는 방식은 "소크라테스의 대화" 또는
"소크라테스의 방법"이라고 알려져 있습니다.

소크라테스의 방법은 두 가지 주요한 사고 과정으로
구분됩니다. 하나는 "부정적 사고 과정"이고 다른 하나는 "긍정적
사고 과정"입니다. 부정적 사고 과정에서는 우선 자기의 의견을
보류하고 전적으로 대화 상대자의 견해로 들어갑니다. 여기에서
상대의 무지한 태도를 취하고 스스로 배우게끔 하죠. 그리고 나서
반문을 통하여 상대방을 모순에 휘말리게 만듭니다. 그렇게 되면
상대방은 "내가 아무 것도 알지 못하는 것을 나는 안다"고 고백하게
됩니다. 이것이 그 유명한 '소크라테스의 반어법'입니다.

그런 다음 소크라테스는 긍정적 사고 과정에서 자신의 고유한
학설을 발전시킵니다. 이때에는 이미 익숙한 문제제기를 통하여
자신이 이끌어가고자 하는 인식에 상대방이 도달하게끔 자극합니다.
여기에서 특정한 귀납의 방법에 의하여 윤리 도덕적 개념을 이끌어
내는 것입니다. 이는 마치 산파가 산모의 뱃속에서 나오는 태아에게

조심스레 햇빛의 방향을 가르쳐 주는 것과 마찬가지입니다. 일종의 정신적인 출산 협조로 인간 영혼의 내면 깊숙이 자리 잡고 있는 보편타당한 윤리적 개념들을 상대에게 가져다주려는 것입니다. 이것이 바로 "산파술"입니다.

이러한 변증법은 상대방이 제시하는 주장에서 모순을 지적함으로써 그를 어려움에 빠뜨립니다. 그래서 변증법은 참을 만들어내기보다는 거짓을 물리치는 수단으로 이용되며, 과학이기보다는 하나의 기술이라고 볼 수 있습니다.

이데아로 다가가기

다시 환기하면 변증법은 대화의 기술입니다. 하나의 가정이나 가설을 끊임없이 반대 주장과 대비시키는 기술이죠. 플라톤은 인간의 영혼이 감각에 의해서 흐려지지 않고 끊임없이 이데아idea를 추구해야 한다고 믿었습니다. 이 과제를 해결하는 방법이 변증법이었습니다. 질문하고 대화하는 가운데 이데아의 세계로 점차 다가가는 것이죠.

비판적인 대화는 주관적인 의견을 극복하고 보편적인 개념을 획득할 수 있습니다. 즉 개념의 객관적인 타당성, 그 정의에 대한 소크라테스적인 물음이 플라톤 변증법의 출발이었습니다. 왜냐하면 정확하게 확정되고 엄밀하게 정의된 개념만이 학문의 불가결한 전제이며, 소피스트들의 상대주의를 극복할 수 있는 무기였기 때문입니다.

그러나 개념은 서로 연관 없이 존재하지 않습니다. 철학적 사유에서 가장 중요한 것은 개념들의 결합과 분리입니다. 개념을 옳게 결합하고 분리시킬 수 있을 때 인간은 비로소 이데아의 영역에 들어서게 됩니다. 변증법은 개념을 정확하게 결합하고 분리할 수 있는 논리입니다.

플라톤이 가장 잘 사용한 방법은 둘로 나누어 보기였습니다. 이것은 하나의 명제를 두 가지 관점으로 나누어 생각하는 방법입니다. 플라톤에게 변증법은 내용의 모순적인 발전과 전개를 다루는 철학적 방법이었습니다. 또 궁극적인 진리로 나아가는 길을 밝혀주는 의미에서는 인식론으로 볼 수 있습니다.

변증법은 대화를 통해서 서로 상반되는 입장을 극복하고 보편적인 진리를 찾는다는 점에서 존재의 발전 법칙과 연관됩니다. 이것이 플라톤에서는 이데아, 즉 불변의 존재 자체를 추구하는 형이상학으로 나아갔죠. 이 과정에서 플라톤은 모든 개념은 부분적으로는 다른 개념과 결부되고 부분적으로는 다른 개념과 구분된다는 것을 깨달았습니다. 다시 말하면 정신이 감각적인 것들을 합리적 개념으로, 나아가 형상으로, 마침내 모든 실재의 절대적 원리인 선의 형상으로 상승시킬 수 있도록 해주는 운동이었습니다.

145

논증의 출발점 발견하기

플라톤이 이데아를 추구해 나가는 과정에서 참을 탐구하는 과학적

변증법을 주장했다면, 아리스토텔레스는 개연적 진리를 탐구하는
기술로 바꾸었습니다. 그는 올바른 사유에 관한 이론, 올바른 사유를
위한 형식과 방법에 관한 이론으로서의 논리학을 발전시켰습니다.
무엇을 생각해야만 하는가가 아니라 "어떻게 하면" 자기에게 부여된
것을 바탕으로 사고하는 가운데 마침내 올바른 결과에 도달할 수
있는가에만 주력하는 것입니다. 이것이 형식과학인 논리학이 실재
과학과 구별되는 까닭입니다.

아리스토텔레스에게서 변증론은 역설적인 수사법의 의미를
지닙니다. 그래서 분명한 전제에서 출발하는 논증법에 비해
변증법은 단지 개연성만을 기반으로 합니다. 아리스토텔레스는
여러 사람의 의견을 비교 검토하는 데 유용할 뿐이라고 말함으로써
학문의 방법에서 논증법의 우위성을 주장하였습니다. 그의 논리를
들어보시죠.

"이렇게 상반되는 것들에 대하여 각 사물의 질료는 어떤 관계에
있는가라는 어려운 질문이 있다. 예컨대 신체가 '가능적'으로는
건강한데, 건강의 반대가 병이라면, 신체는 '가능적'으로는 이 양쪽이
아닐까? 또는 살아있는 자도 '가능적'으로는 죽은 자가 아닐까?"

이처럼 아리스토텔레스는 가능적으로는 대립물의 통일을
인정했습니다. 그러나 현실에서는 그것을 받아들이지 않았습니다. 즉,
아리스토텔레스의 변증법은 학문적 논증이 아니라는 겁니다. 학문적
논증은 오로지 "추론"이나 "삼단논법"으로만 가능한 것입니다.

학문적 논증이 자명한 진리에서 출발하는 것에 비하여

변증법은 그 반대도 생겨날 수 있다는 "의견"에서 출발합니다.
다시 말하면 변증법은 대화에 있어서 많은 사람들의 의견을 "비교
검토"하기 위해서 유용할 뿐만 아니라, 철학에서도 논증의 근거,
논증의 출발점을 발견하는 데 있어서 유용한 것이었습니다.

이성을 경험의 한계 내에 경계 짓기

『순수이성비판』 마지막 부분에서 칸트는 "선험적 변증론"을 길게
논의합니다. 이는 가상의 논리학입니다. 즉 이성으로 하여금 영혼,
세계, 신의 본성을 규정할 수 있다고 믿게 만듭니다. 이 변증론적인
이념들의 대상은 그 어느 것도 경험할 수 없는 것입니다. 그러므로
각 방면의 변증론적 사고는 결국 일종의 패배를 맛보게 됩니다.

　　영혼과 세계, 신을 인식할 수 있을까요? 칸트는 내적 경험의
제1원인을 영혼이라고 생각했고, 모든 외적 경험의 목표를 세계라고
생각했으며, 그 모든 경험의 목표는 신이었습니다. 이 세 가지는
이성이 만들어낸 구성물입니다. 즉 감성적 직관에 의해 뒷받침되지
않기 때문에 공허할 수밖에 없습니다. 지식의 대상이라기보다는
신앙의 대상이기 때문에 그렇습니다.

　　심리학에서는 보통 영혼이 하나의 실체라고 봅니다. 그것은
단순하며 하나이고 그것이 깃들고 있는 신체와 뚜렷이 구별됩니다.
그러나 인식은 인식하는 자아를 전제로 하지만, 자아를 인식의
대상으로 하지는 못하죠. 자아는 "선험적 의식"으로 모두를

147

의식시키지만, 자기 자신은 인식될 수 없습니다. 논리적 주관에서는
존재하지만 현실의 사물에서는 존재하지 않는 것입니다. 그러니
영혼을 현실적으로 바라본다면 오류가 생기게 마련입니다. 왜냐하면
그것들은 초월적인 것을 논리적으로 끌어대고 있기 때문이죠.

칸트가 설명하는 이 세계도 흥미롭습니다. 그는 이 우주가
언제나 한 쌍의 모순되는 명제인 정립-반정립으로 이루어져 있다고
말합니다. 정립 명제가 타당성을 갖기 위해서는 반정립 명제가
부조리하다는 것을 밝혀야만 합니다. 반정립 명제의 경우도
마찬가지입니다. 짝을 이루는 이 모든 모순 명제들의 한 쌍들은
각기 하나의 안티노미(이율배반)가 됩니다. 그래서 칸트는 이 문제를
해결할 수 없다고 보았던 것입니다.

앞서 칸트의 목표라고 말했던 신의 존재는 어떻게 증명할 수
있을까요? 본체론적·우주론적·목적론적 증명, 그 어느 것도 신의
존재를 증명하지 못합니다. 그런데 뒤집어 보면 어떠한 학문도 신의
비존재를 증명할 수 없습니다. 여기에서 신학과 과학을 구분할
필요가 생깁니다.

칸트의 변증법은 이념이 갖는 가상의 논리입니다.
이것은 이성을 경험의 한계 내에 한정시키기 위한 것입니다.
아리스토텔레스와 마찬가지로 칸트의 경우에도 변증법은 진정한
인식이 아니었습니다. 칸트는 이율배반이 이성의 우연한 일탈이
아니라 이성의 본성에 근거하는 필연성이라 생각했던 것입니다.

역사의 변증법

변증법은 헤겔에 이르러 새로운 이해에 들어섭니다. 헤겔은
그간의 사유방식과는 전혀 다른 변증법을 논의합니다. 헤겔의
변증법은 세 개의 단계로 변천하는 주기적 운동입니다. 너무나
유명한 정립(These;正)-반정립(Antithese;反)-종합(Synthese;合)의 운동이
그것입니다. 즉 정립과 반정립의 부분적 진리들은 모두 종합 속에
보존되어서 좀 더 전체적으로 합치하게 됩니다. 그리고 이 정-반-
합의 주기적 운동은 끝없이 계속됩니다. 모든 쓸 만한 종합은 새로운
비판적 검토를 위해 정립이 됩니다. 이러한 사상의 주기적인 운동을
헤겔은 역사의 변증법이라고 불렀습니다.

149

　　정-반-합은 달리 말하면 존재[有]-무無-생성生成입니다. 헤겔은
정신이 보다 추상적인 것으로부터 특수하고 구체적인 것으로
운동해야 한다고 주장했습니다. 사물들에 관해 우리가 만들 수 있는
가장 일반적인 개념은 그것들이 '존재'한다는 것입니다. 이 존재는
어떤 특수한 사물에서 논리적으로 우선합니다. 헤겔의 체계는 존재의
개념으로부터 시작됩니다. 이것이 정립입니다. 그런데 단순한
추상개념인 순수 존재는 절대적으로 부정적입니다. 즉 이때의 존재
개념은 전적으로 무규정적이므로 비존재, 무의 개념으로 변합니다.
이것은 어떤 의미에서는 존재와 무가 동일하다는 뜻입니다.
그러나 무는 존재로부터 추론됩니다. 이 무는 반정립입니다. 무는
존재로부터 추론되었으므로 정립인 존재에 내포되어 있습니다.

이제 존재로부터 무에로의 정신의 운동은 세 번째 범주인
'생성'을 만들어냅니다. 이 생성은 "존재와 무의 통일"이며 하나의
관념idea이죠. 생성은 바로 존재와 무의 종합입니다.

요약하면, 헤겔의 변증법은 하나의 정립을 상정하고 거기서
반정립을 추론한 다음 정립과 반정립을 고차적으로 종합해 통일하는
것입니다. 이런 운동은 결국 절대 이념, 절대 정신에 도달하게 됩니다.
즉 변증법의 방법에 따라 생성하며, 자기 전개 과정을 계속하는
것입니다. 그러나 헤겔의 변증법은 기본적으로 관념의 운동에
불과하다는 걸 주목하면서 마르크스의 변증법을 검토해보시죠.

변증법이 유물론을 만났을 때

마르크스(Karl Heinrich Marx, 1818~1883)의 변증법은 헤겔 변증법의
핵심을 그대로 보존합니다. 그런데 그 내용은 정반대라고 할 수
있습니다. 마르크스 변증법은 한마디로 혁명의 원리를 뜻합니다.
우리가 살고 있는 이 세계는 결코 완결된 복합물이 아니라
과정으로서의 복합체입니다. 이 세계에 절대적인 것은 없으며 부단히
생성하고 소멸하는 운동과정이 있을 뿐이죠.

마르크스는 변증법 이론을 헤겔로부터 물려받았으나 관념론이
아닌 유물론적 세계관을 토대로 하였습니다. 헤겔에게서는 관념만이
본래적이며 실존성이 있습니다. 물질이란 관념이 현상으로 드러난
형식에 불과합니다. 마르크스는 이 점에서 헤겔과 정반대의 입장을

취합니다.

"헤겔에 있어서는 관념이라는 미명하에 독립적인 주체로 둔갑하는 사유작용이야말로 현실을 이끌어가는 조물주이다. 그러나 나에게 있어서는 반대로 관념이란 인간의 두뇌 속에서 바뀌어 있는 또는 그 속에서 자리 잡고 있는 물질에 지나지 않는다."

이 글에서 드러나는 것처럼 마르크스는 유물론자입니다. 변증법이 그것과 결부되어 변증법적 유물론을 낳았던 것이죠. 그는 변증법적 유물론을 구체적인 사회현실에 적용시킴으로써 그 사회적 현실을 인식하고 해석하는 수단으로 삼았을 뿐 아니라 현실을 변혁하기 위한 실천에 힘을 쏟았습니다.

이런 사상에 기초하여 마르크스는 역사 발전의 단계를 다섯으로 나누었습니다. 원시 공동사회-고대 노예사회-중세 봉건사회-근대 자본주의사회-미래에 다가올 사회주의적 공산사회가 그것입니다. 이것은 마르크스가 역사의 운동법칙을 구명하여 이 다섯 단계의 시대를 설명하고 혁명을 꾀했던 노력이었습니다.

151

조화를 구하는 긍정적 변증법

중국의 고전 『역경』에서는 모든 사물이 두 개의 상반되는 원리인 음陰과 양陽을 안고 있다고 말합니다. 양은 남성적이며 활동적인 것이고 음은 여성적이며 소극적인 것입니다. 이 둘은 서로 합치되어 하나의 사물로 드러납니다. 역의 논리는 모든 것을 음양의 상대 · 상보 관계로 봅니다. 여기에서 음양의 상대성, 음양의 균형관계, 음양의 교체와 순환, 변화를 생각할 수 있습니다. 역은 음과 양을 통해 변화의 기반을 형성합니다.

그런데 음양의 성질은 사물 자체의 고유한 본질이 아니고 사물과 사물의 상호관계에 의해서 정해지는 것입니다. 예컨대 남자는 양이고 여자는 음이라고 하지만 남자인 자식은 여자인 어머니에 대해 음입니다. 음양은 그 어떤 것이 어떤 것에 대해 음 또는 양인 것이죠.

얼핏 모순처럼 보이는 이 음양의 관계는 끊임없이 상호관계하며 변화를 추동합니다. 역의 이치 자체가 음양의 교체에 의한 만물의 변화입니다. 변화는 사계절의 변화처럼 순환합니다. 즉 음과 양의 교체이자 순환인 것이죠. 이런 교체와 순환, 변화를 통해 사물은 조화를 유지하고 지속해 나갑니다. 여기에서 역의 논리적 특성이 조화를 구하기 위해서 순환과정을 진전시켜가는 긍정적 변증법이라는 것을 알 수 있습니다.

이미 간 것은 가지 않는다

불교는 해탈을 목적으로 하는 종교입니다. 현실사회의 삶을 부정하죠. 해탈의 심경은 사회에 대하여 비합리적인 정서이자 직관입니다. 합리적 사고에서 비합리성에로 이행하기 위해서는 합리성의 자기 부정인 불합리성을 경과해야만 합니다. 이는 서구 변증법의 과정적 변증법에 비해 비과정적 변증법이라고 말할 수 있습니다.

특히 용수(龍樹, 나가르주나, 150?~250?)의 불교 사상은 실체 개념의 부정으로부터 출발하기 때문에 실체가 없는 변증법입니다. 또한 그 실체를 어떻게 인식하느냐에 따른 인식 방법상의 변증법입니다. 그는 운동 및 시간 개념까지도 부정합니다.

"이미 간 것은 가지 않는다, 아직 가지 않는 것도 가지 않는다, 이미 간 것과 아직 가지 않는 것을 떠나가고 있는 것도 또한 가지 않는다."

이것이 무슨 말인가요? 우리의 상식으로는 이해하기 힘든 말입니다. 이것은 시공간을 초월해 있는 비논리적인 논리의 전개입니다. 서구식 논리로 보면 그저 비논리일 뿐이죠. 그러나 이것도 하나의 대화요 세계를 인식하는 방법입니다.

용수의 사고는 합리성을 스스로 부정합니다. 그가 도달한 경지는 말을 초월한 체험이므로 말로 가르치는 합리성까지도 넘어서 비합리성에 이르는 것입니다. 즉 부정과 긍정이 한자리에 있습니다. 이런 모순은 서구의 논리, 합리성으로 점철된 변증법으로는 풀기 어렵습니다. 이것이 바로 불교의 부정적 변증법의 일면입니다.

우리는 어렵고 긴 여행을 했습니다. 대화 기법, 대립하는 요소들 사이의 역동적이고 풍요로운 상호작용, 부정의 변증법까지 살펴보았습니다. 변증법이라는 용어는 이처럼 너무 다의적으로 사용되고 있습니다. 결국 변증법이 무엇인지 한마디로 대답하기 곤란하다는 것을 알게 됩니다.

153

그 의미를 되짚어 봅시다. "날아가는 화살은 날아가지
않는다"는 제논의 역설 속에서 어떤 문제에 대한 논증과 반박의
방법을 찾을 수 있었습니다. 그리고 소크라테스의 방법과 산파술,
플라톤의 대화법에서 더욱 발전된 변증의 논리를 볼 수 있었고,
아리스토텔레스의 개연적 진리를 탐구하는 변증론, 칸트의 선험적
변증론에서 이전과는 다른 변증론을 확인할 수 있었습니다. 그러다
헤겔에 오면 변증법은 하나의 방법이 아니라 극복된 모순에서
출발하여 참과 절대적 지식을 산출해내는 과정으로 나아가게
되었죠. 여기에 마르크스는 유물론을 추가하면서 유물 변증법을
발전시켰습니다. 동양의 역경과 불교의 변증 논리는 서양의
그것과는 상당히 다른 의미이지만 그들 나름대로 인식에 도달하는
한 방법으로서 의미가 있었습니다. 역경의 경우, 변화의 논리에서
상호성을 전제로 한 순환과 교체를 볼 수 있었고, 불교에서는
극단적인 부정을 통한 그들의 논리를 확인할 수 있었습니다.

　　그러나 아직도 생각해 볼 문제는 많습니다. 변증법의 근본적인
전제들로서 전체성, 내적 관계, 과정, 관계들의 관계라는 범주를
좀 더 자세하게 볼 필요가 있습니다. 그런 담론 자체, 탐구가
변증법이자 철학이기에 끊임없는 고민의 대상으로 남아 있을지도
모르겠습니다.

chapter 10

" 교육이란

무엇인가 1

"

최근 학교교육은 반성 중입니다. 그 반성도 다각도로 진행 중입니다. 사회는 빠르게 변화하는데 학교교육이 그것을 따라가지 못하기 때문입니다. 한마디로 한계에 봉착한 것이죠. 교육이 새로운 개념으로 정립되어야 한다는 목소리가 높아집니다. 근대 공교육은 분명 긍정적 요소를 지니고 있지만 부정적 요인 또한 부정할 수 없는 현실입니다. 그렇다면 지금의 지식 정보화로 통칭되는 현대 사회에서 교육을 어떻게 이해해야 할까요? 교육은 하나의 목적이자 본질인가요, 아니면 삶의 수단에 불과한 것인가요? 이번 강의에서는 유학의 교육관을 통해 교육의 본질과 문제 해결의 단서를 찾아보고자 합니다.

유학에서 교육은 우리가 일반적으로 생각하는 교육보다 포괄적입니다. 교육이라는 말보다 교教(가르침), 학學(배움), 회誨(인도함), 훈訓(계도함), 예禮(질서화), 교학教學(가르치고 배움), 교화教化(가르쳐 인간됨), 학문學問(배우고 물음), 강습講習(읽고 익힘),

학습學習(배우고 익힘), 수신修身(몸을 닦음), 격몽擊蒙(어리석음을 깨우침) 같은 용어를 많이 씁니다. 이는 교육의 의미가 닫혀 있지 않고 상황에 따라 그 의미를 열어놓았음을 알게 합니다.

교육敎育이라는 말이 구체적으로 언급되는 문헌은 「맹자孟子」입니다. 맹자는 군자의 세 가지 즐거움을 논의하면서 왕 노릇(정치를 하는 것)은 여기에 들어 있지 않다고 말합니다. 부모님이 모두 살아 계시고 형제가 특별한 사고 없이 지내는 것이 첫 번째 즐거움이고, 위로는 하늘에 부끄럽지 않으며 아래로는 세상 사람에게 부끄럽지 않게 사는 것이 두 번째 즐거움이며, 천하의 영재를 얻어 '교육'하는 것이 세 번째 즐거움이라고 했습니다. 맹자는 인생에서 주요한 의미를 지닌 즐거움을 논의하면서 '교육'의 문제를 언급한 것입니다.

맹자가 여기서 말하는 교육이 무슨 내용을 담고 있는 것인지는 명확하지 않습니다. 부모형제에 관한 일은 하늘의 운명에 달린 일이고, 부끄럽지 않게 사는 일은 자기 자신의 수양과 노력에 관한 일이며, 천하의 영재를 얻어서 교육하는 일은 다른 사람에게 베푸는 일입니다. 그렇다면 맹자는 '선각자가 수양으로 터득한 건전한 인간의 길을 사회로 환원하여 후각자에게 베푸는 행위'를 교육이라고 말한 것입니다. 말하자면 교육은 사회에 기여하는 봉사 행위인 것이죠. 그 내용의 핵심은 도道입니다. 후각자에게 도덕적 자각을 일깨워 주는 것을 말합니다. 삶의 즐거움이 무엇인지, 어떻게 살아야 하는지에 대해 가르치고 기르는 '교양'을 의미했던 것이죠.

맹자의 언급 이외에는 "교육"이라는 말이 유학에서 일반적으로
쓰이지는 않았던 것 같습니다.

　『설문해자』에는 "교는 위에서 베푸는 것인 동시에 아래에서
본받는 것이다"라는 말이 등장합니다. 교육은 베푸는 자(교사)와 받는
자(학생) 사이에 이루어지는 행위라는 것이죠. "베푼다"는 의미는
일상의 바람직한 도리를 전한다는 것이고, 삶의 과업을 깨우쳐 주며,
의혹을 풀어주는 일입니다. 그리고 "받는다"는 의미는 베푸는 일을
받아들이는 것입니다. 법을 본받고, 모방하며, 학습하는 일이죠.
이렇게 볼 때, 교의 의미는 베푸는 자와 받는 자 사이의 상호 작용의
과정이고, 먼저 깨달은 사람이 나중에 깨달을 사람을 깨우치는
작업입니다. 또한 선을 권장하여 그것의 회복을 꾀하는 작업이기도
합니다. 그리고 "육은 어린아이를 길러 착하게 만드는 일이다"라고
했습니다. 여기서 "어린아이"는 자식이나 아동, 학생을 의미하고,
"기른다"는 의미는 수양, 배양, 도야를 말합니다. 또한 "착하게 만드는
일"은 착하게 유도하여 기질을 변화시키고 아름다운 인간으로
나아가게 하는 것입니다. 그렇다면 교육은 교사의 학생에 대한 시혜,
착함으로의 인도, 본받음과 깨달음입니다. 즉 정신적 감화 작용, 악한
기질의 교정, 건전한 인격의 배양으로 정리할 수 있습니다.

159

더불어 살기 위한 배려

여러분도 한번쯤은 의문을 가져봤을 겁니다. 공부가 뭐지? 왜 공부를

해야 하지? 어떻게 하는 게 바람직한 거지?

매우 간단해 보이지만 이런 질문이 교육에서는 늘 근본적인 사안입니다. 우리는 흔히 국·영·수를 비롯한 지식의 습득과 응용을 공부의 전부로 이해합니다. 그런데 이것은 오류라는 말부터 하겠습니다. 인간은 일차적으로 생존을 해야 합니다. 건강한 육체와 정신을 지속하는 일이죠.

「유네스코 21세기 세계교육위원회 종합보고서」는 21세기를 준비하는 교육의 원리를 다음과 같이 제시하였습니다. 첫째, 알기 위한 교육learning to know, 둘째, 행동하기 위한 교육learning to do, 셋째, 존재하기 위한 교육learning to be, 넷째, 함께 살기 위한 교육learning to live together. 이 중에서도 함께 살기 위한 교육, 그러니까 더불어 살아가기 위한 교육을 매우 중시하고 있습니다.

함께 산다는 것, 더불어 산다는 것은 어떤 의미일까요? 그것을 우리 전통 철학의 주류인 유학에서 찾아보겠습니다. 유학의 창시자인 공자는 때와 상황에 알맞은 논리인 시중時中, 즉 중용中庸을 교육의 핵심 내용으로 삼았습니다. 그리고 그것을 바탕으로 하는 구체적 인간관계를 인仁이라고 설명했습니다. 인은 한마디로 말하면 "사람을 사랑하는 일"입니다.

공자는 지속적인 사랑을 실천하고 있다는 사명감으로 자신의 길을 일관되게 걸어간 인물입니다. 그는 자신의 길을 일이관지一以貫之의 정신이라고 말했습니다. "나의 도는 하나로 꿰뚫어져 있다"는 것이지요. 그 내용이 바로 '충서忠恕'입니다.

우리는 흔히 "충효忠孝"라는 말을 많이 씁니다. 국가에
충성하고 부모에게 효도하라는 이 논리는 가정 윤리인 효孝와
대비시켜 충忠을 국가에 충성하는 논리로 발전시켰습니다. 하지만
우리는 앞선 강의에서 충이 원래 "자기 충실"을 의미했다는 걸
알았습니다. 인간을 비롯한 세상 만물과 더불어 살아가기 위해
최선을 다하는 말합니다. 그리고 서恕는 충을 바탕으로 타인에게
성실히 대하는 일입니다. 자기를 소중하게 대하듯 타자에 대해 깊은
배려를 하는 것입니다. 공자는 자기와 타인과의 관계망인 "인"을
통해 인간 사이의 중용을 실현하려고 했습니다. 유학은 바로 이러한
충서의 실천을 체득하는 교육철학입니다.

이러한 충실과 배려는 유학에서 전통적으로 추구하던 삶의
방식입니다. 이를 『중용中庸』에서는 다음과 같이 표현합니다.

161

도가 사람에게서 멀리 있지 않으니, 사람이 도를 행하려고 하면서
사람을 멀리한다면 도라 할 수 없다. 『시경』에 "도끼 자루를 잡고 도끼
자루를 벰이여! 그 법이 멀리 있지 않다."라고 하였다. 도끼 자루를
잡고 도끼 자루를 베면서도 곁 눈길로 흘겨보고 오히려 멀다고 여긴다.
그러므로 군자는 사람의 도리로써 사람을 다스리다가 잘못을 고치면
교육을 그치는 것이다. 충서는 도와 거리가 멀지 않으니, 자기 몸에
베풀어 보아 원하지 않는 것을 또한 남에게 베풀지 않는 것이다.

이는 인간의 올바른 길을 아주 가까운 곳, 즉 자기 자신과

자신의 생활 속에게 구한다는 말입니다. 도道, 즉 인간의 길은 사람이
일상에서 행하는 질서 체계입니다. 이것은 모든 인간에게 보편적으로
적용되며 늘 우리 곁에 있죠. 마치 도끼 자루를 잡고, 새로 만들 도끼의
자루를 베듯이, 가까운 삶의 현장에 있습니다. 그런데 사람들은 엉뚱한
곳을 보면서 그 길을 멀다고 합니다. 얼마나 어리석은 일인가요.
공부는 늘 나와 내 주변, 내 삶에 달려 있는 것입니다.

　　앞에서 간략하게 충서에 대해 설명했습니다. "충"과 "서"는
나와 타인의 관계망을 구체적으로 보여주는 인간관계의 철학입니다.
스승과 제자의 관계도 이를 벗어날 수 없습니다. 교사는 자신의
가르침에 충실해야 하고, 제자는 자신의 배움에 충실해야 합니다.
이것이 "충"이죠. 동시에 교사는 제자를 배려해야 하고 제자는
교사의 마음을 헤아려야 합니다. 이것이 "서"입니다.

　　불교에서는 이를 달걀에서 부화하는 병아리에 비유합니다.
줄탁동시啐啄同時! 병아리는 달걀 안에서 알을 깨고 밖으로 나오려고
하고, 어미 닭은 그 사실을 본능적으로 알아차려서 병아리가 쉽게
나올 수 있도록 부리로 달걀을 쪼아줍니다. 다시 말하면, 병아리의
요구와 어미 닭의 요구가 동시에 충족될 때 생명이 탄생하는
것입니다. 교사와 학생의 관계에서도 적용할 수 있는 이야기입니다.
병아리의 탄생처럼, 학생과 교사의 공동 노력으로 올바른
교육정신이 탄생할 수 있습니다. 다시 조선조 유학에 엄청난 영향을
미친 주자朱子의 말을 통해 확인해 봅시다.

자기의 마음을 다하는 것을 충이라 한다. 자기 마음을 미루어
남에게 미침을 서라 한다. …… 자기 몸에 베풀어 보아 원하지 않는 것을
나 또한 남에게 베풀지 않음은 충서의 일이다. 자기의 마음으로써 남의
마음을 헤아려 봄에 일찍이 똑같지 않음이 없으니, 도가 사람에게서 멀지
않음을 알 수 있다.

내가 싫어하는 것은 다른 사람도 싫어하고 내가 좋아하는 것은
다른 사람도 좋아할 가능성이 높습니다. 내가 원하지 않는 일을
다른 사람이 원할까요? 배려는 자기에게 충실하고 다른 사람에게
성실할 때 싹트는 사랑의 윤리입니다. 이렇게 보면 스승은 자기
삶에 충실해야 하고 배우려고 하는 제자에게 성실하게 배려해야만
합니다. 공부는 단순한 가르침으로 끝나지 않습니다. 늘 관계를
고려해야 합니다. 결국 인간에게 가장 중요한 일은 인간관계를
어떻게 하느냐의 문제로 귀결된다고 볼 수 있습니다.

다시 말하면 인간은 일상을 살아가면서 자기에 대한 충실을
가장 중요하게 여겨야 합니다. 그것을 바탕으로 사회적 관계를
맺어야 합니다. 사회적 관계에서 공자가 일관되게 주장한 것이 바로
충서였습니다. 앞서서 말했지만 일상생활에서 일이관지한 방식이
바로 충서인 것이죠. 공자는 일상의 모든 행위의 규범이 자기에 대한
충실과 그것을 바탕으로 한 타인과의 관계망에 있다고 판단하고
실천한 인물입니다.

그렇다면 충과 서를 어떻게 기르고 닦을 수 있을까요? 충은

수양에 기초합니다. 그리고 배려의 정신은 다른 사람을 어떻게
만나고 교육하느냐와 관계됩니다. 자기수양을 수기修己라고 하며,
다른 사람에 대한 배려를 치인治人이라고 합니다. 유학에서는 이를
합쳐 "수기치인修己治人"이라고 하죠. 자기 충실은 인간의 필연적
의무이며 타인을 배려하는 것은 당위적 임무입니다.

　　우리는 첫 강의부터 나와 타인의 존재, 사회관계와 문화
등에 대해서 살펴보았습니다. 사회 안에서 다양한 관계를
형성하며 살아가는 인간에게 요구되는 것이 바로 "배려"입니다.
그것은 부모와 자식, 형과 아우, 친구, 사회 성원과 관계를 유지할
때에도, 특히 스승과 제자 사이의 교육에서 반드시 익혀야 하는
교육의 내용입니다. 이런 정신을 함양하기 위해서는 일상 속에서
누구에게나 인정되는 보편적인 덕을 행하고, 좋지 않은 말을 삼가며,
부족한 것이 있으면 반드시 힘써 행하고, 풍족하게 남은 것이 있으면
다른 사람들을 돌아보아야 합니다. 말은 행실을 돌아보고, 행실은
말을 돌아보아서 말과 행동이 일치해야 합니다.

　　평상시에 해야 할 도리를 실천에 옮겨서 조금이라도 부족한
부분이 있으면 힘써서 이를 보충해나가야 합니다. 하고 싶은 말을
다하지 않는 것은 실수를 줄이기 위해서입니다. 말과 행동을 번갈아
돌아보면 반성적 생활이 습관화됩니다. 이런 삶의 실천이 바로
자기 충실입니다. 그것은 타인에 대한 배려로 나아가는 길입니다.
유학에서의 충서의 길은 자신(개인)과 타인(사회)에 대한 바람직한
관계를 형성합니다. 그것은 때와 상황에 맞게 형평성의 논리로, 나와

타자의 균형과 조화로 표출되어야 합니다.

스승의 역할

교육에서 교사가 차지하는 비중은 절대적이라고 해도 과언이
아닙니다. 왜냐하면 교사의 역할 여하에 따라 교육의 질이 달라질
수 있기 때문이죠. 우리나라를 비롯한 동양에서는 전통적으로
스승에 대해 높은 예우를 해왔습니다. 그런데 최근에 와서 교사의
역할과 기능이 바뀌고 있습니다. 교육 환경이 변화하고 있고, 교육
주체들이 역할을 분담하면서 그 변화는 필연적입니다. 우리는
늘 교육의 개념과 내용, 교사-학생-학부모의 관계, 학교의 역할
등을 고민합니다. 그렇더라도 보편적인 교사의 역할은 있다고
판단됩니다.

유학에서 위대한 교사는 단연 공자와 맹자를 꼽습니다. 공자와
맹자는 제자들에게 인간이 올바르게 살아가는 도리를 깨우쳐주려
했습니다. 그것은 지금도 중국의 교육자들에게 전통으로 전해지고
있죠. 유학의 전통적 계보에서는 상대적으로 소외되어 있던 순자도
교육에 대해서 다음과 같이 언급합니다.

교사의 자격 기준에는 네 가지가 있다. 많은 지식 내용을 가르치는
것은 거기에 들지 않는다. 첫째, 존엄하여 공경을 받으면 교사가 될 수
있다. 둘째, 어른으로서 믿음이 있으면 교사가 될 수 있다. 셋째, 옛날

경전을 암송하여 강의하되 그 뜻을 능멸하거나 제멋대로 본뜻을 해치지
아니하면 교사가 될 수 있다. 넷째, 숨겨진 의미를 알아서 그 핵심을
논의할 수 있다면 교사가 될 수 있다.

　　다시 말하면, 교사의 자질은 타인에게서 공경 받는 사람,
믿음이 있는 사람, 경전을 충실히 이해하고 본지를 강의할 줄 아는
사람, 숨겨진 의미 맥락을 명확히 밝혀주는 사람이라고 요약할 수
있습니다. 우리가 눈여겨보아야 할 것은 많은 지식 내용을 일러주는
사람이 교사의 자격에서 제외되고 있다는 점입니다. 교사는 단순한
지식 전달자가 아닙니다. 교사는 인간 삶의 기본적 예의를 전수하는
선각자인 것이죠.

　　한유(韓愈, 768~824)도 「사설師說」에서 교사의 의미를 확고하게
밝혀 줍니다. "옛날에 배우는 사람들은 반드시 스승이 있었다.
스승이란 인간의 도리를 전하고, 학업과 생업에 종사하는 법을
가르쳐주며, 의심나는 문제를 풀어주는 사람이다. 태어나면서부터
모든 것을 아는 사람이 있겠는가? 인간은 그렇지 못하니 누가
의혹이 없겠는가! 의혹이 있으면서도 스승을 따라 배우지 않는다면,
그 의혹은 끝내 풀리지 않을 것이다. 나보다 나이가 많고 나보다
먼저 도를 들었다면, 나는 그를 스승으로 삼을 것이다. 또한 나보다
나이가 적더라도 나보다 먼저 도를 들었다면 나는 그를 스승으로
삼을 것이다. 오직 도를 스승으로 삼을 뿐, 나이가 많고 적음이 무슨
그리 중요한가. 이렇기 때문에 신분의 귀천도 없고, 나이의 많고

적음도 없다. 도가 있는 곳이 스승이 있는 곳이다."

이와 같이 교사의 가장 중요한 임무는 일상의 올바른 도리를 전하는 일입니다. 인간이 어떻게 살아야 하는지, 즉 삶의 기준을 제시하는 일이죠. 또한 인간이 해야 할 일, 생업과 학업 등에 대한 올바른 관점을 주는 일입니다. 이는 삶의 방법에 관한 것입니다. 그리고 교사는 합리적 삶을 살아가기 위한 문제해결의 방식을 제공해주는 일을 합니다.

인간은 누구나 부족합니다. 인간은 늘 자기 자신과 주위를 둘러싼 세상에 대한 의혹을 품고 있습니다. 이 의혹들은 타인과의 대화를 통해 해결해나갈 수 있습니다. 교사는 그런 역할을 적극적으로 자임합니다. 교사가 될 자격의 중심에는 도가 있습니다. 그것은 삶 속에서 구현해야 할 인륜을 말합니다. 나이와 신분이 관계될 리 없습니다. 그래서 한유는 도가 있는 곳이 바로 스승이 있는 곳이라고 보았던 것입니다.

유학에서 스승은 지식을 전수하는 전문가가 아니었습니다. 인간 전체 삶의 문제를 고민한 카운셀러이자, 전인적 교사였죠. 그러므로 교사는 늘 거시적 관점과 전체적이고 유기체적 연관, 조화로운 의식을 가지고 교육을 실천하였습니다. 이쯤에서 우리는 교사의 자세는 어때야 하는지를 생각하게 됩니다.

먼저 교사는 과거와 현재를 연속선상에서 바라볼 수 있는 세계관이 있어야 합니다. 이는 '온고이지신溫故而知新', 즉 옛것의 계승과 새것의 창조를 적절히 조화시켜 가르침의 기준으로 삼는 일입니다. 왜냐하면 교육은 인습과 창조의 과정을 거치기 때문입니다. 인간은 늘 현재의 순간에서 과거를 다시 당기고 미래를 미리 당기는 인식 작업을 합니다. 교육은 이를 잣대로 현재 속에서 실천하고 미래를 구상합니다. 옛것을 익히고 항상 새롭게 터득하면, 그 응용은 끝이 없습니다. 단순 지식을 암기하는 것은 마음으로 터득한 것이 아니기 때문에 한계가 있습니다. '온고지신'은 달리 말하면, 전통의 지속을 의미합니다. 전통은 인습과 창조의 변증적 조화입니다.

또한 교사는 끊임없이 배우며 가르침에 최선을 다해야 합니다. 동양 최고의 스승 공자는 "묵묵히 기억하고 배우기를 싫어하지 않으며 가르치기를 게을리 하지 않는다"고 했습니다. 기억하고 배우고 가르치는 것은 자기 수양과 타인에 대한 배려를 동시에 보여줍니다. 기억한다는 것은 마음에서 얻는 것이고, 배움은 더욱 강구하여 꿰뚫는 일이며, 가르침은 다른 사람에게 베푸는 행위입니다. 배움을 귀하게 여겨 스스로 얻어야 하기 때문에 묵묵히 기억해야 하고, 얻기가 어려우므로 배우기를 싫어하지 않아야 하며, 반드시 다른 사람과 함께 얻으려고 하기 때문에 가르치기를 게을리 하지 않는 것입니다. 이처럼 교사는 지식을 확장하고 고상한 품격을 지니기 위한 자기 수양에 힘을 다해야 합니다. 왜냐하면 지식과 인품은 사람을 가르치는 기본 전제이기 때문이죠. 그래서 공자도 "학문에 진전이 없는 것"을 가장 큰 걱정거리로 꼽았습니다. 가르치는 제자에게 게으르지 않으려는 태도는 교사로서의 사명과

책임을 다하려는 적극적인 정신의 경지를 보여줍니다. 이런 교사는
자기를 이루고 동시에 제자의 "인간됨"을 위해 끊임없이 노력하게
됩니다.

　마지막으로 교사는 몸소 모범을 보여야 합니다. 교육에는
말로 하는 언교言敎 뿐만 아니라 몸으로 직접 보여주는 신교身敎도
있습니다. 어떤 측면에서는 신교가 훨씬 감동적입니다. 교사의
모범적 실천이 제자들에게 미치는 감화는 이루 헤아릴 수가
없습니다. 교사의 몸가짐과 행위가 바르면 억지로 가르치지 않아도
제자들은 올바른 길로 가게 됩니다. 그 반대라면 명령하고 가르친다
해도 제자들이 쉽게 따를 리 없습니다.

　그래서 교육은 이론보다는 실천이 중요한 것입니다. 모범의
가르침은 교육방법의 핵심일 수 있습니다. 교사는 고상한 품격과
덕성을 몸에 체득하여 고귀한 인품의 소유자가 되어야 합니다.
유학의 교사관은 도덕 윤리적 측면을 지나치게 강조한 측면이
있습니다. 복잡한 현대 교육에서 다양한 교사의 역할을 이해하지
못한 의견이라고 치부할 수도 있습니다. 그러나 인간의 삶에서
교육이란 무엇입니까? 교육 자체가 목적이라는 측면에서 보자면
교사의 자질과 역할이 어떠해야 합니까? 유학이 바라보는 교육은
삶의 건전함과 일상에서 선한 가치를 지속하는 일입니다. 유치한
의미로 인간의 관계 질서를 바람직하게 이어가려는 삶의 자기구제
장치라고 할 수 있습니다. 교사라는 구심체를 통해 가치가
구현되는 것이죠. 그래서 교사는 임금, 부모와 동격으로 비유해왔던

것입니다. 이는 세상을 경영하는 임금, 사회의 기초를 이루는 가정의
기본인 부모, 인간 사회의 삶을 운용하는 원리를 일러주는 교육의
삼위일체를 의미합니다. 이런 측면이 계속 유효하다면 유학의
교육과 교사관을 온고지신의 눈으로 비판할 필요가 있을 것입니다.

chapter 11

"교육이란
무엇인가 2"

인간은 태어나기 전부터 교육을 받습니다. 어머니 뱃속에서부터
그 사회의 문화적 풍토에 의해 영향을 받게 되죠. 사회에 던져지면
사회 유지와 개혁을 위한 지식과 지혜는 물론이고, 각자의 필요와
삶의 완성을 위해 끊임없이 교육 행위를 합니다. 왜 인간은
교육 행위를 해야만 하는 것일까요? 도대체 인간과 교육은 어떤
관계에 있을까요? 교육은 시대적 상황이나 사회, 국가의 이념에
따라 추구하는 인간상이 다르기 때문에 한마디로 표현하기가
어렵습니다. 그래서 많은 교육사상가들도 자신의 세계관, 인생관에
따라 저마다 다른 교육관을 피력했습니다. 우선 어원부터
살펴보겠습니다.

교육을 뜻하는 서양어에는 크게 두 가지가 있습니다. 하나는
페다고지pedagogy이며, 다른 하나는 에듀케이션education입니다.
페다고지는 "어린이를 이끈다"는 뜻에서 왔습니다. 귀족 가정의
자녀들을 학교나 체육관, 기타 공공장소로 데리고 다니면서 교육을

173

시키는 가정교사, 특히 아동의 도덕과 예의 등 성격 형성에 커다란
책임이 있다는 말에서 유래했습니다. 에듀케이션은 "속에 지니고
있는 것을 밖으로 꺼내어 키워준다"는 뜻에서 나온 말입니다.
다시 말하면 인간이 선천적으로 지니고 태어나는 여러 자질을
잘 길러주는 것을 뜻합니다. 이처럼 두 단어에서 말하는 교육은
"어린이를 바람직한 방향으로 이끌며 소질을 계발시켜준다"는
의미로 이해할 수 있겠습니다.

　　　한자 문명권에서 교敎와 육育이라는 한자를 살펴보죠.
먼저 敎(교)라는 글자는 "교사가 회초리를 들고 바람직한 방향을
제시하며, 어린이는 공손하게 어른을 본받는다"는 뜻입니다.
그리고 育(육)은 "어머니가 어린이를 가슴에 따뜻하게 안아주는
모습"입니다. 따라서 교육은 교사와 학생 사이에 위에서는
가르쳐주고 아래에서는 배워서 잘 자라나게 하는 것으로 이해하면
됩니다.

　　　교육을 우리말로 하면 "가르치다"와 "기르다"입니다.
가르치다는 것은 "알도록" 하고 "지식을 지니게" 하고 "할 수 있도록
지도"한다는 뜻입니다. 그리고 기른다는 것은 "동물이나 식물에
영양분을 주어 그것을 섭취해서 자라거나 목숨을 이어가게 하다,
육체나 정신에 도움이 될 것을 주어 쇠약하여지지 않게 하다"라는
뜻입니다. 이 둘을 정리하면, 한글에서 교육은 방향 제시, 사육, 생성,
성장이라는 의미를 지니고 있다고 이해할 수 있습니다.

국가의 이상에 따라 교육한다

동서양의 어원을 따라가 보면 교육에 대한 공통의 의미를
추론해볼 수 있습니다. 교육이란 "교육받는 사람 속에 숨어 있는
가능성을 안에서 밖으로 발전하는 힘으로, 도와 이끌어 내고, 이를
구체화·현실화·문제화하는 일"이라고 정리할 수 있습니다.
이러한 교육이 서양에서는 어떻게 이해되어 왔을까요? 먼저 고대
그리스부터 살펴보겠습니다.

잘 알려져 있듯이 고대 그리스는 도시국가였습니다.
대표적으로 도리아족 문화권의 스파르타와 이오니아족
문화권의 아테네가 있었습니다. 스파르타는 귀족정치 체제이며
투쟁적이었습니다. 반면에 아테네는 법과 정의가 지배하는
창의적이고 개방적인 도시국가였죠. 따라서 교육도 이에 따라
다르게 실시되었습니다.

스파르타는 그리스 최강의 도시국가를 건설한 뒤 이를
관리하기 위해 더욱 투쟁적인 군국주의로 나아갔습니다. 따라서
모든 교육은 국가적 통제 아래 행해졌죠. 스파르타인들은 태어나서
죽을 때까지 국가의 구속을 받았습니다. 아이가 태어나면 즉시
신체검사를 했는데, 허약하거나 불구인 경우에는 내다 버려서 그냥
죽게 만들기도 했습니다. 국가는 교육을 통해 호전적인 시민을
양성하고 지혜보다는 행동하는 사람을 길러내려고 했던 것이죠.
스파르타 교육의 목적은 자연히 강한 힘, 용기, 복종, 인내 등을

기르고 조국에 대한 애국정신을 함양하는 것이 되었습니다.

남자들에게 최고의 덕목은 강인한 신체였습니다. 이런 교육의 결과는 국가에 무조건 복종하는 훌륭한 군인을 많이 양성하게 됩니다. 여성은 건강한 아이를 낳을 수 있는 신체를 가지고 있는 게 중요했죠. 따라서 여성 교육은 그런 신체를 기르는 차원에서 이루어졌습니다. 여자들은 단지 국가를 위한 수단으로 봉사할 수밖에 없었습니다. 강한 국가를 만들어야 한다는 국가이념에 충실했던 것이죠.

그러나 아테네는 스파르타와 판이하게 달랐습니다. 초기에는 원시적 왕정을 실시했으나 클레이스테네스(Kleisthenes, B.C. 570?~B.C. 508?)의 민주개혁 이후 시민 또는 민중에 의한 지배가 이루어지게 됩니다. 그 후 아테네 민주제의 창설자로 간주되는 솔론은 교육을 장려하고 민주정치를 확립합니다. 아테네는 많은 도시국가들 중에서 가장 자유로운 나라였습니다. 그래서 아테네의 교육은 스파르타와는 달리 인간이 가진 다양한 능력의 조화로운 발달을 이상으로 삼았습니다. 스파르타가 행동하는 사람을 키우는 교육을 했다면 아테네는 지혜로운 사람을 키우려고 했습니다. 그래서 교육도 시민으로서의 교양, 심신의 조화와 우아한 미를 강조하게 되었습니다. 이는 철학자나 시인, 학자를 배출하는 교육이며, 시민 생활에 참여할 훌륭한 시민을 양성하는 교육이었습니다. 여성들은 남자만큼 지위가 높지는 않았지만 스파르타와는 달리 바느질, 베 짜기, 뜨개질 등을 배우며 여성으로서의 역할을 할 수 있게 배려되었습니다.

아테네의 경우 국가 유지를 위한 강한 인간의 양성보다는
자유인으로서의 시민을 양성하기 위한 교양 교육에 중점을
두었다고 볼 수 있습니다. 이러한 전통은 소크라테스와 플라톤,
아리스토텔레스를 거치면서 더욱 세련돼집니다.

소크라테스, 플라톤, 아리스토텔레스

"너 자신을 알라." 앞에서도 언급했지만, 우리는 모두 소크라테스가
강조한 이 말을 익히 알고 있습니다. 소크라테스는 만물의 척도인
인간은 무엇보다도 먼저 자기 자신을 알아야 한다고 강조했죠. 그는
자신의 무지를 자각하라고 역설했습니다.

소크라테스의 교육은 여기에서 출발합니다. 보다 높은 자아의
자각이 교육의 임무인 것입니다. 그가 생각하는 교육은 모든
사람들에게 올바른 사고를 가르쳐주는 데 있었습니다. 거기에
관찰과 경험을 통한 직접교육을 실시하는 것이었습니다. 그는
사람들에게 무엇이든 당연한 것으로 생각하지 말라고 충고합니다. 또
편견과 선입관을 버리라고 권고합니다. 그리하여 이 무지의 세계를
지혜를 사랑하는 세계로 바꾸는 것이 그의 교육 목표였습니다.

그래서 소크라테스는 인간이 무지를 자각하는 방법을
고안합니다. 그것이 대화법(문답법)인 반어법과 산파술입니다.
문답법은 먼저 학습자의 무지를 무의식에서 의식으로 이끕니다.

그리고 의식적인 무지에서 합리적 진리로 인도합니다. 이것이 소크라테스가 생각한 교육의 과정입니다. 소크라테스가 위대한 것은 독단을 물리치고 보편적인 진리를 발견하는 방법을 제시했기 때문입니다.

서양 사상의 근간을 이룬 플라톤은 소크라테스의 가장 유명한 제자입니다. 플라톤은 스승 소크라테스에게서 배운 것을 더욱 구체화합니다. 그의 사상은 다양한 부분에 걸쳐 있습니다. 주요 저서인 『국가』에서 그의 교육론을 찾아볼 수 있습니다. 흔히 플라톤의 국가론을 이상국가론이라고 부릅니다. 이상국가는 각 계급이 각각의 본성에 따라 그 덕을 실현하는 조화로운 국가, 정의의 국가를 말합니다. 플라톤은 이러한 국가를 이룩하기 위해서는 오직 교육을 통해서만 가능하다고 생각했습니다.

여기서 잠시 그 유명한 "동굴의 비유"를 소개하죠. 어두운 동굴 속에서 쇠사슬에 꽁꽁 묶여 벽만 바라보고 있는 인간은 빛을 통해 비춰진 가짜 영상인 그림자를 진짜로 생각합니다. 이런 인간은 나중에 햇빛아래 내던져졌을 때 실재를 보고도 진짜라고 인식하지 못합니다. 그래서 교육이 필요한 것입니다. 플라톤이 생각한 교육의 목적은 바로 동굴의 속박을 벗어나 태양의 빛으로 실재를 보는 데 있습니다. 플라톤의 교육은 그림자를 보던 것을 실재實在로 보도록 전환하는 일입니다. 진리의 반대 방향으로 향하고 있는 정신을 진리의 방향으로 바꾸는 일이죠. 인간에게는 이런 힘이 내재하고 있습니다.

그런데 특이하게도 플라톤은 인간을 동등하게 보지는 않았습니다. 플라톤은 세 등급의 시민이 있다고 했습니다. 지혜와 덕을 가진 통치자와 용기의 덕을 가진 군인 계급, 그리고 절제의 미덕을 지닌 생산자 계급이 있다고 했죠. 이들은 제각기 하는 역할이 다르기 때문에 교육의 목적 또한 다르다고 보았습니다. 중요한 것은 각 개인이 적성에 맞는 일을 하면서 다른 사람에게 유용한 방식으로 그런 일을 하는 국가를 이루는 것입니다. 결론적으로 플라톤의 교육은 사회 각 계급에 맞는 개인적인 능력을 자격을 발견하고 덕과 시민으로서의 능률을 발전시키는 데 두었던 것입니다.

플라톤의 제자 아리스토텔레스는 플라톤의 관념주의를 배격합니다. 그리고 존재의 기반을 현실 세계로 끌어내리죠. 『니코마코스 윤리학』에서 그는 이렇게 문제제기를 합니다. "우리들이 달성해야 할 온갖 선善 중에서 최고의 것은 무엇일까? 그것은 행복임에 틀림없다."

그렇습니다, 인간은 누구나 행복을 추구합니다. 살아가면서 늘 행복을 갈구하죠. 그런데 그 행복이란 게 무엇일까요? 아리스토텔레스는 행복이 중용의 덕과 이성적인 행동을 할 때 얻을 수 있다고 말합니다.

교육은 이성을 통하여 중용의 덕을 실천하는 데 있습니다. 여기에서 중용이란 "가운데"가 아니라 자기가 놓인 위치를 바로 보고 자기 스스로를 깨달아 거기에 맞는 태도를 가지는 것입니다. 아리스토텔레스는 바로 이 행복, 최고선의 실천을 추구했습니다.

그는 이 태도를 위해 이성적인 생활과 행동을 할 수 있는 사람을 만드는 것이 바로 교육의 목적이라고 했습니다.

신神중심주의 교육과 근대로의 이행

서양의 중세는 기독교를 떠나 이야기할 수 없습니다. 기독교 사상은 아시다시피 유대교에서 유래한 것입니다. 이는 "창조"를 전제로 하죠. 창조는 이 세상 만물과 그 근원인 초월적인 신과의 관계를 말합니다. 이 세상 모든 것은 하나님이 만든 것입니다.

중세의 교육은 바로 이런 기독교 사상을 배경으로 진행되었습니다. 그러니 교육에서 교회는 절대적인 권리를 가지고 있었습니다. 금욕적이고 하나님의 영광을 위한 종교적인 분위기 속에서 교육이 이루어졌습니다. 기사도 교육이나 길드, 대학 등의 세속적인 교육기관이 있었지만, 실제로는 교회의 주장과 이익을 배격하고 있지는 않았습니다.

수도원에서는 마음과 영혼의 더 높은 생활을 위하여 '금욕'을 하였습니다. 수도승들은 육체의 욕망을 부정하고 현세를 부인하였죠. 그들은 수도원에서 이 세상에 대한 준비가 아닌 내세를 위한 준비를 하고 있었음을 알 수 있습니다. 이들에게 현세는 의미가 없었습니다. 다가올 하나님의 나라가 그들이 영원히 살아갈 곳이기 때문이었죠.

14~15세기경 유럽 봉건사회가 붕괴하기 시작합니다. 동시에

교회세력도 쇠퇴하기 시작하죠. 그 대신 시민계급이 성장합니다. 시민계급은 중세의 신중심주의를 의심하고 새로운 것을 추구합니다. 신 대신 인간이 그 자리를 차지하는 인간중심주의, 이른바 르네상스 운동이 출현하게 된 것입니다. 이 운동은 인간을 궁극적 목적으로 보고 최고의 가치라고 여깁니다. 따라서 여태껏 추구했던 내세보다는 현세를 더 긍정적으로 보기 시작합니다. 당연히 종교개혁이 뒤따를 수밖에 없습니다. 중세 기독교에 대항해 청교도 중심의 개신교 운동이 확산되어 갑니다. 현대 개신교의 출발은 바로 이때부터였습니다.

루소, 칸트, 페스탈로찌, 헤르바르트 181

시대는 점점 바뀌어 17,8세기에 오면 계몽주의의 흐름이 생기기 시작합니다. 시대의 흐름이 바뀌는 동안 수많은 교육사상가들이 나타났습니다만, 주요한 네 사상가, 즉 루소, 칸트, 페스탈로치(Johann Heinrich Pestalozzi, 1746~1827), 헤르바르트(Johann Friedrich Herbart, 1776~1841)에 대해서만 간단하게 언급하겠습니다.

　　루소는 『사회계약설』이나 『에밀』로 우리에게 친숙한 사상가죠. 우리는 그가 했던 유명한 말, "자연으로 돌아가라"를 알고 있습니다. 이른바 자연주의 교육철학이라고 부를 수 있는 그의 주장은 『에밀』에 잘 나타나 있습니다. 루소는 인위적인 모든 것을 일단 부정합니다. 그리고 자연적인 것으로 돌아가는 교육을 주장하죠. 이는 당시의 부패한 관습과 문화의 타락을 비판한 데서 비롯되었습니다.

교육은 사실 성장하는 아동의 발달단계와 부합되어야 합니다. 3살짜리 아이는 3살에 맞게, 7살 먹은 아이는 그 아이의 발달 단계에 맞는 교육이 필요합니다. 아동의 발달에 따른 적절한 교육이 이루어져야 하는데 루소가 살던 시기에는 대부분의 사람들이 아동에게 어떤 교육을 시켜야 하는 것인지에 그다지 관심이 없었습니다. 발달 단계는 무시되고 성인처럼 다루고 교육했습니다. 루소는 그것을 비판하며 소설 『에밀』을 쓴 것입니다.

루소는 이전 강의에서도 살펴보았지만 성선설을 주장한 사상가입니다. 자연스럽게 착한 성품을 발전시키면 인간 본래의 성품을 길러갈 수 있다고 생각했죠. 자연적인 교육은 인간의 토대를 발전시키는 것을 의미합니다. 여기에서 교육자는 기본적으로 간적접으로만 작용을 해야 합니다. 어린 싹을 파괴시키는 어떤 것이 있다면 방어해주는 역할을 해야 하는 것이죠.

칸트는 인간을 "교육받지 않으면 안 되는 유일한 피조물"이라고 봅니다. 또는 "인간은 교육을 필요로 하는 동물"이라고 표현합니다. 인간에게 교육이 필요한 이유는 인간이 미숙한 존재로 태어나기 때문이라는 것이죠. 인간은 다른 동물들처럼 완전하게 태어나지 못합니다. 태어난 그대로는 아무 일도 할 수 없는 존재이기에, 다른 사람이 이를 대신해주지 않으면 안 됩니다.

또한 인간은 자기 자신 속에 있는 모든 소질을 스스로의 노력에

의하여 하나씩 도출해 내어야 합니다. 그것을 통해 한 세대는 다음
세대를 교육해야 합니다. 인간은 교육에 의하여 인간을 유지하고
비로소 인간이 될 수 있음을 의미합니다. "교육을 통해 인간이
될 수 있다." 이것이 칸트가 인간에게 거는 기대입니다. 교육을
통해 인간이 될 수 있다는 데 낙관적이었던 칸트는 다음과 같이
얘기합니다. "아마도 교육은 점차로 잘되어 나갈 것이고, 모든
세대들은 인간성이 완성되어 가는 방향으로 나아가게 될 것이다.
사실 교육의 배경에는 인간 자연의 완성이라는 커다란 비밀이 숨어
있는 것이다. 인간 속에 잠재하는 모든 자연 소질을 발전시키는
교육의 이념은 두말 할 나위 없이 진실한 것이다."

183

　　페스탈로치는 루소의 교육적 원리에 강하게
영향을 받았습니다. 그리고 모든 사람에게 선천적으로
주어진 "인간성"을 믿었습니다. 인간이 본래 가지고 있는
머리(지력)·가슴(심성)·손(기능) 이 세 가지를 조화롭게
발전시키고자 하였죠. 그는 인간의 비참한 상태를 개선하기 위하여
정치·경제에 의존하지 않고 교육이라는 방법을 취한 것입니다.
교육을 통한 인류 구원이라는 목적을 갖고 있었던 것이죠.

　　페스탈로치는 민중을 인간적으로 교육시키는 데 일생을
바쳤습니다. 사회적으로 보람 있고 동시에 개인적으로는 행복하게
도와주는 것이 그의 교육적 사명이었습니다. 그는 모든 인간이 다
같은 소질을 지니고 태어난다고 믿었습니다. 그러니 누구나 다 그
소질을 계발시켜야 하는 것이죠. 인간은 국가·사회의 수단이나

기능적 목적을 위해 태어나는 것이 아닙니다. 개개인은 존중받아야 할 목적적인 존재입니다. 교육의 궁극적 목적은 학교에서 기술을 습득하는 것이 아니라 인생에 대해 얼마나 적합하게 하느냐에 있습니다. 교육은 맹목적인 복종이나 규정된 습관을 습득하는 것이 아니라, 독립된 행동을 준비하게 하는 것입니다.

마지막으로 과학적 교육학을 주창한 헤르바르트를 소개합니다. 그는 오늘날 우리가 말하는 교육학의 기초를 이루어낸 사상가입니다. 그는 페스탈로치를 찾아가 교수법을 견학하기도 했습니다. 그는 교육의 기초로 윤리학, 심리학을 들었습니다. 윤리는 도덕의 문제이고, 심리는 마음의 활동과 관계됩니다. 윤리학으로는 교육의 목적을 결정하는 과학으로 삼고, 심리학으로는 교육과정과 수단 방법을 돕는 과학으로 삼았던 것이죠.

헤르바르트는 윤리학을 강조하였기 때문에 교육의 목적이 덕성을 갈고 닦는 데 있다고 보았습니다. 덕성을 도야하는 것은 아동·학생들에게 선을 택하고 악을 버릴 수 있도록 깨닫게 해주는 것입니다. 이러한 덕성은 인간이 갖추어야 할 최고의 이상입니다. 헤르바르트는 그것을 교육의 최고 목적으로 삼았습니다.

듀이 ; 실용주의와 교육

오늘날 근대 교육을 말하면서 빼놓을 수 없는 사상가가 있습니다. 20세기의 사상적 거인이라고 부를 만한 듀이는 미국에서는 물론이고 세계적으로 막대한 영향을 끼쳤습니다. 특히 교육을 이해하는 데는 그를 빼고 논할 수 없을 정도입니다.

듀이의 교육관을 이해하기 위해서는 먼저 실용주의(프래그머티즘)를 이해할 필요가 있습니다. 프래그머티즘의 근본 원리는 다음과 같습니다. 첫째, 이 세상에 영원·불변한 것은 없고 변화만이 실재한다. 둘째, 가치는 상대적이다. 셋째, 인간은 사회적이고 생물학적 존재다. 넷째, 모든 인간의 행동에 있어 비판적 지성의 가치가 발동되어야 한다.

듀이는 교육을 인간이 사회의식에 참여하는 것으로 보았습니다. 교육은 사회생활과의 긴장 관계에서 성립합니다. 따라서 살아있는 사회환경과 단절된 교육은 없습니다. 학교는 개인을 사회화하는 기관이고, 교육 내용은 현실생활의 문제해결 과정 속의 경험 그 자체여야 한다고 강조했습니다. 이런 교육을 거치면서 인간은 사회 진보와 혁신의 능력을 키워갑니다. 여기에서 '교육=성장=사회화'라는 등식이 성립하는 것입니다.

듀이는 『민주주의와 교육』에서, 교육을 가장 넓은 의미에서 "생명을 사회적으로 지속시키는 일"이라고 표현합니다. 그러기 위해서는 학교가 지역사회의 중심이 되어야 합니다. 왜냐하면 우리는 학교를 통해서 아이들에게 사회에 적응하는 법을 가르쳐 줄 수 있기 때문이죠. 또한 사회를 개혁하면서 자신의 생활을 개척할 수 있는 정신적·도덕적 경향을 길러줄 수 있기 때문이죠. 그러므로 교육은 (사회) 생활 그 자체인 것입니다.

듀이가 무엇보다 강조한 것이 '생활'입니다. 생활 그 자체인 교육은 이전의 사상가들이 피력하던 교육관에서 보면 커다란 질적 비약을 가져온 것입니다. 현실생활에 대한 구체적인 강조는 다음 강의에서 살펴볼 동양의 유학과 상당히 통하는 면이 있을 것입니다.

chapter 12

" 우리 시대의

교육

"

교육은 사실 인류의 탄생과 더불어 시작되었다고 할 수 있습니다.
그만큼 인간이 삶을 지속하는 데 필수적 요소라는 것이죠.
전문가가 아니더라도 우리는 교육에 대해 한마디씩 할 수
있습니다. "교육은 인격 도야이다." "교육은 자아 계발이다."
"교육은 사회화 과정이다." 그런데 인류는 근대 이후 공교육을
추구하여 왔습니다. 학교교육 제도의 탄생 이후 지금껏 그것이
유지되고 있습니다. 문제는 이러한 학교가 시대가 변화함에 따라
제 기능과 역할을 수행하지 못하고 한계를 드러냈다는 점입니다.
그러는 동안 다양한 변혁의 목소리가 있었고, 보완장치가
나타났습니다. 이것이 이른바 열린 교육, 대안교육이 등장하게 된
배경입니다.

근대 공교육 제도의 탄생

공교육은 국가(혹은 국가에 준하는 자치 조직)의 통제와 관리,
지원에 의해 국민 전체를 대상으로 운영되는 교육제도를
가리키는 말입니다. 국가는 주로 학교를 만들어서 교육을
관리하고 통제해왔습니다. 동양의 경우, 중국의 주周나라 때에
이미 학교제도가 있었고, 우리나라도 고구려나 신라, 고려나
조선시대에도 학교제도가 있었습니다. 서양에서도 고대 그리스의
스파르타 교육에서 국가통제 제도가 있었죠. 그러나 이러한
교육제도는 사실 특수한 계급계층에 한해서 교육 기회를 제공하였기
때문에, 근대적 의미의 공교육이라고 보기는 어렵습니다. 근대라는
말의 의미는 민족국가의 탄생, 계몽, 자유와 평등, 시민사회의
등장이라는 민주적 성격을 담고 있기 때문이죠. 근대 공교육의
역사는 바로 서양 시민사회의 등장과 민주주의, 자본주의 발달과
함께 시작되었습니다. 서양에서는 200여 년, 우리나라는 약 100여
년의 역사를 지니고 있다고 할 수 있습니다.

　　근대 공교육제도는 어떻게 발생했을까요? 우리는
서양의 중세를 신神중심시대 혹은 암흑기라고 부릅니다.
물론 논란의 여지는 있지만 근대적 사고의 대표적인 상징인
자유・평등・민주주의의 관점에서 보면 그렇다는 의미입니다.
이런 시대적 배경에서 시민계급과 민족국가들이 새로운 힘으로
등장합니다. 그들은 중세 귀족이나 교회(종교) 중심의 교육과는 전혀

다른 새로운 교육을 모색하게 되죠.

근대 공교육의 모체는 프랑스 혁명의회에서 입안되고 제정된 교육제도입니다. 특히 시민혁명 과정에서 전개된 평등사상이 평등교육의 실천을 촉구하였죠. 이때의 시민들이라 함은 보통 사람들, 도시에 모여든 상인 중심의 서민들이었습니다. 이들은 귀족이나 종교지도자들 같은 특별한 계급들을 위한 교육이 아닌, 누구나 교육을 받을 수 있는 보통교육을 요구했습니다. 중세 귀족 중심의 교육 주도권이 근대 민족국가로 옮겨가게 된 것입니다. 다시 말하면 소수의 특권 계급을 위한 교육에서 국민 대중을 위한 교육으로 전환하는 것을 의미했습니다. 그 후 나폴레옹(Napoleon Ⅰ, 1769~1821)의 집권, 독일 민족주의, 의무교육 등의 제도적 확립이 이루어져갔습니다. 근대 공교육의 등장 이유는 간단합니다. 시민 누구나 교육받을 수 있는 민주주의 사상, 교육의 평등을 필요로 했기 때문이죠.

이러한 서구식 공교육 제도가 우리나라에는 1894년의 '갑오경장'에 의해 사회개혁의 일환으로 이루어졌습니다. 물론 서구의 근대 공교육의 성격과 똑같지는 않습니다. 당시 정부는 '학무아문'이라는 교육주관 부서를 설치하여, 위로는 귀족이나 관료들의 자식들로부터 아래로는 서민의 자제에 이르기까지 모두 학교에 다닐 수 있게 하겠다고 선포합니다. 뒤이어 고종황제는 「교육입국조서」를 내려 다양한 공교육 기관을 설치하죠. 이때 근대식 학교인 소학교, 사범학교 등이 설립됩니다. 이때 활발하게 국민을

191

교육시키려고 노력했지만 일제 식민지배로 말미암아 빛을 보지
못했죠. 그 후 일제의 식민통치가 시작되자 일본식 공교육 체제로
전환되고 맙니다. 이때는 우리나라 국민교육의 암흑기라고 할 수
있습니다. 그러다 해방을 맞이한 이후부터 미국식 공교육이 그
자리를 대체하기 시작합니다. 그것이 오늘날까지 이어지고 있다고
해도 과언이 아닙니다.

공교육제도의 첫 출발은 소박한 평등교육을 실현하는
것이었습니다. 한마디로 말하자면 동등한 교육기회를 제공하는
것이었죠. 그것은 학교 교육을 통해 상당히 실현되었습니다.
모든 사람이 학교에 입학할 수 있게 제도적으로 보장했습니다.
의무교육의 도입은 결정적인 사건이었습니다. 이제 아동들은 법에
의해 의무적으로, 강제로 학교에 가야만 하는 것입니다. 그것은
국가가 국민들 모두에게 베푸는 엄청난 혜택이었습니다. 대신
국민은 국가와 민족의 구성원으로서의 자질을 개발하고 국가를
통합하는 데 기여했죠. 학교라는 제도적 장치는 그것에 유효한
역할과 기능을 담당해 왔던 것입니다.

그런데 학교는 시대가 바뀌면서 공교육으로서의 본질을
잃어가기 시작했습니다. 평등한 공동체 지향의 인간을 양산하는
것이 아니라 불평등한 계급 재생산의 장소가 되고 출세의 도구로
인식되기 시작했습니다. 그러자 사교육이 난무하기 시작했고,
돈 있는 사람과 없는 사람에게서 교육 기회의 차등이 생기기
시작했습니다. 교육은 다시 한 번 새로운 모색을 해야 할 단계에

다다르게 된 것입니다.

학교 교육의 문제

우리는 '학교가 무너지고 있다', '교실이 붕괴하고 있다'는 말을 자주
듣습니다. 학교는 최근에 매우 부정적인 이미지가 되고 말았습니다.
특히 입시중심의 교육, 지식암기 교육으로 찌들고 병들었습니다.
대한민국에서 교육은 오직 입시의 수단으로 전락하고 말았습니다.
그것을 통한 출세의 수단, 계급 재생산에 기여하고 있습니다. 진정한
자아의 개발, 공동체의 지속 가능한 삶은 어디에서도 찾기 힘들게
되었습니다.

일리치(Ivan Illich, 1926~2002)는 『탈학교 사회』에서 진정한
교육은 "개인적으로는 자아실현을 도모하고 사회적으로 여러
억압적인 요소를 제거하는 데 있다"고 했습니다. 그는 개인의
소질을 계발하고 사회적 복지와 평등을 주장합니다. 하지만 그의
바람과는 달리 학교 교육은 인간을 획일화하고 수단화하여 오히려
인간의 불평등을 재생산하는 기구로 전락하고 맙니다. 물론
교육제도는 사회의 구조적 문제와 맞닿아 있습니다. 명문대학을
졸업해서 좋은 직업을 선택하고, 사회적 지위를 높여 더 높은 계급
계층을 확보하려는 경쟁일 뿐입니다. 협력과 공생은 사라지고
타인을 배제하고 약육강식을 유도하는 교육만이 남아있을
뿐입니다.

교육의 중심에는 교사와 학생이 있습니다. 교육은 이 두 주체의 상호작용과 유기적 관계로 이루어집니다. 어떤 일이 있었기에 이런 유기적 관계가 깨지고 교육이 뒤틀어져버린 걸까요? 교사는 가르치고 학생은 가르침을 받습니다. 이것이 전통적인 교수법입니다. 교사와 학생의 관계는 일방적이죠. 이런 면에서 보면 학생은 교사가 가르치는 대상에 불과합니다. 학생이 객체로 전락하는 것입니다. 이 저변에는 교사는 모든 것을 알고 학생들은 아무 것도 모른다는 전제가 깔려 있습니다. 교사는 모든 것을 알아서 가르치는 탁월한 존재이죠. 학생은 아무 것도 모르기 때문에 배워야 한다. 교사는 말하고 학생들은 유순하게 들어야 한다. 교사는 훈련시키고 학생들은 훈련을 받는다. 이런 의미에서 교사는 학생들 위에 군림하는 존재입니다. 이 관계는 마치 주인과 노예를 연상하게 합니다. 그리하여 교사는 자신이 선택한 것을 학생들에게 강요합니다. 여기서 교사는 행동하고 학생들은 교사의 행동을 통해 행동한다는 환상을 갖게 됩니다. 이렇게 되면 교사는 지식의 권위를 직업상의 권위와 혼동하게 되고 그 권위로 학생들을 억압하게 됩니다. 교사와 학생은 마땅히 교육의 두 주체여야 하지만 학생은 단지 객체로 전락하게 됩니다.

우리는 학교에서 이런 답답한 상황을 지금껏 체험해 왔습니다. 교학상장教學相長, '교사와 학생 사이의 상호작용'은 무너졌습니다. 열린 교육은 이러한 학교 교육에 대한 반성에서 시작되었습니다.

열린 교육의 탄생

열린 교육이라는 개념을 언제부터 누가 사용하기 시작했는지는
정확하게 알 수 없습니다. 그리고 "열림openness"란 용어가 왜
쓰였는지에 대한 의견도 분분합니다. 어떤 이는 "개방대학"과 "벽
없는 학교"에서 유추된 말이라고 하고, 또 어떤 이는 일반 교실
벽과 복도를 터서 열린 교육 형태의 학급을 운영한 데서 끌어낸
말이라고도 합니다.

하지만 좀 쉽고 단순하게 생각해 봅시다. 열림open의
반대말은 닫힘closed입니다. "닫혀 있다"는 뜻은 고정되고 정형화된
양식pattern을 지녔다는 의미입니다. 조금 전에 이야기한 교사-
학생간의 관계처럼 말입니다. 하지만 그것은 고정된 양식으로만
있지 않습니다. 열린 교육은 지금까지 "닫혀 있어서" 여러 병폐를
야기한 학교 교육의 규정된 양식을 깨뜨려 새로운 교육의 성과를
기대합니다. 물론 "닫힌 교육"에서 교육의 성과가 없었던 것은
아닙니다. 다만 열린 교육이 지향하는 것은 좀 더 인간다움을
지향하는 교육적 상황을 조성하려는 노력이었습니다.

학생(학습자)은 인간입니다. 인간은 존중받아야 할 권리가
있습니다. 주인과 노예의 관계에서 학생은 절대로 존중받지
못합니다. 열린 교육은 이러한 사고를 전제합니다. 열린 교육은
학생이 자유로운 학습과정을 통해 의미를 발견하고 독립적이며
건강한 인격체로 성장할 수 있다는 신념을 갖고 있습니다.

195

지식을 주입해주는 것과 지식을 스스로 학습해 가는 과정에서
어느 것이 더 자발적이고 건전한 인격을 확보할 수 있을까요?
"무엇을" 배우는가보다 배우는 과정에서 "어떤" 질적인 경험을
하는가에 주목해야 합니다. 열린 교육은 한마디로 얘기하면
"학생에게 학습권을 부여하여 자아실현을 성취하게 하는 개방적
학습과정"입니다. 열린 교육을 하려면 가장 먼저 학생을 바라보는
관점을 전환해야만 합니다.

　　　㉠ 학생은 생리적으로 탐색을 좋아하고 학습하기를
갈망합니다. 그리고 자기 스스로 탐색할 수 있는 능력이 있습니다.
㉡ 자신에 대한 확신은 학습 능력과 높은 관계가 있습니다. ㉢
학생은 풍부한 환경 속에서의 능동적 탐색을 통해 학습 활동을
용이하게 합니다. 그리고 학습 활동에 대한 보상은 활동에
참여하고 완성하는 과정에서 얻습니다. ㉣ 기회가 주어지면 학생은
자신이 깊은 관심을 가진 활동에 몰두할 것입니다. 이처럼 학생이
활동에 완전히 몰두해서 즐길 때 학습이 이루어집니다. ㉤ 두 명
이상의 학생이 같은 문제나 같은 자료를 탐색하는 것에 흥미를
느끼면 이들은 어떤 방법으로든 협력하여 활동합니다. 또한 다른
학생과 학습한 것을 나누기를 원합니다. ㉥ 실수는 학습과정에서
필연적입니다. 학생은 실수를 통해 문제를 인식하면서 보다 의미
있는 학습을 행합니다. ㉦ 학생이 학교에서 경험한 효과를 평가하는
최선의 방법은 관찰입니다. 그러므로 학생 활동을 가장 잘 측정할
수 있는 도구는 학생의 작품입니다. ㉧ 학습은 교실 내부에서만

이루어지는 것이 아니라 운동장과 지역 사회 등 모든 접근 가능한 곳에서 이루어지는 것입니다.

이상에서 제시한 관점이 바로 과거에 비해 열린 생각입니다. 이 관점은 결정적이라기보다 과정적입니다. 요즈음 이야기하고 있는 수행 평가, 토론식 학습 방법, 그리고 입시에서 다양한 방법을 도입하는 것도 이와 맥락을 같이 합니다. 열린 교육의 특성을 간략하게 정리해보겠습니다.

(1) 교수 학습 활동에서 결과보다 과정을 중시한다.

(2) 학생은 학습활동을 선택할 권리가 있다.

(3) 지식이나 기술을 선택하며 통합적으로 배운다.

(4) 다양한 연령의 학생 사이에 서로 가르치고 배우게 한다.

(5) 교사는 개별 학생들의 행동에 반응한다.

이는 자율적 통제, 교사와 학생간의 원활한 의사소통과 상호 존중, 내적인 학습 동기를 유발시키는 환경 등의 내용을 담고 있습니다. 열린 교육은 단지 학습의 효과를 높이기 위해 연구되어온 협동 학습team-teaching, 개별학습, 완전학습, 행동 수정, 무학년제, 컴퓨터 교육, 시청각 자료 등의 방법적 전환만을 의미하지 않습니다. 기존의 학교 교육에 대한 인식과 시각을 근본적으로 바꾸어 보자는 개혁의 의지가 담겨있습니다.

이런 시각은 학생을 학습의 객체에서 주체로 격상시킵니다. 교사는 가르치는 사람에서 조력자로 그 역할이 바뀝니다. 지식을 교과 내용에 한정하지 않고 학생이 가치를 발견할 수 있는 모든 것으로 확장합니다. 학습이 가능한 모든 곳이 학교가 됩니다.
박물관, 경찰서, 공원, 시장 등이 모두 학교가 되는 것이죠.
수업시간도 시간표에만 매이는 것이 아니라 학생이 학습에 소요하는
시간을 우선합니다. 이러한 정해진 규율을 학생이 자율적으로
통제합니다. 획일적이고 수직적인 구조를 다양한 수평적 구조로
개선합니다. 이것은 비인간적인 소외를 인간화하는 과정입니다.
시대가 변화하면서 더욱 다양한 형태의 열린 교육이 모색되고
있으며 점차 늘어나는 형국입니다.

대안교육

앞에서 소개한 열린 교육은 학교 교육의 모순을 내부적으로
수정해 가려는 운동이었습니다. 실제로 열린 학교, 열린 교실,
열린 수업 등의 명칭을 붙인 개혁적 운동이 전개되고 있습니다.
그러나 대안교육은 학교 교육에 대한 반성에서 더욱 근본적입니다.
대안교육은 교육 전반에 대한 성찰과 시도를 통해 교육의 변혁을
꾀하는 작업입니다. 그것은 교육 자체에 대한 우리의 낡은 생각을
바꾸고 새롭게 할 것을 요구합니다. 교육적 상상력을 키우고
열어야 한다는 것이죠. 그러면 우리는 먼저 기존 교육 자체에
대한 고정관념을 비판적으로 성찰해봐야 합니다. 그래야 다양한
대안alternative을 제시할 수 있습니다. 대안이라는 말은 기존의
교육을 단순히 대체한다는 의미가 아닙니다. 그것은 교육의 다양한

방법과 선택을 의미합니다. 기존 교육의 오류를 바로 잡을 수 있는 다양한 방법을 제시하고 적절하게 선택하며 실천하는 것, 그것이 바로 대안입니다.

우리나라는 해방 이후 졸속한 산업화·근대화 과정을 겪었습니다. 그 와중에 입시와 출세 위주의 교육이 절대화되었습니다. 그 주범이 공교육(학교 교육)이었죠. 그 교육의 피해자는 교사와 학생, 학부모만이 아니라 모든 사람들이 되었습니다. 대안교육운동은 이런 교육의 파행을 근본적으로 반성하면서 나타났습니다. 이 새로운 교육의 꿈은 교육의 본질인 사람다운 사람, 인간들이 숨 쉬는 사회를 이룩하고자 하는 이상향에 그 뿌리를 두고 있습니다. 사실 역사적으로 많은 사람들이 이런 교육을 꿈꿔왔습니다. 앞선 강의에서 소개했던 루소, 페스탈로치, 듀이 그리고 마르크스 같은 사회사상가들과 개혁가들이 이런 꿈을 꾸었습니다.

우리 교육은 병들어 있습니다. 그래서 바뀌어야 한다는 자성의 목소리가 많았던 것도 사실입니다. 실제로 논의도 많았고 제도도 여러 번 바뀌었습니다. 그러나 따지고 보면 그 논의는 입시 제도를 개선한 것에 불과합니다. 학력고사에서 수능시험으로, 논술시험을 보느냐 안 보느냐, 내신은 어떻게 반영할 것이냐. 그러나 이런 수단보다는 기존 교육의 가치관에 대한 진단이 필요합니다. 수단에 대한 고민만으로는 진정한 교육개혁을 이루어내기 어렵습니다.

우리는 교육이 비인간화하고 산업세계로 종속되는 장면을

목격해왔습니다. 그러다 어느 때부터 경쟁논리, 시장논리에
좌지우지되는 교육정책을 비판하기 시작했습니다. 교육이
시장논리에 따른다는 것은 가장 중요한 사회복지를 포기하는
것과 같기 때문입니다. 많은 이들이 경쟁보다는 개인적인 가치와
사회적인 가치가 고루 존중되는 공동체적 가치의 실현이 교육의
방향이어야 한다고 자각했습니다. 대안교육은 바로 이러한 자각에서
일어난 운동입니다. 교육 현장에서는 각자가 주체적으로 임하고,
전체적 맥락에서는 공동체적으로 함께 만들어 가는 것, 바로 이것이
대안교육이 기치로 내건 지속 가능한 가치입니다.

물론 대안교육을 한마디로 말하기 어렵습니다. 앞에서
이야기한 대로 대안이 다양한 것들 가운데 가장 적절한 것을
선택하는 것이기 때문입니다. 우리나라의 경우에도 정규학교의
형태로는 풀무농업고등기술학교, 영산성지고등학교 등이 있고,
계절 프로그램형으로 민들레 학교, 창조학교 등이 있으며, 방과
후 프로그램, 유아 교육프로그램, 현대식 서당 등 다양한 형태로
진행되고 있습니다. 이렇게 다양한 형태를 지니고 있지만 공통적인
양식은 있습니다.

첫째, 지속 가능한 가치를 지향합니다. 우리 인간의 삶이
어떻게 지속 가능한지의 핵심은 우리 사회가 직면한 위기, 나아가
지구 위기의 본질에 대해서 공감하는 것입니다. 생태계가 파괴되면
인류와 지구의 미래가 지속될 수 있을까요? 그래서 대안교육은
생명을 존중할 줄 아는 인간, 자연과 더불어 조화롭게 살아갈 수

있는 공동체적 인간, 자연 친화적인 삶을 영위할 줄 아는 인간을
양성하려고 합니다.

둘째, 지역사회에 뿌리 내린 '작은 학교'를 지향합니다.
큰 학교는 구체적인 교육 이념과 목표를 책임 있게 실현하기
어렵습니다. 통제와 간섭, 분분한 의견 때문에 일관된 교육 신념으로
학교를 운영하기 어렵기 때문입니다. 그런 면에서 작은 학교는
각자의 교육철학이나 이념을 가장 잘 펼칠 수 있는 효과적인
수단입니다. 자율, 창조, 도덕, 인내 등 수많은 교육 목표를 개인의
소질과 개성에 따라 다양하게 교육할 수 있습니다.

셋째, 교육 주체를 원상회복시키려 합니다. 교육의 주체는
국가, 교사, 학생, 학부모입니다. 그런데 공교육의 발달 과정에서
교사, 학생이 교육의 주체-객체로 남았고 학부모는 어디론가
사라져 버렸습니다. 사실 최초의 교사는 어머니였는데 말입니다.
더군다나 교사와 학생 두 교육 주체 간의 관계가 일방적인 관계로
뒤틀려지면서 대안교육은 교육 주체들 간의 관계 회복과 교육
주체의 원상회복을 그 출발점으로 삼았습니다.

대안교육은 교육 전반에 대한 근본적인 반성과 새로운 실천
위에서 진행되고 있습니다. 그리고 인간의 지속 가능한 삶을
위한 교육으로서 앞으로도 더욱 다양한 형태로 진행되어 가야 할
것입니다. 중요한 것은 학교 교육을 대체하거나 학교를 버리자는
것이어서는 안 됩니다. 오히려 학교 교육을 비롯해서 전반적인
교육의 오류를 수정할 수 있는 방법론을 제시할 수 있어야 합니다.

왜냐하면 학교 교육은 우리 모두가 걸쳐 있는 대중교육이기 때문이죠. 그리고 여전히 교육기회 균등을 실현하는 민주적인 교육의 장이기 때문입니다.

교육의 새로운 지평

사실, 근대 공교육은 교육 기회의 균등이라는 매우 소박한 차원의 교육 평등을 부르짖었다는 데 큰 의미가 있습니다. 모든 인간에 대한 교육 기회의 균등과 대중에 대한 보통교육이라는 인간 존중의 철학이 들어 있다고 볼 수 있습니다. 그러나 시간이 흐르면서 또 다른 교육 불평등이 발생했고, 인간의 차별을 재생산하는 체제로 바뀌고 말았습니다. 이는 자본주의의 속성을 교육에서 그대로 반영한 결과와 직결됩니다.

이런 모순을 학교 내부에서 고쳐보자는 시도가 열린 교육이었습니다. 열린 교육은 기존의 학교에서 이루어지던 교육 내용과 방법을 말 그대로 "열어 놓고" 해체시키는 작업을 하고 있습니다. 그것은 민주성과 개방성을 주축으로 교육의 주체인 교사와 학생을 바라보는 관점의 전환을 요구합니다. 그러므로 현장에서의 교육 개혁이 요구되었습니다. 수행평가, 협동 학습, 학생 주체의 활동 등 많은 교육 개혁들은 이러한 이념에 바탕하고 있습니다.

그리고 전반적인 교육의 모순을 다양한 차원의 방법론을

제시하며 실천하고 있는 것이 대안교육, 대안학교 운동입니다. 비인간화와 경제 · 경쟁논리로 찌든 교육으로는 인간이 지속적인 삶을 영위할 수 없습니다. 알다시피 교육은 인간의 자기 개발과 사회적 공동체 유지를 위한 필수적인 제도입니다. 인간의 바람직하고 지속적인 삶의 가능성을 다양한 곳에서 찾는 교육적 실천이 대안교육 운동입니다.

열린 교육과 대안교육은 기존 교육의 모순을 해결하려는 목적에서 맥락을 같이 합니다. 그러나 열린 교육이 학교 교육의 모순을 점진적으로 개선 · 보완해 가려는 시도라면, 대안교육은 교육의 근본적인 바탕을 바꾸려는 변혁의 성격이 짙습니다. 그리고 열린 교육이 학교 교육 내에서 변화를 시도한다면, 대안 교육은 학교 교육뿐만 아니라 전 영역에 걸쳐 다양한 시도를 하고 있습니다. 이런 교육은 완성된 기획이라기보다는 교육 모순을 향해 끊임없이 시도되는 유형의 운동입니다. 그것이 인간을 살리는 방향이라면 끊임없이 지속될 것입니다. 그리고 학교처럼 정형화되지도 않고, 말 그대로 열린 사고로 다양하게 선택적으로 진행될 것입니다. 중요한 것은 시대 조류에 맞는 인간화를 전제로 한다는 것이죠.

203

chapter 13

" 자유를 향한 몸부림;

마음껏 노닐고 싶다 **"**

인간은 누구나 제 맘껏 노닐고 싶어 합니다. 누구의 간섭도 받지
않고 행동하고 싶어 합니다. 내 마음대로 노닐고 싶은 인간의 욕망인
"자유"의 문제는 수많은 철학자들, 종교인들이 고심해왔습니다.
불교는 일찍이 '열반(涅槃: nirvāna)'이라는 경지를 최고의 목표로
정하고 일체의 고통으로부터 해탈할 수 있는 자유를 이야기했습니다.
모든 고통으로부터 해방된 자유롭고 행복한 삶, 온갖 굴레를 벗어난
열반의 상태야말로 진정한 자유라고 여겼던 것이죠.

여기서 문제는 우리의 마음입니다. 마음을 가리는 것,
우리를 괴롭히는 어떠한 것도 해소해 가야 합니다. 불교는 이
자발적 의지를 외부에 있는 것이 아니라 우리 각자의 마음속에
있다고 말합니다. 우리를 속박하는 것은 우리 내부에 깊이 자리한
집착입니다. 집착하면 티끌 하나 없는 깨끗하고 투명한 세계를 볼
수 없습니다. 자유는 그것으로부터의 끊임없는 탈주를 의미합니다.
그리하여 아무 것도 잡히지도 보이지도 느껴지지도 않는 공空,

혹은 무無의 세계에서 숨 쉽니다. 자유는 어떠한 분별이나 가림도 없는 일체무애一切無礙의 세상을 꿈꿉니다. 즉 불교에서 자유는 모든 대립과 분별이 소멸되어 그 어느 것에도 걸림이 없는 상태에 이르려는 것입니다.

저기 발길을 옮기는 수도승의 가뿐한 걸음걸이. 나는 발걸음을 옮기며 가지만 나를 잊은 채 어디론가 가는 걸음은 자유를 갈망합니다. 이것이 불교에서 추구하는 자유라는 수도의 길입니다.

이율배반의 자유

모든 인간 행위의 궁극에는 자유에의 갈망이 있습니다. 불교는 이런 관계의 그물을 '연기緣起'라고 표현했고, 임마누엘 칸트는 "자유는 공간과 시간의 모든 제약으로부터의 인과因果의 독립성이며, 따라서 물자체의 인과성"이라고 했습니다. 인과성, 그러니까 원인과 결과라는 것이 자유와 무슨 관계가 있는 것일까요? 칸트가 말하는 자유는 "이율배반antinomy"의 개념을 통해 이해할 수 있습니다. 간단히 말하면 "세계는 서로 대립하고 모순되는 두 개의 명제가 동등한 권리를 갖고 주장하고 있다."는 것이죠.

- 정립 : 자연법칙적 인과성 외에 자유에 의한 인과성이 있다.
- 반정립 : 자유란 없고 모든 것은 자연법칙에 의해서만 생긴다.

세상에서 일어나는 모든 일은 원인과 결과의 관계를
지닙니다. 불을 때면 연기가 나고, 누군가 머리를 쥐어박으면 아픈
것을 느낍니다. 간단히 말하면 이것이 자연법칙적 인과성입니다.
전투가 벌어졌다고 가정합시다. 전투는 생존의 문제에서 최후의
수단입니다. 자칫 잘못하다간 공멸할 수도 있고, 시간이 지나면서
전투 당사자 간에 화해를 할 수도 있습니다. 화평 교섭을 벌이려고
전투 당사자인 한 정치가가 나섰습니다. 그는 자신의 중재 노력으로
전투 상황을 변화시키려고 합니다. 자기 자신이 또한 그러한
변화의 원인이라는 역할을 담당하고 있습니다. 여기에서 정치가의
역할을 잘 봅시다. 정치가는 단지 전투에서 주체의 역할을 담당하고
있을 뿐만 아니라 변화 속에 존재하며 행위하는 힘으로서 실체의
역할까지 담당하고 있습니다.

　칸트가 말하는 자유에 의한 인과성은 내가 행위의
실천자이면서 동시에 그 행위 실천의 변화를 옮겨가는 원인
제공자라는 이 기묘한 사태 속에서 자유의 의미를 확장해 갑니다.
이는 이미 행위자가 자유로운 입장에서 원인의 역할을 담당하면서,
동시에 내가 행위자로서 자연의 세계로 옮겨가지 않으면 안 되는
것입니다. 쉽게 말하면 행위자 자신이 책임을 지고 모든 결과를
일으키는 것이죠. 바로 내 맘대로 하고 싶은 것과 그것에 대한
제약이 들락날락하는 순간을 맞게 됩니다.

　인간의 자유와 제약, 이제는 맘껏 노니는 것에 대한 구속이
문제가 됩니다. 인간 역사에서 이런 투쟁 과정의 정치적 산물이 바로

우리가 지금 맘껏(이 점에서는 분명 논란의 여지가 있습니다) 누리고 있는 민주주의입니다. 잘 알고 있듯이 민주주의의 두 기둥이 '자유'와 '평등'입니다. 인간 문명의 발달은 어떤 면에서는 맘껏 노닐고 싶은 자유의 구속을 가중시켜 왔다고 할 수 있습니다. 역설적으로는 원초적 억압으로부터 자유를 획득하려는 노력의 확대이기도 하죠. 좀 더 깊이 생각해보면 칸트의 이율배반처럼 자유는 이미 아름다운 구속을 잉태하며 인과성의 세계를 휘젓고 다니는 것이라고 할 수 있겠습니다.

남에게 해를 끼치지 않는 한
자유는 보장받아야 한다

이 이율배반과 모순의 현실에서 제일 먼저 떠오르는 사상가가 존 스튜어트 밀입니다. 『자유론』에서 피력하는 밀의 사상은 철저히 사회 현실을 반영하고 있습니다. 당시 영국은 산업혁명의 와중에 있었습니다. 노동자가 늘어나고, 민주주의의 기운이 뻗어가기 시작하던 시절입니다. 특권 계급의 지배에서 벗어나기 시작하자 출판의 자유, 노동조합에 대한 제한이 철회되고 선거법을 개혁하는 성과를 얻게 됩니다. 민주주의가 자라나기 시작한 것이죠. 비로소 국민이 지배하는 국민주권의 시대가 열리는 순간 억압과 강제가 드러나기 시작합니다. 자유가 확산되었는데도 여전히 억압과 강제는 살아 있습니다. 밀은 이 모순을 깊이 고민하고, 좀 더 맘껏 노닐 수 있는 자유를 위해 싸웠습니다. 그 결과물이 『자유론』입니다.

밀의 자유론은 불교나 칸트에 비해 더욱 구체적인 삶에 대한 싸움입니다. 사유(삶)의 원리를 넘어선 삶의 양식이라고 할 수 있습니다. 그래서 자신의 시대를 이렇게 진단했습니다. "오늘날의 자유는 예전 귀족과 같은 소수의 특권 계급과 민중 사이의 관계 문제가 아니라 다수자와 소수자 사이의 문제로 존재한다." 즉 다수자가 소수자에게 강제하는 압박을 거론하였던 것입니다. 따라서 그의 투쟁 대상은 명확해집니다. 다수자의 소수자에 대한 압제. 이것을 타파하는 것이죠. 이를 위해 그는 '사상의 자유', '양심의 자유', '감정의 자유', '생활 설계의 자유', '직업 선택의 자유', '단결의 자유'를 제안합니다. 또 '사상과 언론의 자유', '행복의 요소로서의 개성', '개인에 대한 사회적 권력의 한계'를 자세하게 논합니다.

나 자신의 책임 아래 행해지는 한, 어떤 누구의 방해도 받지 않고 내 의견을 행위로 실천할 수 있다. 다른 사람에게 피해가 되지 않는다면 다양하고 자유로운 활동은 보장받는다. 단순히 강제 없는 상태가 아니라 어떤 조건에서도(예를 들어 남에게 해를 끼치지 않는 한) 개성의 자유로운 발전은 제한 받지 않는다. 이런 밀의 논의는 지금 우리 의식 속에서는 이미 당연한 것으로 자리하고 있습니다. 왜냐하면 그의 자유주의는 완전한 사적 소유를 인정한 것으로 지금 우리를 지배하고 있는 자유민주주의와 자본주의 사상의 근간이기 때문입니다.

211

장자의 정신 경지

그런데 정말 밀이 말하는 자유가 진정한 자유일까요? 장자를 통해 자유를 다시 사유해보기로 하죠. 장자의 자유정신은 『장자』 전편에 흐르고 있는데, 특히 「소요유逍遙遊」 편에 강하게 드러납니다. 아무 거리낌과 걸림돌이 없는 드넓은 들판에서 맘껏 노니는 경지인 자유, 그런 자유가 가능한가? 장자는 말합니다.

"스스로 지닌 지식은 단 한 가지 일에만 효험이 있고, 행동거지는 오직 한 마을에 유용하고, 재주는 겨우 한 왕의 눈에만 들 정도이고, 소신은 단지 한 나라에만 쓸모가 있다. 이런 인물은 소견머리 또한 이와 같을 뿐이다.

송영자는 이런 부류의 인물에 대해 싱긋이 비웃었다. 그는 온 세상 사람들이 칭찬해도 더 애쓰는 일이 없고, 모두가 헐뜯어도 실망하지 않는다. 그는 안과 밖을 분명하게 구분하고 칭찬과 비난에 추호라도 흔들리지 않을 따름이다. 그는 세상일에 조금도 연연해하지 않는다. 하지만 그도 여전히 근본이 수립되지는 못했다.

그런데 열자는 가뿐하게 바람을 타고 다니다가 보름이 지난 뒤에야 되돌아온다. 그는 복을 구하는 일에 집착하지 않는다. 하지만 몸소 걸어 다니는 수고로움은 면했으나 여전히 바람에 의지하고 있다.

만일 천지의 근본을 타고 조화의 기운을 부려 끝없는 경계에서 노니는 사람이라면 무엇에 의지하려 하겠는가? 따라서 다음과 같이 말하려는 것이다.

'지극한 사람[至人]은 자기가 없고, 신령스러운 사람[神人]은 공을 세우지 않으며, 성스러운 사람[聖人]은 이름을 구하지 않는다.'"

이 논의는 간단치 않습니다. 무척 어려운 말입니다. 그러나 단순하게 해석하면 지인이나 신인이나 성인은 서로 비슷한데, 이들은 형상을 떠났고 상대의 세계를 초탈했으며 생사에 초연한 존재입니다. 세상의 온갖 변화 속에서 넓고 크게 스스로 있으면서 스스로 즐기고 바깥 사물에 얽매이지 않습니다. 홀로 유유히 즐기며 노니는 자유인이죠. 이것이 동양의 자유를 단적으로 보여주는 하나의 예라고 할 수 있습니다.

사실 장자는 워낙 많이 알고 지혜로웠던 사람입니다. 때문에 장자의 말은 바다와 같아서 끝이 없었다고 합니다. 어떤 일에도 걸림이 없이 자유분방하였지요. 이런 장자의 언행은 당시에 높은 벼슬을 하던 사람들에게는 매우 특이하게 여겨졌습니다. 그러니 당연히 대접받지 못했음에 분명합니다. 왜냐하면 높은 자리에 있는 사람들은 원래가 사람 부리기를 좋아하기 때문에 사람들이 자기 부하가 되어 자기 말을 잘 들어주기를 바라지요. 하지만 장자 같은 자유분방하고 솔직한 인물이 그에 고분고분할 리가 있었겠어요.

당시 초나라에 위왕이 있었습니다. 그는 장자가 어질고 훌륭하다는 말을 들었습니다. 이에 사신을 보내 많은 예물을 주고 장자를 초빙해서 재상으로 삼으려 했습니다. 그러자 장자는 껄껄 웃으며 초나라 사신에게, "천금은 엄청나게 큰돈이며 재상은 엄청나게 높은 자리라오. 당신은 하늘에 지내는 제사인 교제郊祭에서 제물로 쓰이는 소를 알고 있겠지요? 희생으로 쓰이는 소 말이오. 몇 년 동안 잘 길러 비단 옷을 입히고는 결국은 종묘로 끌고 가서 제물로 바치지요. 그때 그 소가 하찮은 돼지새끼처럼 자유롭게 살고 싶어 한들 무슨 소용이 있겠소. 때는 이미 늦은 것이오. 무슨 말인지 알겠소? 그대는 빨리 돌아가시오. 나를 욕되게 하지 마시오. 더럽혀질 판이었으면 내 차라리 진흙탕 속에서 헤엄이나 치면서 유유자적하지 않았겠소? 당신 왕에게 구속되어 살고 싶지는 않소이다. 평생토록 벼슬길에 나가지 않고 내 멋대로 즐기고 싶소이다."라고 하였습니다. 이로 보아 장자가 얼마나 자기 세계를 구축하고 자유정신을 구가하려고 했는지 짐작할 수 있습니다.

자유, 그 어려운 실천

아직 우리는 자유의 의미를 정의하지 못했습니다. 사전에서는 자유를 이렇게 풀어놓고 있습니다.

①개인의 의사 결정에 외부의 구속을 받지 않은 상태, ②국가의 권력과 아무런 관계가 없는 상태로 국가 권력의 개입을 배격하는 것, ③ 외적 규제가 포괄적으로 얽매거나 지배할 수 없는 것, ④ 사회주의적인

민주주의에 대하여 서구적인 민주주의의 처지에 서는 것, ⑤ 법률의
범위 내에서 자기가 뜻하는 바대로 행할 수 있는 행위, ⑥ 일정한 인과
계열에서 그 원인이 다른 인과 계열이나 조건에 의하여 방해됨이 없이
결과가 생기는 일, ⑦ 헤겔과 마르크스 등의 철학에서는 역사적 필연성의
충분한 인식 아래 행하여지는 행위.

사전 속의 풀이를 보면 우리는 다시 언어의 한계에
부딪힙니다. 우리는 그저 자유의 어슴푸레한 가닥을 잡은 듯합니다.
자유에 관한 견해는 두 개의 극단적인 대립이 있습니다. 먼저,
인간은 주위의 필연적인 법칙의 지배나 구속을 받지 않으면서
완전히 자유롭게 결정하고 행위할 수 있습니다. 반면 인간은 인과
필연의 연쇄에 의해 완전히 규정당해 자유가 없습니다.

문제는 이 둘의 관계가 양극단으로 배치될 때 생깁니다.
불교의 연기 해탈, 칸트의 이율배반과 자유의 인과성, 밀의
사회사상에서 자유론, 장자 소요유의 광대 자재, 심지어는
국어사전의 정의에도 극단을 이야기한 것은 없습니다. 다양한
관점과 이해의 바다가 있을 뿐입니다. 바다는 모든 물이 모이는
곳입니다. 자유의 의미에 대해 어떤 유연성이 필요할까요?
자유와 필연은 변증법적 상호관련을 이루고 있습니다.
스피노자와 헤겔은 "자유는 필연성의 인식에 기초하여 성립하고
이 인식에 의해 필연은 자유에로 지양된다"고 보았습니다. 이러한
상호작용의 동력을 최대로 확대시킨 것이 자유 아닐까요? 잠시

자유의 의미를 탐구하는 것을 유보해봅시다. 대신 그 반대편에 있던 언어들을 다시 생각해봅시다.

구속, 억압, 제한, 규제, 방해, 지배 …….

chapter 14

" 평등은
존재하는가 "

사람은 누구나 평등한가요? 그리고 진정 평등해질 수 있을까요?
평등은 같은 것이 아닙니다. 그것으로 설명하기에는 너무나 많은
제약과 한계가 따릅니다. 사전에서는 "권리, 의무, 자격 등이
차별 없이 고르며 한결 같음. 인간의 정치적, 경제적, 사회적인
모든 종류의 차별 대우에 반대하는, 그리스 스토아학파에서
기원함"이라고 설명합니다.

219

　　여기에서 주요한 포인트는 '고르고 한결 같다'와 '차별이
없다'는 것이죠. 우리는 이를 좀 더 명확히 하기 위해 어떤 관점에서
평등을 논하고 있는지 신중히 생각해 보아야 합니다. '평등'이란 말이
17~18세기 서구의 인권사상에서 나와 중요한 정치적 개념이 된 것은
프랑스혁명에서입니다. 자유, 평등, 박애를 내걸면서 이것이 정치,
경제의 모든 생활의 규범으로서 힘을 발휘하게 된 것이죠. 이로부터
사회 여러 분야에서 평등의 문제가 논의되었다고 보아도 과언이
아닙니다.

근본적으로 문제를 풀어가기 위해 그 이전의 시기로 돌아가 봅시다. 서구에서 평등사상은 플라톤과 아리스토텔레스 이후 헬레니즘 시대에 나타납니다. 『국어사전』에서도 언급한 것처럼, "범신론적 유물론에서 출발하여 우주는 하나이고 이성적인 물체이기 때문에 숙명적인 질서를 가진 세계에 대한 계획이 존재하며 세계는 신적神的"이라고 주장하는 스토아학파에서 비롯됩니다. 세계는 하나이므로 여기에서는 유일한 세계 국가, 유일한 세계 국민을 생각할 수 있을 뿐이라는 세계주의, 인간은 모두 유일 세계의 성원이고 평등하다는 사고가 싹트면서 '평등'의 개념이 출현하게 된 것입니다. 이때만 해도 인간은 어떤 관점과 조건하에서 평등한지 분명하지 않았죠.

그런데 이 스토아학파의 사고가 기독교와 밀접한 관계를 맺게 됩니다. 엄격한 금욕주의적 윤리를 예찬하고, 외적인 재화를 경시하며, 세계의 생성과 변화는 '아버지'라고 불리는 지고한 존재 속에 체현되어 있는 것으로 보았습니다. 더 나아가서 그것은 뭇 인간 사이에서 일체의 민족적 내지 계급적 한계를 초월한 보편적 사랑이 행해져야만 한다고 주장하죠.

기독교는 인간을 '하나님의 피조물'로 이해합니다. 인간의 생명은 동물이나 신의 존재로부터 발전되거나 변형된 것이 아니라 하나님께서 지으신 피조물에 불과하다는 것이죠. 인간 생명의 기원이 인격적인 하나님에게 있느냐 아니면 진화론이 주장하는 바와 같이 동물에 있느냐는 간단한 문제가 아닙니다. 기독교는 인간 생명을 동물의 후손이 아니라 하나님으로부터 오는 것으로 봅니다. 여기에 인간 생명에 고귀함을 불어 넣었습니다. 인간의 주인은 궁극적으로 하나님이 되는 것이죠. 물론 하나님 중심주의가 인간의 지위를 약화시키는 것은 아닙니다. 오히려 하나님에 속한 존재이지만 이 세계와의 관계에서는 하나님이 지으신 세계를 다스려야하는 통치자이자 하나님의 대리자가 됩니다. 중요한 것은 하나님 안에서 '모든 인간은 평등하다'는 점입니다. 하나님의 피조물로서, 세계의 통치자로서, 원죄적 인간으로서, 하나님의 사랑의 대상으로서 인간은 누구나 평등합니다. 모든 인간에 대한 보편적 사랑은 바로 무한 평등의 길을 열어 놓았습니다.

이런 사고는 불교에서도 비슷하게 드러납니다. 불타佛陀는 모든 생명을 가진 것(중생: 衆生)들 전체의 평등을 주장했습니다. 금수나 물고기, 나무나 풀, 돌멩이까지도 다 존재의 이유가 있고 나름의 생명력 속에서 다른 것으로 변해가는 것입니다. 이 중생을 인간으로 바꾸면 "모든 인간은 평등하다"는 등식이 성립합니다.

인간이 어떤 점에서 평등할까요? 이 세상 모든 것에는 괴로움이 있습니다. 누구에게나 동일하게 주어진 것이죠. 그 괴로움에서 벗어나기 위해 추구하려는 마음 또한 같습니다. 그렇게 하면 누구나 부처가 될 수 있습니다. 그런 평등한 사고 위에서 제각기 열반에 이르는 길을 찾아갈 뿐인 것이죠.

221

민주주의와 평등

이제 평등의 개념에서 벗어나 우리 생활 속에서 평등을
생각해보기로 합시다. 평등이 주요한 사회적 문제로 부각된 것은
근대 민주주의 발달 과정에서 자유와 더불어 논의되면서부터입니다.
철학사전에서는 평등의 의미를 대체로 다음과 같이 풀이합니다.

신분 · 재산 · 성별 · 어른과 아이 사이에도 불구하고 인간과
인간 사이에는 가치의 차이가 없다는 것. 플라톤 · 아리스토텔레스의
사상에는 근본적으로 이를 인정하지 않는 듯하지만, 스토아학파에는
이 사상이 있었다. 기독교는 인간 하나 하나가 신과 비슷한 모습으로
만들어져 본질적으로 인격의 평등사상이 있었다. 그러나 인격의 평등은
구체적으로 생활하는 인간의 평등을 의미하지는 않는다. 이는 루소의
개인주의 사상에서의 자유와 더불어 주장된 것이다. 프랑스혁명의 구호는
자유 · 평등 · 박애였고 공리주의자 벤담도 1인은 1인으로 계산되어야
하며 아무도 2인 이상으로 계산되어서는 안 된다고 하였다. 근대
민주주의의 정치이념은 평등사상에 기초를 두고 있다. 정치상의 형식적
평등은 경제적 평등의 뒷받침이 없으면 실질적으로 불평등이 생기는
문제가 있고 인간 평등관의 근저에 있어서도 인격의 평등은 별문제가
없다 하더라도 구체적인 인간은 개성의 차이나 재능의 차이 또는 사회적
기능의 차이를 가지고 있는 데에 합리주의적인 평등사상에 내포된
문제점이 있는 것이다.

근대는 중세 기독교의 하나님 중심 사회를 인간의 이성 중심 사회로 전환하였습니다. 이 과정에서 인간은 자기 존재를 확인해나갔을 뿐만 아니라 모순된 사회 현실을 구체적으로 바로잡아가려고 노력했습니다. 인간이란 무엇인가? 어떻게 자기 존재와 모순, 이상을 실현해 나갈 수 있는가?

그 중에서 루소는 인간과 사회에 대한 중요한 물음을 던집니다. 그의 『인간 불평등의 기원』과 『사회계약론』에는 인간 사회가 어떻게 조직되고 나아가야 할 것인지에 대한 고민이 담겨 있습니다. 먼저 루소는 사회의 발전 상태를 검토하는 과정에서 인간 불평등이 생기는 이유들을 구명합니다. "인간은 자연 상태에서 변변치 못한 오두막집에 만족하며 자유로이 건강하고 행복하게 살고 있었지만 '야금(철)'과 '농업' 등 발달한 문명에 의해 사유재산 확보, 토지 취득의 증대와 함께 불평등이 생겼다. 소득의 불평등이 한쪽에서는 '허영'에서 비롯한 '사치'를 만들고 다른 측면에서는 '빈궁'을 만든 결과 부자와 가난한 자가 출현하고 이어서 강자와 약자, 나아가서는 주인과 노예가 생겼다."

루소는 자연인으로서의 개인이 '착한 성품'을 가지고 있다고 믿었습니다. 이를 기초로 루소는 '일반의지'라는 개념을 주창합니다. "정치체政治體는 하나의 도덕적 존재이며 하나의 의지를 가진다. 이것이 일반의지이며 그것은 항상 전체와 각 부분의 모든 것의 유지와 복지를 지향하고 모든 법률의 원천이며, 국가의 전체 구성원에 대하여 구성원 상호간, 국가 대 구성원 간의 관계에서 바르고 그름의 기준을 보여준다. 따라서 일반의지는 전체의지와는 다르다." 전체의지는 개인의 사사로운 이익에서 출발한 특수의지의 종합이지만 일반의지는 공동의 이익만을 생각하는 개개인의 의지입니다. 여기에서 루소는 일반의지를 "국가의지"라고 하여 주권을 "개개인의 집합체"인 국가에 부여함으로써 비로소 법이 성립하지만, 개개인은 모두 자유롭고 평등하다고 말합니다. 개인은 내면에 있는 각각의 "일반 의지"에 복종하기 때문에 자유롭고, 개개인은 사사로운 이익(특수의지)을 모두 '일반의지'로 수렴하기 때문에 평등하다는 것이죠. 이런 철학적 토대가 근대 민주주의 혁명의 서막을 올린 프랑스혁명의 이론적 무기가 되었습니다. 그리고 우리가 생각하는 자유민주주의의 두 가지 원리인 자유와 평등의 기초가 된 것입니다.

그러나 시장경제를 축으로 하는 자본주의 발전은 여러 가지 모순을 낳았습니다. 그러면서 평등의 개념도 다양하게 인식되기 시작했습니다. 아직도 그 개념은 정립중이라고 말할 수 있습니다. 우리는 여전히 아래와 같은 질문을 던지고 있습니다.

평등의 이념을 어떻게 정당화할 수 있는가? 포이어바흐(Ludwig Andreas Feuerbach, 1804~1872), 마르크스, 사회심리학에서 얘기하는 동물과는 다른 "유적 존재"인 인간만이 공통점에 있어서 평등하다는 주장은 근거가 있는가? 평등은 자질과 대우의 문제, 보상체계와 어느 정도 관련을 갖고 있는가?

그 외에도 경제학에서 말하는 "경제행위 과정에 나타나는

평등"의 문제, 프리드먼(Milton Friedman, 1912~2006)이 말하는 "선택의
자유"를 평등의 개념으로 보는 경우, 경제행위 제반 영역에서
"노동과 자본을 평등하게 나누어 주는 것", "질적 평등과 양적
평등"의 문제 등등.

관계 속에서의 평등

모두 인간의 행위와 실천을 기준으로 평등의 개념을 정의하고
있지만 어느 것도 완벽한 결론에는 이르지 못합니다. 사람은 대체로
성질과 자질에 차이가 있으며 그에 따른 업적도 차이가 납니다.
하지만 그것은 도토리 키 재기에 지나지 않습니다. 그러므로 사람은
본질적으로 비슷하다고 말할 수 있습니다. 따라서 사람은 평등하게
대우를 받아야 합니다. 이것이 평등사상의 기본인 것 같습니다.

어떤 형태로건 인간의 삶은 현실적입니다. 그것을 떠나면
하나의 허상이고 관념일 뿐입니다. 여기에서 기존의 평등에 대한
사고에 엄청난 영향을 끼친 마르크스의 생각을 짚어볼 필요가
있습니다. 그는 "능력에 따라 일하고 필요에 따라 받는다"는
평등사회의 기본 원칙을 제시합니다. 하이에크는 자본주의 아래에서
이루어지는 부의 축적의 근원으로 세 가지를 지적합니다. 첫 번째는
'능력'이고, 두 번째는 '상속'이고, 세 번째는 '행운'이죠. 마르크스의
경우, 첫 번째는 평등이나 공정성의 개념을 사용할 수 있겠지만
두 번째와 세 번째는 문제가 될 수 있습니다. 그래서 "사적 소유의

225

폐지"라는 혁명사상을 주창했던 것입니다.

하지만 평등의 개념을 이해할 때 "절대 평등"이나 "과대 평등",
"기계적 평등" 같은 닫힌 사고를 경계해야 할 필요가 있습니다.
유학의 초기 집대성자인 공자는 "인"(열린 마음, 포용력, 사랑)을
주창했습니다. "인"은 여러 가지 개념으로 이해됩니다. 한자의
모양으로 보면 두 사람(人+二)사이의 인간관계와 연관된 개념입니다.
"사람을 사랑하는 것", "자기를 수양하고 남을 안락하게 해주는 것",
"남이 자기에게 베풀기를 원하지 않는 것을 또한 내가 남에게 베풀지
말라." 인의 실천 덕목은 이외에도 많습니다. 공자는 이 "인"을
당시에 서로 적대하고, 사리를 추구하며, 사회 질서를 파괴하는
귀족이나 지식인들을 향하여 주창했습니다. 공자는 이들의 불평등한
행위에 저항한 것입니다. 이런 면에서 공자도 평등을 지향하고
있었다고 볼 수 있습니다.

『중용』에 과불급過不及이란 말이 나옵니다. "지나치거나 미치지
않음"을 극복하여 때에 따라 잘 조절하는 것을 말합니다. 이런
행위는 성인군자도 하기 힘든 행위라고 했습니다. 어렴풋하지만
평등은 "누구나 골고루 같게" 무언가를 행하는 것으로 생각됩니다.
하지만 어떤 조건에서 무엇을 고르게 해야 할까요? 『중용』의
언표처럼 역동적으로 움직이면서 균형을 추구하며, 끊임없이 상황에
맞는 적절함을 찾아가는 것이 평등은 아닐까요?

평등의 개념에 대해 결론을 내리지는 못했지만 소개한 개념을
모두 떠올리며 생각해봅시다. 인간이 무리지어 살기 시작한 이후에

진정 평등은 있었을까? 인간은 정말 본질적으로 평등할 수 있을까?
수많은 조건과 범주들을 나열하면 인간이 평등할 수 있는 가능성을
점검할 수는 있을 것입니다. 경제적 평등, 법 앞에서의 평등, 기회의
평등, 남녀평등…….

심사숙고의 끝에서, 인간은 끊임없이 완전한 평등을 향해
진보하고 있다고, 그 윤리적 차원과 당위적 차원을 고민하는 것이 참
평등을 지향하는 자세는 아닐까요?

chapter 15

" 정의란

무엇인가 "

인간은 대체로 올바르게 살려고 노력합니다. 인간은 사회 속에 살면서 내면에서 호소하는 양심에 소리에 귀를 기울입니다. 그러나 인간이 살아가는 사회는 항상 이 올바름을 지향하는 인간을 위협해 왔습니다. 끊임없이 비인간적인 처신을 강요하면서 다시 올바르기를 하나의 도덕 윤리로 강요해 왔던 것이죠. 이 "올바름"을 일깨워주는 사상 중 하나를 "정의(正義: justice)"라고 할 수 있습니다. 그런데 동양과 서양의 정의관 인식에서 차이를 보여 줍니다. 대체로 서양이 개인의 자유와 권리를 보장하려는 데서 출발했다면 동양은 나와 남과의 관계를 발전시켜 사회의 안녕과 질서를 유지할 수 있는 기본 규범에서 출발했습니다. 역사적으로도 각기 다른 변천 과정을 겪어왔습니다. 그 과정을 따라가 봅시다.

도가 ; 자연스러움의 정의관

정의의 문제는 동양에서도 각 유파별로 다양한 의미를 지닙니다.
도가는 주로 노자와 장자의 사상체계를 이어받은 일군의
사상가들입니다. 이들은 인간이 자연스럽고 소박한 삶을 살기를
바랐습니다. 인간이 본래 모습 그대로이기를 희망했고, 인위적인
모든 제약을 제거해야 한다고 보았죠. 정의에 대한 그들의 사고를
아래의 글이 보여줍니다.

"성스러움을 끊어버리고 슬기로움을 버려라! 뭇 사람의
이로움이 백배로 더할 것이다. 어짐을 끊어 버리고 옳음을 버려라!
뭇 사람이 다시 효성스럽고 자애로울 것이다. 교사스러움을 끊고
이로움을 버려라! 도적이 없어질 것이다."

이들이 찾는 이상사회의 길은 대부분의 인간들이 추구하는
"성스러움과 슬기로움", "어짊과 옳음", "교사스러움과 이로움"의
건너편에 있습니다. 오히려 이를 끊고 무위자연無爲自然의 태도로
나아갈 것을 소망합니다. 이들은 인간이 추구하는 인위적인
"옳음"까지도 끊어버리라고 권고합니다. 옳음, 즉 정의를
끊어버리라니요? 그러면 도가에게서 정의로움을 어디서 찾을 수
있을까요? 이는 그들의 역설적인 논리에서 재해석해야 합니다. 바로
"무위無爲의 정의"가 그것입니다. 다시 말해 인위적으로 추구하지
않고도 자연스럽게 이루어지는 정의를 말하는 것입니다. 그런데
인간의 세계에서 이런 정의로움이 정말 가능할지는 의문입니다.

중요한 것은 이들이 인위의 정의 형식을 배격하면서 자연스러운
정의를 도출하고자 했다는 데 있습니다.

유가 ; 인륜의 정의관

유가는 공자에서 비롯하여 맹자와 순자, 주자를 거쳐 이어 내려온
사상 체계입니다. 이들은 인의예지仁義禮智와 오륜五倫 사상 등
"인간관계를 어떻게 설정하고 조화롭게 이끌어 가느냐"에 큰 관심을
두었습니다. 이 과정에서 인간 사이의 "올바른 도리"인 "정의"의
문제가 핵심적인 위치를 차지합니다. 주요 사상가들의 정의관을
간략하게 정리해보겠습니다.

① 공자

공자의 정의관은 그의 '정명正名'의식에서 엿볼 수 있습니다.
공자는 중국 역사에서 춘추라는 극심한 혼란의 시기를 살았습니다.
공자가 보기에 혼란은 자신의 신분이나 인격에 걸맞는 행위를
하지 않았기 때문에 일어난 것입니다. 공자는 형식과 내용이 서로
올바르게 부합하는 정의로운 사회 질서를 추구했습니다. 이에 "그
이름에 걸맞아야 한다"는 정명사상을 주장했던 것입니다. 정명은
쉽게 말하면 "명분을 바로 잡는 것"입니다.

공자의 제자인 자로가 위나라 왕이 공자에게 정치를 부탁하면
먼저 무엇을 하겠냐고 물었습니다. 공자는 이렇게 대답했습니다.

"명분이 바로 서지 않으면 말이 순조롭게 전달되지 못하고, 말이 순조롭게 전달되지 못하면 모든 일이 성취되지 못하고, 모든 일이 성취되지 못하면 예악禮樂(사회 질서를 유지하는 기능)이 흥성하지 못하고, 예악이 흥성하지 못하면 형벌이 공평하게 시행되지 못하고, 형벌이 적중하지 못하면 백성들이 처신할 바를 모르게 된다."

공자는 여기서 근본적으로 사회질서의 확립을 문제로 삼고 있습니다. 사회질서의 확립을 위해 모든 이름들은 그 이름에 고유한 내용, 그 이름에 본래적으로 부여되어 있는 요청들과 일치해야 한다고 생각했던 것입니다. 학생은 학생의 본분과 역할을 해야 하고, 부모는 부모의 역할과 의무를, 대통령은 대통령의 역할과 책임을 다해야 하는 것이죠. 공자는 개인의 위치에 따라 맡겨진 일을 충실히 해야 조화로운 사회가 된다고 보았습니다. 이것이 공자가 정명을 통해 추구한 정의관입니다. 물론 이것은 공자의 사상에서 핵심인 '인仁과 의, 예' 등과 철저히 결부되어 드러납니다. 풀어서 설명하자면 공자는 의義를 '마땅함', '공정함', '정당함' 등으로 해석하여 '책임'으로 확장하고 있는 것입니다.

② 맹자

맹자는 그가 주장했던 성선설에 기반하여 정의의 문제에 있어서도 "착한 기질"을 이야기합니다. 성선설은 "인간의 성품 자체가 착하다"는 뜻이 아닙니다. 그것은 "인간의 품성 가운데 착한 요소가 있고 이것은 인간의 노력에 의해 확충될 수 있다"는 의미로

이해해야 합니다. 동물과는 다르게 인간에게는 인의예지라는
특성이 있습니다. 그 인의예지는 자기 노력에 의해서 완성될 수 있는
것이지요. 정의 또한 이런 인간의 품성이 확충되어야만 완성될 수
있습니다.

맹자가 말하는 정의는 "옳고 그름(시비:是非)"을 분별할 줄 아는
데로 나아갑니다. 그것은 공자가 말한 대로 직분에 따라 다르게
나타납니다. 이에 대해 맹자는 다음과 같이 말합니다.

"세상을 다스리는 것만 유독 농사를 지으면서 할 수 있는
것인가? 대인의 일이 있고 소인의 일이 있다. 또 한 사람의 몸 안에
기능공을 할 능력이 갖추어져 있다. 만일 반드시 자기가 일을 한
뒤에 그것을 사용해야 한다면 이것은 세상 사람들을 다 거느리고
길거리에 내다 놓는 것이다. 그러므로 어떤 사람은 마음을 쓰고,
어떤 사람은 힘을 쓴다. 마음을 쓰는 자는 남을 다스리고, 힘을
쓰는 자는 남에게 다스려 진다. 남에게 다스려지는 자는 남을
먹이고, 남을 다스리는 자는 남에게 얻어먹는 것이 세상에 통용되는
정의이다."

공자와 마찬가지로 맹자도 대인과 소인의 할 일을 구분하고
있습니다. 개인마다 각자 할 일을 나누어 맡은 임무를 충실히
수행하는 분업이 필요하다고 본 것이죠. 힘을 쓰며 직접 생산하는
사람은 다스리는 자를 먹여 살립니다. 정치가는 노동자들이 좀 더
적극적으로 생산하며 잘 살 수 있도록 적절한 정치를 펼칩니다.
이는 역할 분담인 동시에 각계각층의 사회적 역할의 조화를 강조한

것입니다.

정리해볼까요. 맹자가 말하는 정의는 인간의 착할 가능성을 모든 이가 골고루 확충시키면서 올바른 길로 가기를 희구하는 도덕적 행위입니다. 그리고 그 주체가 주관적인 자아입니다. 맹자는 정의란 "사람들이 마음 놓고 다닐 수 있는 길"이라고 했습니다.

③ 주자

비록 천여 년의 시대적인 간격이 있지만 주자는 공자와 맹자의 정신을 이은 대사상가입니다. 그의 사상을 주자학 또는 성리학이라고 하죠. 다음 글에서 공맹사상을 이은 그의 정의에 대한 태도가 명확히 드러납니다.

"모든 사물은 이치를 가지고 있는데 이치는 사물의 틈새를 벗어날 수 없다. 이런 사물을 처리할 때는 '정의'롭게 해야 하는데 정의란 '마땅함'이다. 일의 옳고 그름을 판단하여 이를 처리할 때 마땅함을 얻는 것이 좋다."

주자는 모든 사물에 내재되어 있는 천리天理가 각 사물에 적용된 것을 조리條理라고 보았습니다. 그리고 조리는 사물을 처리할 때 정의로 드러납니다. 주목할 것은 주자는 인간이 누구나 선천적으로 정의라는 요소, 정의심을 가지고 있다고 보았다는 것입니다. 문제는 일상생활에서 이 정의심을 어떻게 펼쳐내느냐가 관건인 것이죠. 이를 위해 주자는 "조심하고 노력하라"고 강조합니다. 이것이 그 유명한 '격물치지格物致知(사물에 나아가서 그 이치를 깨닫는다)'의 공부법입니다. 주자는 격물치지하여 사람 사이의 관계를 조화롭게 한다면 정의로운 사회를 이룰 수 있다고 생각한 것입니다.

공자, 맹자와 같이 주자는 개인의 도덕성에 기초하여 정의를 말하고 있는 것입니다.

"자식들을 잘 가르치고 아랫사람을 잘 계도하며 공과 사를 엄격히 구분하여 제대로 시행하고, 남의 어려운 일을 잘 구해주어 다른 사람을 인도해서 어질게 하며, 다른 사람의 과실을 잘 규제하고, 다른 사람을 도와줄 일이 있으면 논의하여 좋게 하며, 일의 옳고 그름을 제대로 판단하여 이로운 일이라면 일으키고 해로운 일이라면 없게 한다."

237

불교의 정의관

불교는 세속적 사회를 떠나 올바른 깨달음을 목표로 합니다. 이를 위해 승가 사회의 계율을 지키고, '육바라밀'과 '팔정도' 윤리를 바탕으로 깨달음의 길을 갑니다. 그래서 여러분이 예상하다시피 불교에서는 세속의 정의관과는 다른 성격을 지니고 있습니다. 유가에서의 정의는 현세를 중시해 인간의 조화로운 삶을 추구하기 위한 한 방법이지만 불교에서는 올바른 깨달음을 얻기 위한 방편으로 이해해야 합니다.

대승불교에는 보살이 열반에 이르기 위한 여섯 가지 실천

덕목이 있습니다. 첫째, 일체 중생의 행복과 이익을 위하여
물질적·정신적·종교적 지혜를 주는 보살 행위의 첫째가는 실천
덕목으로서 보시布施. 둘째, 승가 생활과 이상적인 사회가 구축되기
위해서 지켜야 할 도덕적인 계율인 지계持戒. 셋째, 용기로서 온갖
어려움을 극복하는 인욕忍辱. 넷째, 기개로서 정진하는 수행 덕목인
정진精進. 다섯째, 명상을 통하여 마음의 평정을 찾아 헤아릴 수
없는 깨달음의 진리와 하나가 되는 선정禪定. 여섯째, 상대적인
세계를 초월하여 무한한 법열의 세계와 합일되는 근원적인
직관지인 지혜智慧가 그것입니다. 이 여섯 가지가 선하고 바른 것, 즉
"정의"라고 할 수 있습니다.

또 다른 윤리가 팔정도입니다. 올바르게 인식하고(정견正見),
올바르게 사고하고(정사유正思惟), 올바른 말을 쓰고(정어正語), 올바른
행위를 하고(정업正業), 올바른 생활법을 지키고(정명正命), 올바르게
노력하고(정정진正精進), 올바르게 염원하며(정념正念), 올바른
명상(정정正定)을 하는 것입니다. 이로써 모든 물질 향락주의와
고행주의의 양 극단을 버리고 중도를 취하여 깨달음을 얻는
것입니다.

불교에서의 정의는 이런 육바라밀과 팔정도의 과정을 통해
바른 깨달음으로 나아가는 데 있습니다. 다시 말하면 올바른
깨달음을 얻는 것 자체가 정의의 완성이라고 할 수 있겠죠.

플라톤과 아리스토텔레스 ;
덕의 실천과 만인이 바라는 선

인간의 품성, 도덕성, 깨달음 등을 통해서 정의를 말하고 있는
동양의 정신을 간단히 훑어보았습니다. 서양에는 고대에서 근대에
이르기까지 자유를 논한 철학자들이 수없이 많습니다. 서양에서의
정의 문제는 주로 인간의 자유와 권리, 국가, 사회의 윤리를
언급하면서 드러납니다. 먼저 고대 자연주의 철학자들이 있습니다.

고대 자연주의 철학자들은 자연의 질서 원리를 깨달아
인간 생활에 적용하려고 했다는 특징이 있습니다. 이들은 자연의
질서를 통한 우주적 정의를 내리려고 했던 것이죠. 이들이 부른
정의는 인간 생활을 지도하는 '불변不變'이라는 자연의 원리입니다.
아낙시만더(Anaximander)는 한 요소의 다른 요소에 대한 간섭을
'부정의(不正義)'라고 했으며, 피타고라스(Pythagoras, B.C. 582?~B.C.
497?)는 한 요소와 다른 요소 사이의 대립된 혼합 사이에서
공명정대한 중용을 발견합니다.

그러다 플라톤에 이르면 정의의 원리는 훨씬 정교해지기
시작합니다. 플라톤은 서양 철학의 아버지라고 할 만합니다.
20세기까지의 서양 철학은 플라톤의 주석에 불과하다고 할
정도였으니까요. 그만큼 그는 다방면에 걸쳐 근대까지 철학적
단서를 제공하고 있습니다. 정의의 문제도 플라톤에 이르러 질적

239

비약을 이루게 됩니다. 그는 "국가의 목적이 여러 요소들 간의 조화를 이루도록 하는 조정 역할"에 있다고 말합니다. 이것은 지금까지 많은 철학자들이 인식하지 못했던 영역이었습니다. 플라톤은 개인을 고립된 개체로 보지 않고 질서의 한 부분으로 보았습니다. 그는 이렇게 말합니다.

"각자는 자기 나라에 관계되는 일 중에서 자기 소질에 가장 적합한 한 가지 일에만 종사해야 한다."

즉 그의 유명한 4가지 덕목인 지혜, 용기, 절제, 정의의 문제가 설정되는 것이죠. 통치 계층은 지혜의 덕, 방위 계층은 용기의 덕, 생산 계층은 절제의 덕을 발휘해야하고 이것을 실현하는 가운데 정의가 존립하는 것입니다.

정리해서 말하자면 모든 힘과 기능들이 주어진 본분을 다 지키고 질서와 조화를 가질 수 있도록 지혜, 용기, 절제의 덕을 통일하면 정의가 실현되는 것입니다. 이는 개인적인 덕과 사회적인 삶을 조화롭게 조직하려는 노력입니다. 이 과정에서 정의는 "보편적 덕"이 됩니다. 정의는 전체의 부분들에게 고유한 역할을 부여하는 것이죠. 이것은 공자의 정명론, 맹자의 분업론과도 일맥상통하는 부분이라고 할 수 있습니다.

아리스토텔레스는 윤리학이 다루는 것이 만인이 바라는 선이라고 말합니다. 선은 인간의 덕인데, 그 중에서 가장 완전하고 최고의 덕이 바로 정의라고 말하고 있습니다. 그의 이야기를 이어서 들어보지요.

"정의는 '동등한 것'이라고 생각한다. 그러나 동등한 것이라고
모든 사람을 향한 것이 아니고 또 불평등한 것도 정의라고 생각한다.
그렇다고 불평등한 것이 모든 사람을 향한 것도 아니다 ……정의는
한 정치적 공동체를 위해 행복을 창출하거나 보존하려는 행위를
하려는 경향이다."

이 인용에서 아리스토텔레스가 말하고자 하는 것은 정의가
공동체를 위해 어떤 "경향"을 취하느냐입니다. 그것이 국가의
공익을 대상으로 하느냐, 개인의 복지를 대상을 하느냐의 문제가
있습니다. 또한 개인의 복지를 대상으로 할 경우에도 개인들 사이의
타협에 관계되며 평등의 원리에 부합하느냐의 문제가 생깁니다.
개인의 공헌에 따라 이익을 분배하는 비례 배분의 원리를 적용하는
것도 문제입니다. 서양에서는 지금도 이 정의론이 끊임없이
논의되고 있습니다. '평등'과 '공정'이라는 이중적 원리에서 정의를
어떻게 볼 것인가는 상당히 어려운 문제입니다. 결국 정의는 그
안에서 "권리의 규범"이 되고, 결국 평등의 원리에 기초를 둔
공정성의 수립으로 나타나야 하는 것이라고 말할 수 있습니다.

241

기독교의 정의관 ;
사랑을 전제로 한 자기 존재의 실현

기독교는 하나님을 유일신으로 믿는 종교입니다. 기독교는
성서의 계시로부터 정의의 이념을 도출합니다. 창세기에 기록한

인간을 "자기의 형상대로 창조"하였다고 기록한 데서 그것을 알
수 있습니다. 그런데 신약의 정의관은 구약과는 약간의 차이를
보여주고 있습니다. 구약에서의 정의는 응보적입니다. 정의의
신인 여호와는 인간이 법을 따르지 않을 때 가혹한 벌을 내립니다.
여호와의 명령을 들으면 복되고, 다른 신을 좇으면 저주를
받는다고 합니다. 여호와의 뜻을 거역하는 것이 가장 불의한
것이고 신의 복수가 뒤따랐던 것이죠. 따라서 여호와의 명령과
율법이 정의였습니다. 여호와 하나님은 절대자이기 때문에 정의는
절대적이고 영원불변합니다. 인간은 이 정의의 신을 믿고 따라야만
하는 것이죠.

그런데 신약에서는 최고의 덕이 "사랑"으로 바뀝니다. 이제
사랑의 실천이 정의가 된 것입니다. 정의는 최소한의 사랑이며
사랑은 완성된 정의가 됩니다. 그러면 모든 사람이 하나님의
사랑 안에서 이루어지는 정의는 어떻게 실천되어야 할까요? 어떤
조건에서 인견과 인격의 관계가 보편타당성을 가진 정의가 될까요?
독일의 유명한 신학자 폴 틸리히는 『사랑, 힘, 정의』에서 "창조적
정의"라는 용어를 사용합니다. 기독교적 사랑과 결부된 창조적
정의는 최소한 다른 사람을 하나의 인격으로 인정하는 것이며
최대한으로는 자기희생의 가능성까지 포함하는 것입니다. 현대적인
의미에서 기독교의 정의를 말하자면 "사랑과 믿음을 전제로 한
본질적인 자기 존재의 실현"이라고 할 수 있겠습니다.

현대의 정의론

근대 이후 민주주의의 발달 과정에서 "자유"와 "평등"의 문제는
늘 핫 이슈라고 할 수 있습니다. 자유와 평등을 전제로 한 정의의
실현이라는 문제는 여러 차원에서 이전의 정의론과는 사뭇 다르다고
할 수 있습니다. 그것을 실현하는 방법에서 대표적으로 자유주의와
사회주의 정치이데올로기는 차이를 보였고 그 외에도 다양한
양상으로 전개되었습니다. 간단하게 살펴보기로 하죠.

① 자유주의자 ; 롤스와 노직

자유주의와 자유경쟁 시장체제를 옹호한 대표적인 학자
중에는 롤스(John Rawls, 1921~2002)와 노직(Robert Nozick, 1938~2002)이
있습니다. 이들은 공통적으로 "개인의 가치관이 각자의 뜻에 따라
실천되도록 허락하여야 하고, 개인의 욕구 충족을 위해 여러 가지
여건을 마련해 주어야 한다"고 주장합니다. 그런데 자유와 평등
중에서 어느 쪽에 비중을 더 두느냐를 두고 차이를 보여줍니다.

롤스는 정의의 문제를 집중적으로 연구한 철학자입니다. 그는
"전통이나 관습 같은 모든 특수한 고려를 떠나 사회 조직의 정의로운
형태를 어떻게 수립할 수 있느냐?"를 고민했습니다. 『공정으로서의
정의』에서 롤스가 말하는 정의는 "자유, 평등, 그리고 공동의 선에
공헌하는 봉사를 위한 보상"입니다. 그런데 모든 사람들에게
일괄적으로 자유롭고 평등한 정의 사회는 불가능하죠. 그래서

롤스는 인간사회의 대립되는 상태 속에서 정의의 원리를 찾아
조화를 이루려고 합니다.

예를 들어 어떤 사람이 실내체육관을 이용하려고 합니다.
그런데 그 실내체육관은 전국체전에서 메달을 딴 사람만이 이용할
수 있는 곳입니다. 즉 메달을 딴 사람은 그 보상으로 체육관을
이용할 수 있지만, 그렇지 못한 사람은 체육관을 이용할 기회가 없는
것이죠. 정의의 측면에서 본다면 메달 획득이라는 공적에 기초한
사람만이 체육관을 이용한 것에 불과한 것입니다. 만약 "모든 인간은
동등한 가치와 권리를 가진다"는 평등에 기초한 정의에 따른다면
체육관 이용의 범위는 다시금 검토되어야 하는 것이죠.

인간사회는 이런 경우 말고도 다양한 가치의 대립이
존재합니다. 중요한 것은 어떻게 그것을 조화롭게 균형을 잡을 수
있느냐 입니다. 롤스는 정의로운 사회에 대해 먼저 개인의 자유와
존재에 대한 우월성을 인정하는 사회를 주장합니다. 동시에 어떤
결과 때문에 특권이 생기는 것에 대해서는 그것이 보다 불행한
사람들의 처지를 개선하는 데 사용되어야 한다고 주장하죠. 그것이
배분적 정의가 실현되는 사회입니다. 이 정의를 실현하려면 도덕적
인격자인 모든 인간은 이성적 합의를 해야 하는 것입니다.

노직은 사회 정의는 "최소 국가"에 기초하여야 한다고
주장합니다. 사회 정의가 제대로 실현되려면 국가는 국민들의
권리를 보호하고 대리로 행사하는 소극적인 기능만을 가져야
합니다. 노직은 이런 형태의 국가만이 도덕적으로 정당화될 수

있다고 보았습니다. 이때 개인은 자연권을 소유한 자입니다. 한 개인의 소유 상태가 정의로울 수 있는 필요충분조건은 그간 자신의 소유물에 대한 정당한 권리를 갖고 있을 때입니다. 이 권리는 그것이 정당하다고 판단할 수 있는 절차나 과정을 밟아 그 소유 상태에 이르는 데 있는 것입니다.

노직이 강조한 핵심 용어는 소유 권리, 절차, 또는 과정입니다. 노직은 정의가 철저히 절차에 의해 결정되어야 한다고 생각한 것이죠. 이런 "절차적 정의관"을 채택할 때 소유 권리는 당연한 것이 됩니다. 개인에게는 자기 비전에 따라 이상적인 삶을 추구하고 이를 실천하기 위한 자유가 보장되어야 합니다. 한 사람에게 그 자유가 보장된다는 것은 다른 사람에게 자신의 비전을 강요하지 않는다는 의미를 담고 있습니다. 노직은 이런 유토피아의 실현을 위한 이념으로 최소 국가를 주장했던 것입니다. 정당한 절차와 과정을 거친 정의도 그것에 의해 도출된다고 믿었던 것이죠.

이 두 철학자들의 정의관에서 중요한 문제는 자유와 평등이 어떻게 실현되느냐 입니다. 국가의 역할은 무엇이고 인간은 얼마나 자발적일 수 있느냐가 중요하죠. 하지만 과학적 사회주의자들은 자유주의자들의 사상이 아름다운 삶에 기여할 수 있었는지에 대해 의문을 제기합니다.

② 과학적 사회주의자 ; 마르크스와 엥겔스

과학적 사회주의(마르크시즘)는 계급혁명의 성격을 띠고 출현한 사상입니다. 따라서 정치·혁명적인 성격이 강하였죠. 마르크스는 그간 정의, 자유, 평등의 문제가 신화적이라고 비판하면서 역사에 대한 유물론적 개념을 제창합니다.

마르크스는 정의가 시대와 계급에 따라 다르게 해석된 기만적인 허위의식이라고 인식했습니다. 대신 정의가 실현되려면 정치공동체의 실현, 협동적 생산활동, 개성의 실천이 윤리적 기준이 되어야 한다고 강조합니다. 지금껏 확산된 자유주의 이념을 바탕으로 한 자본주의 체제의 정의는 수단과 위선에 대한 명분에 불과하기 때문에 배격되어야 한다고 본 것이죠. 지금 지구상에 사회주의 국가는 얼마 남아 있지 않지만 과학적 사회주의자들의 사상은 아직도 영향력을 미치고 있고 여전히 생각의 여지를 남겨놓고 있다고 할 수 있습니다.

인륜과 자유

얼핏 보면 동양과 서양의 정의관은 그 사고 자체가 다르게 보일 수 있습니다. 그런데 인간이 인간답게 살기 위한 방법론으로서 그 추구는 같다고 할 수 있습니다.

서양에서는 사상가의 도덕적 관점이나 체제를 바라보는 입장에 따라 다양하게 논의되어 왔습니다. 일반적으로 서양의 정의 개념은 효율적인 생활과 공정한 분배에 방해되는 개인적 감정을 철저히 포기하는 것이었습니다. 그리고 대체로 경제 문제에

주안점을 두었죠. 반면 동양의 정의는 효율과 분배보다는 "인간의
올바른 행위", 즉 사람과 사람 사이의 관계인 인륜人倫에 따라 그
개념이 달라집니다.

　　정리해서 말하자면 정의Justice가 자유를 모체로 형성된
개념이라면 의義는 인륜을 모체로 형성된 개념이라고 할 수
있습니다. 즉 정의가 개인의 자유와 권리를 보장하려는 데서 출발한
것이라면 의는 나와 남과의 관계인 인간관계의 발전에서 출발하여
사회의 안녕과 질서를 유지하려고 했다고 말할 수 있습니다.

chapter 16

" 우리에게

어떤 권리가

있는가
쓰는 "

251

우리들, 인간은 살고 있습니다. 다른 사람들과 관계를 맺으며 살고
있을 뿐만 아니라 어떤 사회의 전체 안에서 살고 있죠. 나와 너, 나와
그것의 관계에서 살고 있으며 인격적 관계, 사회적 관계에서 살고
있는 것입니다. 그 관계 속에서 우리는 서로 제약하기도 하고 돕기도
하면서 살아가고 있습니다.

그런데 인간의 삶이 가능하려면 "권리"라는 게 있어야 합니다.
그렇다면 그 권리는 누구에게나 부여된 것일까요? 그렇다면 어떤
권리를 가질 수 있는 것이죠? 권리는 정말 제대로 행사할 수 있는
것일까요? 타인들과 사회는 그것을 허용하고 있나요?

권리는 사람 사이의 관계를 규제하거나 교정해야 할 필요에서
생겨났습니다. 도덕적으로는 그 주장과 요구가 합리적이며 필연적인
것이죠. 동시에 그것은 자의에 의한 제한과 의무를 내포하고
있습니다.

강한 자가 약한 자를 지배하는 정의

서양의 고대인들은 권리를 어떻게 인식하고 있었을까요? 플라톤은
우리가 당연하다고 생각하는 권리의 원리를 부정한 듯합니다.
『고르기아스』에서 칼리클레스가 말합니다.

"가장 강한 존재가 가장 약한 존재를 지배한다면, 이것은 바로
이 사실이 정의롭다는 증거이다. 다시 말하면 이것이 권리의 본성,
법, 나아가 자연법칙에 부합한다는 것이다."

이것을 달리 말하면 인간을 법 앞에서 평등하게 해주는
의미에서의 권리는 정의롭지 못하다는 것이죠. 그들에게 진정한
법은 자연의 사실, 즉 불평등이었습니다.

플라톤은 "강한 자가 약한 자를 지배한다"는 자연법칙이
권리의 본성에 가깝다고 보았습니다. 이는 근대 민주주의의 권리에
대한 생각과는 정반대에 있는 것입니다. 플라톤의 인식대로 강한
자가 약한 자를 지배하는 것이 강한 자의 자연스런 권리일까요?
그런 권리를 실현하는 것이 그가 바랐던 진정한 이상국가로 가는
길이였을까요?

아리스토텔레스는 플라톤과는 다른 견해를 펼칩니다. 그는
『정치학』에서 그의 스승인 플라톤의 이상국가를 반대합니다.
플라톤은 철인 통치를 통해 이상국가를 실현하려고 했지만,
아리스토텔레스는 "국가는 서로 다른 여러 부분들이 조화롭게
질서를 지켜야 하는 것"이라고 주장합니다. 아리스토텔레스에

이르러서야 시민의 권리와 의무에 눈을 뜨게 된 것이죠. 인간은 똑똑한 사람과 멍청한 사람, 힘이 센 사람과 약한 사람, 남자와 여자, 지배계급과 피지배계급 등으로 자연스럽게 나뉘어져 있기 때문에 차별이 있을 수밖에 없습니다. 그런데 센 쪽이 약한 쪽을 지배한다면 인간세상은 강자만이 살아가는 곳이 될 테지요.

당시 도시국가(폴리스)는 시민들의 양심과 덕을 기본으로 여기는 사회였습니다. 따라서 대화와 합의의 신이 섬겨지고 시민 불복종과 저항의 권리, 그리고 사법의 권리도 시민에게 주어져 있었습니다. 시민은 행정관직에 참여하는 사람이며 하나의 계급입니다. 이에 시민은 일정한 법적 권리를 갖는 것이죠. 국가를 구성하는 시민은 어떠한 조약 사항 아래에서 자기의 권리를 향유할 수 있습니다. 여기서 중요한 것은 민주정치가 실현되어야만 이러한 권리가 가능해진다는 점입니다.

253

자유와 평등을 보장하는 "계약"

서양의 중세는 신 중심의 사회였습니다. 신에 대한 감사와 영광으로 점철된 사회라고 할 수 있습니다. 근세에 이르러 이에 의심을 품은 사상가들이 나오기 시작합니다. 이른바 계몽주의 사상가들이었죠. 이들은 신의 자리에 인간을 대체시키고, 인간의 지위를 향상시키기 위해 여러 방면으로 노력을 합니다. 인간이 누릴 수 있는 권리는 무엇인지, 어떤 형태의 권리가 있는지 탐색하고 그 권리를 하나씩 규정해가기 시작합니다.

먼저 홉스는 자연권을 포기하라고 말합니다. 자연권은 각 개인이 자신의 힘을 자신의 본질을 지키기 위해 마음대로 사용할 수 있는 자유입니다. 그런데 자연권의 주장은 힘 있는 자만이 살아갈 수 있는 힘의 논리에 다름 아닙니다. 따라서 홉스는 자연권을 포기해야 인간사회에서 올바른 삶이 실현될 수 있다고 보았던 것이죠. 그러고 나서 계약을 맺고 시민권을 확보할 수 있는 것입니다. 만인에 대한 만인의 투쟁인 자연상태는 계약이라는 공권력으로 제어합니다. 이 공권력을 가진 자가 주권을 소유하는 것입니다. 홉스가 주장한 절대 군주제의 핵심이 여기에 있습니다. 그런데 주권은 절대 군주 개인의 것이 아닙니다. 주권자의 권리는 주권자와 전체 인민의 사이에 맺은 계약으로 가능해집니다. 주권자는 주권을 가지는 대신 인민의 안전과 생활의 만족에 책임을 져야 합니다. 우리는 이 권리가 인간의 자연적 속성 중 일정 부분 포기하거나 양보해서 나온 것임을 알 수 있습니다.

로크는 자연상태에서 인간은 불안정하고 불확실한 존재라고 생각했습니다. 왜냐하면 자연상태에서는 일체의 분쟁을 판정해주는 공통의 척도가 없기 때문이죠. 불화가 생겼을 때 확립된 법률에 따라 그것을 판단할 수 있는 판단자가 존재하지 않으며 판결을 집행할 수 있는 권력이 없습니다. 그래서 인간은 정치적인 사회와 공동체를 구성합니다. 그것을 통해 공동체 구성원들의 재산을 보전하고 보호합니다. 이 공동체를 구성할 때 일정한 약속, 즉 계약을 한다는 것이 중요합니다.

이제 공동체는 다수결의 원리에 따라 의사결정을 합니다. 공동체 구성원들은 그들의 존속과 권리를 위해 반드시 필요한 것이라고 느끼게 되죠. 근대에 이르러 인간은 그 이전과는 다른 권리를 하나씩 찾아가고 있었습니다. 바야흐로 권리는 인간의 존속과 사회공동체의 유지를 위한 제도적 장치라는 위상을 갖게 된 것입니다.

근대 민주주의는 법치를 전제로 합니다. 민주주의의 발달 과정에서 권리는 법과 필연적 관계를 맺습니다. 몽테스키외(Charles Louis Joseph de Secondat, Baron de la Brède et de Montesquieu, 1689~1755)는 『법의 정신』에서 그 유명한 3권 분립을 주장합니다. 입법권, 행정권의 분리를 요구했던 로크의 이론을 받아들이면서 그는 사법권을 추가합니다. 이 세 권리가 철저히 분리될 것을 요구하죠. 이것은 개개인의 권리를 더욱 보장해주기 위한 제도적 보완을 시도한 측면에서 중요하다고 할 수 있습니다. 권력의 분산을 통해 더 나은 사회를 꿈꾸고 동시에 구성원의 권리를 더욱 적극적으로 확보하려는 노력이라고 말할 수 있습니다. 그렇다면 구체적으로 인간은 법치의 사회에서 어떤 권리를 주장할 수 있을까요? 법이라는 계약이 권리를 침해하지는 않을까요? 어떤 계약이 바람직할까요?

사회는 자유로운 개인들 간의 약속인 계약에 의해 존재한다는 것을 우리는 이미 알고 있습니다. 루소는 사회 이전의 자연 상태에서 개인이 각기 자립적인 생활을 영위하고 자유와 평등을 갖고 있었다고 보았습니다. 이런 자연 상태가 한계에 이르면 서로 충돌할 수밖에 없습니다. 인간은 모든 것이 무너지기 전에 합리적인 방법을 택합니다. 그것이 서로간의 "계약"입니다. 자유와 평등을 최대로 보장할 수 있는 사회를 만들기 위한 계약인 것이죠. 계약이 맺어지면 인간은 권리를 주장하는 것과 동시에 공동체의 의미를 이행해야 합니다. 이제 권리는 주장만이 아니라 의무라는 필연적인 천적을 가지게 되었습니다.

권리와 의무는 서로의 거울

인간은 사회적 삶을 필요로 합니다. 그 사회 안에서 살면서 한편으로는 집단적 실존에 의해 생기는 의무들을 받아들이고 싶어 하지 않습니다. 즉 사회적이면서 동시에 반사회적이라는 이야기죠. 이러한 반사회성이 인간 사회의 갈등을 유발합니다. 그래서 그 갈등을 조정하여 화해하고, 평등함을 누릴 수 있는 적절한 장치가 필요해집니다. 모든 인간은 자기의 권리가 어떤 조건에서 진정하게 누릴 수 있는 것인지 파악하고 이해해야 합니다.

이러한 권리와 의무를 칸트는 "정언명법"이라는 개념으로 설명하고 있습니다.

"언제나 네가 세우고자 하는 행위의 준칙을 모든 사람을 위한 보편적 법칙이라고 여길 수 있도록 행위하라."

그런데 도덕적 행위가 인간의 권리와 무슨 관련이 있을까?

인간이 사회 속에서 살아갈 때 모든 인간의 행위는 도덕적일 수밖에 없습니다. 그렇지 않으면 사회는 존립할 수 없죠. 칸트는 "도덕적 행위는 의무를 소중히 여기는 동기에서 수행된 행위"라고 말합니다. 그리고 의무는 도덕 법칙에 대한 경외심에서 행동하지 않을 수 없게 하는 것이죠.

도덕적 행위는 인간에 대한 깊은 배려와 의무감에서 나옵니다. 그런데 권리의 이면에 반드시 의무를 수반합니다. 인간은 누구나 도덕적 행위를 할 권리가 있죠. 권리가 공동선을 위해 행해질 때 이 도덕적 행위와 통하는 것입니다. 이는 법률적인 강제 행위 속에서 이루어지는 권리와는 다릅니다. 바로 자율적 의지를 통한 것이기 때문입니다.

권리에 대해 헤겔은 보다 추상적이고 포괄적으로 이해합니다. 그는 자유로운 인간의 공동생활에 불가결한 제약 전체를 권리라고 해석합니다. 인간은 살아가는 데 이루 말할 수 없을 정도로 많은 제약과 제한을 받습니다. 이러한 제약 전체가 권리라고요? 그 제약은 권리라기보다는 도덕적인 윤리나 의무라고 해야 하지 않을까요? 헤겔은 인간이 의무를 지는 범위 내에서 권리를 가지고, 권리를 가지는 범위 내에서 의무를 진다고 말합니다. 따라서 권리와 의무는 서로를 제한하고 강제하지만 서로의 거울이 되어주기도 하는 것입니다.

권리를 위한 투쟁은 인격의 시

독일의 법학자인 예링(Rudolf von Jhering, 1818~1892)은 1872년『권리를 위한 투쟁』에서 모든 사람들에게 "법을 위한 투쟁"을 권합니다. 그는 재산을 인격이 물건에 확장된 범위에 지나지 않는다고 보았습니다. 그리고 "자기 자신의 권리를 위한 투쟁은 인격의 시"라고 말했죠. 그는 법이 투쟁하는 사람에게만 권리를 보장한다고 인식했습니다.

법은 개인이 그의 권리를 지키려 할 때만 보장됩니다. 따라서 개인은 자기 권리를 지키기 위해 끊임없이 투쟁해야 합니다. 손해를 보지 않으려면 소송이라도 걸어서 스스로 자기 권리를 지켜야 합니다. 자기의 생존에 필수적인 도덕적 조건을 스스로 방어해야만 합니다. 농민은 토지를, 상인은 신용을 투쟁으로 꿋꿋이 지켜야 하죠. 그것이 권리를 지키는 일이고 권리를 행사할 수 있는 기본 조건을 확보하는 길이기 때문입니다.

하지만 우리는 법을 위한 투쟁만이 능사일까 하는 의문을 갖게 됩니다. 권리를 담보하는 유일한 길이 권리를 위한 투쟁밖에 없을까 하는 의구심이 생깁니다. 보다 이성적이고 합리적이며 민주적으로 권리를 행사할 수 있는 방법은 없을까요?

호펠드의 권리 개념

호펠드(Wesley Newcomb Hohfeld, 1879~1918)는 1923년 사후에 출간된

『근본적인 법의 개념들』에서 권리를 크게 실정법적인 의미와 도덕적 의미로 나눕니다. 권리 개념의 실정법적인 의미는 다음과 같습니다.

① 상응하는 의무를 요구하는 주장권 ② 특권 혹은 자유권으로 불리는 형태의 권리 ③ 권력으로 표현되는 권리 ④ 면책권으로 불리는 권리.

"상응하는 의무를 요구하는 주장권"은 우리에게 가장 일반적으로 알려진 형태의 권리입니다. 예를 들어 "갑은 을로부터 만 원을 받을 권리가 있다"고 가정해봅시다. 갑이 을에 대하여 요구하는 권리는 을이 반드시 실행해야 할 의무를 전제로 합니다. 반대로 을이 만 원을 갚을 의무가 없다면 갑은 만 원을 받을 권리가 없는 것이죠. 두 번째 "특권이나 자유권"은 상대적으로 다른 사람이 권리를 가지고 있지 못하다는 것과 대칭됩니다. 세 번째 "법적 권력을 나타내주는 권리"는 다른 사람의 법적 지위를 변경시킬 수 있는 개념입니다. 여기에 상반되는 개념이 종속이죠. 네 번째 "면책권"은 여러 행위에 대하여 면제될 수 있는 권리를 의미합니다. 갑이 면책권을 가진다는 것은 을이 갑의 법적 지위에 대해 변경할 권력을 갖지 못한다는 것을 의미합니다.

이 네 가지는 사법적 형태의 권리입니다. 이와 구분되는 권리로 도덕적 권리가 있죠. 대표적으로 인권을 들 수 있습니다. 사회적 안전에 대한 권리, 의식주를 포함하여 자신과 가족의 건강과 복지에 적합한 생활을 향유할 권리 등이 포함됩니다. 그런데 인간이 이런 권리를 가진다고 해서 반드시 사회가 그것을 충족시켜줄

259

마땅한 의무를 가지는 것은 아닙니다.

균등한 배려와 존중을 요청할 수 있는 권리

1977년 드워킨(Ronald Myles Dworkin, 1931~ 2013)은 『권리존중론』이라는
영향력 있는 정치철학책을 출간합니다. 드워킨은 권리중심적
철학자입니다. 개인들은 소정의 권리가 있고 그 중 어느 것은
근본적이며 심지어 공리적이죠. 그는 이 근본적인 개인의 권리를
"균등한 배려"와 "존중에 대한 권리"라고 규정합니다. 모든 개인들은
고통과 좌절을 체험할 수 있는 존재입니다. 그렇기 때문에 인간은
배려에 대한 권리를 갖는 것입니다. 또한 인간은 자기 삶의 방식을
지성적으로 형성할 수 있고 그것에 의거해 삶을 영위할 수 있는
존재입니다. 그래서 존중에 대한 권리를 소유할 수 있는 것이죠.

인간은 타인의 고통과 좌절, 실패를 이해하고 배려할 수
있어야 합니다. 인간은 스스로 자기 삶을 가치 있게 만들어갈 수
있는 존재입니다. 다시 말하면 개인들은 사회 전체의 복지라는
명목으로 희생되어서는 안 되며 재화와 기회를 균등하게 받을
권리가 있습니다. 그리고 재화와 기회의 분배 방식에 관한 정치적인
결정을 내릴 때 균등한 배려와 존중을 요청할 수 있는 권리를 가지고
있습니다. 균등한 배려는 동등한 몫에 대한 권리이고, 존중을
요청할 수 있는 권리는 분배 방식 결정에서 균등한 발언에 대한
권리입니다. 현대 자유민주주의 사회에서 이러한 권리는 당연한

것으로 받아들여집니다. 문제는 구체적으로 얼마나 실행되느냐에
달려있겠죠.

내가 누리는, 내가 주장할 수 있는 권리는?

사실 권리는 우리에게 꽤 익숙한 개념입니다. 그런데 다시 한 번
생각해보시죠. 우리가 정말 권리라는 개념을 제대로 쓰고 있을까요?
역사적인 맥락을 짚어보았듯이 권리는 우선 개인의 이익과 합리성을
전제로 합니다. 권리 개념에서 개인의 이익이 보호되는 것이
중요합니다. 또 그 중요한 이익을 가진 개인이 합리적 존재라는 것을
전제로 하지요. 자신의 이익을 합리적으로 계산할 수 있고, 그것을
다른 사람에게 주장할 수 있는 능력을 가지고 다른 사람도 자신과
마찬가지의 권리를 향유할 능력을 소유한 사람으로 간주하는 존재를
전제로 한다는 말입니다.

    권리가 의무와 구분되는 중요한 기준 중의 하나가 이것입니다.
권리는 자신의 의사에 따라서 특정한 행위를 할 수도 있다는
"허용"의 의미를 담고 있습니다. 그러나 의무는 당사자가 원하느냐
원하지 않느냐와 상관이 없습니다. 의무는 권리처럼 허용의 범주에
있지 않다는 의미입니다.

    권리는 법이나 올바른 것과 통합니다. 법률에 의해 인정된
타인에 대한 요구인 법률적 권리, 정부의 구성 및 행정에서 일정한
기능을 수행할 수 있는 자격인 정치적 권리, 실정법에 대하여

261

실정법보다도 높은 자연법에서 우러나는 요구 내지 자유로이 살 권리, 노동할 권리, 행복의 추구, 자기를 발전시킬 권리인 자연적 권리 등이 있습니다.

이러한 권리에 대한 이해는 시대마다 조금씩 달랐습니다. 앞서서 플라톤은 현재 우리가 이해하고 있는 것과는 달리 자연의 사실인 불평등을 권리로 보았습니다. 아리스토텔레스에 와서야 시민권에 조금 눈을 돌립니다. 민주주의적인 의미에서 권리는 근세 계몽주의자들에게서 움트기 시작하여 인간 사회에서 계약의 중요성이 강조되었죠. 현대의 권리는 여기에서 자라나기 시작했다고 볼 수 있습니다. 칸트와 헤겔에 이르러 도덕과 의무의 개념과 결합되고, 예링의 법과 연결되면서 권리에 대한 인식이 좀 더 구체화되었습니다. 호펠드의 실정법적 의미, 드워킨의 권리존중론에서 비로소 굳건한 체계를 갖추게 되었습니다.

현재 우리는 수많은 권리를 누리고 있습니다. 하지만 어떤 의미와 맥락에서 권리를 향유하고 있는지 생각해봐야 합니다. 또한 우리는 어떤 권리를 주장할 수 있는지, 나와 타인 그리고 공동체와의 관계 속에서 나의 권리란 무엇인지 돌아볼 필요가 있겠습니다.

262

chapter 17

"시공간의 통일로서의 우주"

우리는 '지금-여기'라는 시간의 흐름 속에서, 그리고 일정한 공간
속에서 살고 있습니다. 때로는 타임머신을 타고 아득한 과거로
돌아가는 상상도 하고, 무한한 공간 속에 자신을 던져보고 싶을 때도
있지요. 고대 중국에서는 시간과 공간을 '우주'라고 표현했습니다.
집 우, 집 주, 한마디로 우주는 집입니다. 그 시간과 공간은 항상
우리 자신이 어딘가에 어떻게 있음을 알려주는 척도였습니다. 이런
시공간은 물질 존재의 기본 형식입니다. 이 시간과 공간을 바라보는
시각은 시대에 따라 달리 사유되어 왔습니다. 이번 강의는 시간과
공간에 대해 성찰해보고자 합니다.

　　인간은 시간과 공간을 어떻게 이해해 왔을까? 먼저 서양의
고대, 아리스토텔레스, 코페르니쿠스, 뉴턴, 아인슈타인, 현대의
우주론에 이르기까지 간략히 우주론, 시공관에 대한 역사를
살펴보겠습니다. 다음으로 칸트와 아인슈타인의 시공관의 동시성을
이해해보죠. 그리고 구체적으로 동양의 우주관을 통해 시공의

개념을 이해해보도록 하겠습니다. 시계로만 보던 시간, 비어 있는 장소인 공간과는 다른 시간과 공간을 찾아가보겠습니다.

우주, 시간과 공간의 개념

물리학에서 시간과 공간의 개념을 해결하는 것은 가장 중요한 문제입니다. 무엇이 시간과 공간의 본성일까요? 자연과 인간 사이에 그것은 어떤 관련을 갖고 있을까요?

아직 인지가 발달하지 않았던 시절 인간은 우주에 대해 어떻게 생각하고 있었을까요? 자기가 살고 있는 공간과 소리 없이 흘러가는 시간. 그것은 대개 신화 속에서 "혼돈(混沌, chaos)"으로 묘사됩니다. 이 세계는 혼돈과 무질서로 덮여 있었습니다. 그 혼돈 속에서 하늘신과 땅신이 태어나 하늘과 땅이 나누어졌습니다. 이런 분리와 정착은 어떤 안정과 질서를 가져왔죠. 혼돈의 시기에는 아직 정해진 빈 공간도, 일정하게 방향성을 가지고 흘러가는 시간의 개념도 없었습니다. 마치 가마솥에서 부글부글 끓고 있는 죽이라 할까요. 그냥 무질서의 덩어리인 것이죠. 인간은 그로부터 하나씩 질서를 부여해갔습니다. 그것은 인간의 끊임없는 염원이었습니다.

고대에 인류는 아리스토텔레스라는 위대한 인간을 만나게 됩니다. 그의 주장을 통해 인류는 우주에 대한 새로운 개념을 지니기 시작합니다. 지구라는 곳, 우리 인간이 사는 이 땅은 흙·물·공기·불·에테르의 다섯 가지 원소로 만들어졌습니다.

그것은 우주의 중심이었죠. 그때까지 사람들은 하늘에 대해 잘 알지 못했습니다. 단지 하늘의 모양은 동그랗게 생겼을 뿐이었습니다. 지구는 움직이지 않고 우주의 중심에 자리 잡고 있는 별이었고, 해와 별들은 지구를 중심으로 끝없이 원운동을 하고 있었습니다. 지구라는 우주의 중심에서 "공간은 유한하며 시간은 영원"합니다.

하지만 코페르니쿠스(Nicolaus Copernicus, 1473~1543)는 지구가 우주의 중심이 아니라고 주장합니다. 그의 생각에 태양이 우주의 중심이었습니다. 지구는 태양 주위를 돌고 있는 하나의 행성에 불과합니다. 이 생각은 당시로서는 하나의 혁명이라고 불릴 만했습니다. 문제는 이 우주를 이루고 있는 공간은 여전히 유한하고 시간은 영원하다는 점이었습니다. 다만 천동설이 지동설로 바뀌었을 뿐이죠.

이것은 뉴턴(Isaac Newton, 1642~1727)이라는 근대 과학의 거장을 만나고서야 혁명적인 변화를 겪게 됩니다. 뉴턴은 운동의 법칙을 설명하기 위해 '절대 공간'과 '절대 시간'이라는 개념을 도입합니다.

절대적인, 참된, 수학적 시간은 그 스스로, 자체의 본성에 의해 외부의 어떤 것과 관계없이 일정하게 흐르며, 흔히 영속이라는 이름으로 불리기도 한다. 상대적인, 외견상의 일반적인 시간은 운동이라는 방법을 이용한 영속에 대한 어떠한 타당하고 외적인 척도이다. 이러한 시간은 흔히 참된 시간 대신 쓰인다. 예를 들면, 하루, 한 달, 일 년처럼 말이다. …… 절대적 공간은 그 자체의 본성상 외부의 어떤 것과도 무관하게 항상

267

유사한 부동의 상태로 남아 있다. 상대적 공간은 움직일 수 있는 절대적
공간의 부분 혹은 척도이다. 이 공간은 우리의 감각들이 결정할 수 있는
것으로서, 물체의 위치를 그 공간 내에 정함으로써 결정된다. 그리고 이는
통속적으로 부동의 공간으로 여겨지고 있는 것이다 …….

뉴턴은 외부의 어떠한 것과도 관계없는 절대 시간과 절대
공간이 존재한다고 주장합니다. 시간과 공간은 절대적이며 완전히
독립적입니다. 시간과 공간은 서로 전혀 무관한 별개의 개념입니다.
천동설과 지동설에서는 유한한 공간에 영원한 시간을 말했지만,
뉴턴은 시간과 공간이 모든 것에 우선해서 존재하는 일차적인
개념이라고 주장했습니다. 따라서 우주는 무한할 수밖에 없죠.
우주는 무한하기 때문에 불변하며 안정성을 지니고 있습니다.
만유인력의 법칙 속에서 우주는 질서와 안전성을 추구하고
있습니다.

이 철옹성 같은 뉴턴식 사고는 20세기 과학의 거장
아인슈타인(Albert Einstein, 1879~1955)이 나타날 때까지 계속됩니다.
아인슈타인은 시간과 공간은 서로 독립적인 게 아니라 따로 떼어
놓을 수 없는 불가분의 관계에 있다는 사실을 밝혔습니다. 이른바
4차원의 시공개념입니다. 시간과 공간은 4차원에서 단일 개념으로
동시성을 지닙니다.

우주는 시간과 공간의 구분이 없는 "혼돈"에서 "유한한
공간과 영원한 시간"으로 인식되다가 "절대 공간과 절대 시간"으로

나아갔고, "시공 개념의 동시성"으로 발전해왔습니다. 이는 시간과 공간에 대한 이해의 과정인 동시에 우주에 대한 다양한 가정을 해온 역사라고 볼 수 있습니다. 최근 물리학에서는 우리가 살고 있는 우주가 아주 큰 우주-대우주의 일부분이라고 말합니다. 대우주는 다른 성질을 지닌 여러 공간들이 매우 복잡하고 무질서하게 연결되어 있습니다. 단지 복잡하게 상상할 뿐이죠. 이는 달리 말해 우주, 시간과 공간이 무엇인지 알 수 없다는 말과도 같을지 모릅니다.

시공의 동시성

269

물리학은 시간과 공간의 개념을 많이 다룹니다. 이제 우리는 우주와 시공간을 철학적으로 고찰해보기로 하죠. 뉴턴이 절대 시간과 절대 공간을 주장하면서 시간과 공간이 무관하다고 주장한 것을 알고 있습니다. 철학자 칸트도 우주의 질서가 안정을 추구한다는 점에서는 뉴턴과 견해를 같이 합니다.

칸트는 주관 이외의 대상으로서 사물들이 있음을 인정했습니다. 그러나 사물들 자체는 알 수 없다고 주장하죠. "물자체는 알 수 없다." 우리가 알 수 있는 것은 사물들이 감각 기관을 통해 표상되는 것이지 사물 자체는 아닙니다. 감각을 통해 받아들이는 이것들은 어떤 질서를 갖고 있지 않습니다. 다만 무질서한 다양함에 불과하죠. 그것에 질서를 부과하는 것은 현상의 형식에 해당합니다. 그것은 감각을 통해서 들어오는 것이 아니고 주관 안에 선험적으로 주어져 있습니다. 쉽게 말하면 경험을 가능하게 하는 조건이지 경험으로부터 얻어지는 것이 아니라는 것입니다.

칸트는 감각적 직관 일반에 순수한 형식이 있는데, 그 하나가 외적 감각의 형식인 공간이고, 다른 하나가 내적 감각의 형식인 시간이라고 말합니다. 즉 독립적인 시간과 공간은 내감의 형식과 외감의 형식으로 구분되는 것이죠. 말한 바대로 시간과 공간은 경험으로부터 추상되는 것이 아니라 경험 자체를 가능하게 하는 선행 조건입니다. 시간과 공간은 직접 지각할 수 있는 것이 아닙니다. 그러나 모든 실체는 공간에서 지각될 수 있는 한에서 일관된 상호 작용을 합니다. 즉, 서로 독립적이지만 상호작용하는 직관의 형식입니다. 이것이 칸트가 이해한 시간과 공간입니다.

칸트는 시간과 공간을 상호작용하는 연속체라고 파악하지만, 전적으로 같은 것은 아니라고 보았습니다. 공간은 3차원이지만, 시간은 1차원입니다. 시간은 과거에서 미래로 일방적으로 흐르며, 사물들의 역학적 변화는 시간에 의하여 기술되는 등 공간과는 성질상 무시할 수 없는 현격한 차이가 있기 때문입니다.

시공간을 이해하려면 또 한 사람 아인슈타인을 거쳐야 합니다. 뉴턴의 세계관을 수정하면서 내놓은 상대성 이론은 미로를 벗어나는 것만큼이나 어렵습니다. 우리 주변의 많은 물체들이 공간을 점유하고 있습니다. 물체는 공간과 밀접하게 관련되어 있죠. 그러나 시간은 어떤 외부적 흐름입니다. 아인슈타인은 물체 자체보다 사건을 다룹니다. "자연은 물체로 구성되어 있으며, 물체들의 부딪힘과 생성·소멸 등이 사건이다." 이를 보는 사람들에게 공간과 시간은 상호 독립된 개념으로 파악됩니다. 그 반대의 견해를 취할 수도 있습니다. "사건이 더 기본 개념이며 물체란 사건들의 특수한 집합이다." 이 견해를 취하면 시공간은 불가분의 하나로 자연스럽게 이해될 수 있습니다.

『특수 상대성 이론』에서 아인슈타인은 "시간과 공간의 분리는 물체의 운동 속도나 변화 속도가 광속에 비하여 아주 느릴 때에 근사적으로 가증할 뿐이며, 시공간은 원래 하나"라고 주장합니다. "시공간은 상대적이다. 두 사건간의 시간과 거리는 관측자의 운동에 따라 다르다. 뉴턴의 절대 공간과 절대 시간의 존재는 부정된다." 아인슈타인의 공헌은 시공간의 동시적인 결합에 있습니다. 이런 동시성이 칸트의 상호 연관과 만날 수 있는 계기입니다.

칸트는 "동시로 존재하는 사물들은 상호작용 가운데에 있다"고 했고, 아인슈타인은 "사건들 간의 동시성은 상대적"이라고 했습니다. 다시 말하면 칸트는 동시에 존재하는 사물에 대해 논하였고, 아인슈타인은 동시에 일어나는 사건에 대해서 말했습니다. 우리의 일상생활이나 고전 역학에서 사물은 지속적인 것으로 자연계의 구성 요소입니다. 그러나 사건은 사물들 간의 만남이나 변화를 말합니다. 여기에서 사물이 주요 관념이고 사건은 부수적인 것으로 이해됩니다.

두 사물이 동일한 공간 안에 동시에 있다는 것을 알려면 각각 다른 것의 시간상의 위치를 규정할 수 있는 방도가 있어야 합니다. 칸트에게 이 방법은 상호작용입니다. 그러나 상대성 이론에서 시간은 사물들 자체의 관계로써 측정이 가능합니다. 공간상 서로 다른 곳에서 일어나는 사건들 간에도 시간상 위치를 규정하는 것이 가능하죠. 아이슈타인에 의하면 동시적인 두 사건은 인과관계는 물론 아무런 상호작용이 있을 수 없으므로 누구에게나 동시적인 것이 아니고, 관측자에 따라 시간의 순서가 얼마든지 바뀐다고 보았습니다.

칸트와 아인슈타인은 상호작용과 동시성, 상대적인 관련에 대해 논의했습니다. 이런 이해는 시간과 공간에 대한 관련이 어떤 형식으로로건 불가분의 관계에 있음을 보여줍니다.

동양의 시공관 ; 유교와 불교

동양의 우주-시공관은 때와 장소의 통일을 더욱 적극적으로 보여줍니다. 동양에서 시간과 공간에 대한 이해는 서양의 물리학적 이해와는 차이가 있습니다. 특히 동양은 사고 자체가 매우 복합적인 형태를 띠고 있습니다. 시간과 공간의 개념은 어우러져 있습니다.

시간과 공간을 동시에 표현하는 용어로 동양에서는 우주宇宙라는 말을 씁니다. 우주는 하나의 집입니다.

"옛날부터 지금까지를 주宙라 하고 사방과 상하를 우宇라

한다."

과거-현재-미래라는 흐름인 시간 개념이 주이고 동서남북의
사방과 위아래 상하 개념을 포함한 3차원의 입체적 개념이
공간입니다. 그런데 중요한 것은 우와 주를 결합한 '우주'라는 통일적
개념을 쓰고 있다는 점입니다. 우주는 시간과 공간의 구체적인
결합으로 장소와 시간의 동시성을 확보하고 있습니다.

특히 중국인들의 시간 개념은 계절을 통해 나타나는 자연의
변화 주기와 천체의 규칙적인 운동에 기초를 두고 있습니다. 이 두
가지는 모두 우주 자체는 이렇다 할 변화가 없는 채로 계속 진행되는
것이죠. 인간이 살아가는 이 땅과 하늘의 생성, 공간의 구조에 대해
그냥 인정하며 살아왔던 것 같습니다. 현실의 긍정이라는 측면에서
그들의 공간은 우리 인간의 활동 무대로 남아있습니다. 신유학의
집대성자인 주자는 이렇게 말합니다.

"나는 대여섯 살 때 하늘과 땅, 그리고 사방의 바깥이라는 것은
어떤 것일까 하고 골똘히 생각했다. 사람들이 사방은 끝이 없다고 말하는
것을 듣고서 나는 그래도 끝 간 곳이 있을 것이라고 생각했다. 이 벽처럼
벽의 저쪽 편에도 반드시 무언가 사물이 있으리라고. 그 당시에는 너무
생각에 골똘한 나머지 병이 날 정도였다. 지금도 아직 저 벽 너머 무엇이
있는가를 알지 못한다."

그렇다, 저 광활한 지평선과 수평선 너머에, 아니면 하늘

273

공간의 너머에 어디쯤 끝이 있을까? 주자는 그것을 밝혀내지
못했습니다. 서구 과학의 입장에서 보면 그렇습니다. 그런 생각 끝에
주자는 하늘과 땅에 대한 이해를 시도합니다. "하늘과 땅에는 바깥이
없다." 무엇이 있는가? 단지 기氣의 끌어당김이 있을 뿐입니다.
그것이 하늘과 땅을 연결해주는 것이죠. 우리가 발 딛고 사는 땅은
기 위에 떠 있습니다. 주자는 땅덩어리인 지구를 기의 덩어리로 꽉
찬 공중에 떠 있다고 생각했습니다. 하늘은 둥글고 땅은 네모져
있다. 땅위에서 가고 또 가면 언젠가는 낭떠러지로 떨어질지도
모른다. 이것이 그들이 생각한 공간에 대한 인식이었습니다. 그러나
그 끝에 가본 사람은 없습니다. 땅은 물 위에 떠서 하늘을 접하고
하늘은 물과 땅을 둘러싸고 있습니다. 그렇다면 우리의 공간인 땅과
하늘의 기 덩어리는 어떻게 시간과 결합할까요?

동양인들의 시간 인식은 봄·여름·가을·겨울과 같은
사계절의 변화와 대응합니다. 식물처럼 봄에 태어나 여름에 자라고
가을에 열매를 맺고 겨울에 마르는 과정과 같습니다. 시간은 바로
이런 평형의 끊임없는 연속이죠. 다시 말하면 일정한 주기를 가지고
순환합니다. 지구라는 공간에 살고 있는 모든 유기체는 탄생과
성장, 성숙, 쇠퇴, 그리고 죽음이라는 과정을 거칩니다. 이런 시간과
공간은 순환 고리, 연속성으로 살아나는 끝없는 운동입니다.

유학에서는 시간과 공간, 우주가 사계절의 변화 속에서
살아가는 인간의 모습을 보여주고 있습니다. 집이라는 공간에서
자손 대대로 시간을 엮어가면서 살아가는 인간의 모습이

드러납니다. 사물은 반드시 생성하면 소멸하게 마련입니다. 하늘과
땅도 마찬가지입니다. 그 과정은 1년의 네 계절 또는 열두 달의
유형에 따라 진행됩니다. 그리고 1년의 순환처럼 우주의 생성과
소멸의 과정도 역시 되풀이됩니다. 이것이 시간과 공간이 통일된
모습이며 우주, 집의 역사였습니다.

　불교의 선禪의 세계는 그들의 시간과 공간에 대한 인식을 잘
일러주고 있습니다. 선에는 화두話頭라는 게 있습니다. 말머리라고도
하죠. 화두는 스스로 깨달아야만 풀립니다. 문자로 설명하며
풀어낸다는 것은 불가능합니다. 화두의 의의는 논리적 사고를
단절시키도록 만드는 "말도 안 되는" 문제를 제시하여 생각을
멈추어서 뛰어넘도록 배려하는 것입니다.

275

제자 : 가장 큰 깨달음에 도달한 부처님인 대통지승불이 십겁이라는
　　　긴 시간을 좌선도량에서 공부했으나 불법을 이루지 못했다고
　　　합니다. 불도를 이루지 못했을 때는 어떡합니까?
스승 : 그럴싸한 질문이구나.
제자 : 이미 여기가 좌선도량이거늘 무엇 때문에 불도를 이루지
　　　못했을까요?
스승 : 네가 깨닫지 못했기 때문이니라.

　인용을 보면 십겁이라는 헤아릴 수 없는 무한히 긴 시간과
좌선도량이라는 공간을 설정해 놓고 있습니다. 그리고 좌선도량에서

무한히 긴 시간 동안 수행해도 깨치지 못함을 보여줍니다. 왜 깨닫지 못했을까요? 제자는 십겁의 시간과 좌선도량이라는 공간을 머리로 헤아리며 집착하고 있기 때문입니다. 십겁의 시간과 좌선도량의 공간, 그것이 중요한 게 아닙니다. 시간과 공간이 문제가 아니라 깨달음이 문제인 것이죠. 깨달음이 있다면 긴 시간도 무한한 공간도 의미가 없습니다. 그것은 시간과 공간의 집착을 벗어나 있는 세계입니다. 또 하나의 화두를 보겠습니다. 고요한 산을 찾아다니며 좌선을 하여 깨달음을 얻으려는 제자에게 묻습니다.

스승 : 그대는 좌선을 하여 무엇을 하려는가?

제자 : 성불하려고 합니다.

그러자 스승은 깨진 기왓장을 주워서 바위에 갈기 시작합니다.

제자 : 스승님, 무엇을 하십니까?

스승 : 이 기왓장을 갈아서 거울을 만들려고 하네.

제자 : 스승님 제발 그만 두세요. 기왓장을 아무리 곱게 간다한들 거울이 되겠습니까?

스승 : 이놈아, 나는 그렇다 치고, 네가 아무리 고요한 곳을 찾아다니며 좌선을 한다지만 한평생을 해봐라 부처가 되나.

여기에서 무엇을 느꼈습니까? 스승은 고요한 산과 같은

공간에 집착하는 제자에게 일격을 가한 것입니다. 깨달음을 위해 공간에 집착하는 것은 의미 없는 일입니다. 불교는 이처럼 시간과 공간을 넘어섭니다. 오직 깨달음을 향해 고요한 열반으로 나아갈 뿐입니다. 인간에게는 누구나 마음이 있습니다. 과거의 마음, 현재의 마음, 미래의 마음. 그런데 점심때가 되어 시골 할머니가 스님에게 묻습니다.

"스님은 어느 마음에 점을 찍어 밥을 드시겠습니까?"

스님은 눈앞이 캄캄해집니다. 왜냐하면 과거의 마음은 지나가 버렸고, 미래의 마음은 오지도 않았으며, 현재의 마음은 잡으려하면 이미 지나가 버리기 때문입니다. 시간이란 이런 것입니다. 문제의 해결은 깨달음의 주체가 어떻게 마음을 두느냐에 있는 것이죠. 과거-현재-미래라는 시간의 개념을 넘어 스스로 체득하는 수밖에 없는 노릇입니다.

이처럼 불교는 시간과 공간을 넘습니다. 불교는 자기 수양과 체험의 종교이므로 모든 문제의 출발이 자기 자신입니다. 따라서 진정한 자기를 찾는 노력을 통해 시간의 길고 짧음, 공간상의 넓고 좁음의 상대적인 관념을 뛰어 넘으려 합니다. 이런 시공관의 극복을 위해 화두라는 장치를 마련했던 것입니다.

나는 어디에

인간은 시간과 공간, 이 우주에 대해 다양하게 인식해 왔습니다.

그러나 어떤 경우에도 최종 결론은 유보 상태죠. 다시 한 번 정리해보겠습니다.

시간과 공간에 대한 최초의 이해는 혼돈과 무질서였습니다. 이후에 유한한 공간과 무한한 시간을 인식했습니다. 그러나 그것만이 전부가 아니라는 인식에서 뉴턴은 절대 공간과 절대 시간의 개념을 도출해냈습니다. 하지만 그 둘은 전혀 무관하게 있었죠. 그러다 아인슈타인이 나타나 시공간은 상대적이며 동시에 있다고 합니다. 이런 생각은 동양의 전통적인 사고인 우주, 집의 개념과 닮았습니다. 집이라는 공간에 거주하는 인간의 역사, 그것은 공간과 시간의 동시성을 보여주는 좋은 예입니다. 서구의 현대 시공관은 놀랍게도 동양의 그것과 유사한 경향을 보여줍니다. 그러나 놓치지 말아야 할 것은 시간과 공간에 집착하며 이해하는 동안 그것을 넘어서 있는 불교와 같은 세계관도 있습니다. 그들은 시공을 넘어 자기를 돌아보았습니다. 그것은 어쩌면 무한 시간과 무한 공간으로 볼 수도 있고, 시공 자체를 초탈한 것일 수도 있습니다. 여기에서는 버클리(George Berkeley, 1685~1753)나 흄(David Hume, 1711~1776), 베르그송, 변증법적 유물론 등 여러 철학자들의 시간과 공간에 대한 견해는 생략하겠습니다.

정말 시간과 공간은 존재하는 것일까요? 우주는 우리에게 무엇일까요? 그것을 어떻게 볼 수 있느냐는 우리 각자의 눈이 할 일입니다.

278

chapter 18

" 진리란
무엇인가 "

미국의 하버드대학이나 국립 서울대학교 등 세계 대부분의
대학들이 상징적인 문구로 "진리Veritas"를 내걸고 있습니다. 수많은
철학자들이 진리, 참다움이 무엇인지 수없이 탐구해왔습니다. 모든
인간은 어떤 형식으로건 "참"을 행하며 살아가려고 합니다. 그런데
그 "참"이 어려운 것이 때와 장소에 따라 다른 모습으로 나타나기
때문입니다. 또한 인간의 사유 방식에 따라서도 다르게 인식됩니다.
이런 다양함이 진리 문제에 대한 접근을 복잡하게 만듭니다.

　　우리의 일상생활을 돌아볼까요. 우리는 "참다움", "옳음",
"진실", "진리"라는 표현을 많이 씁니다. 선생님들은 학생들에게
언제나 "진실"하라고 강조하고, 친구 사이에는 "참다운" 믿음을
가지라고 권장합니다. 이때 "참답다", "진짜"라는 말은 대개
"거짓", "가짜"라는 말의 반대로 쓰입니다. 이것은 '진짜' 금이고
저것은 '가짜' 금이다. 역사상 이순신 장군은 "참다운" 군인이었다.
여기에서 '참(진짜)'이라는 의미는 사물들이 어떤 종류의 표준, 혹은

281

기준에 일치하는 속성을 지니고 있다는 것을 의미합니다. 예컨대, 표준의 금, 진짜 금은 일정한 무게, 화학적 성질, 비중, 광택 등의 속성을 지니고 있죠. 지금 손에 들고 있는 금덩어리가 이런 표준에 일치한다면 진짜 금이고, 표준에 맞지 않으면 가짜 금이 됩니다. 이순신 장군의 경우도 용기나, 전술, 위엄 등 이상적인 군인의 기상을 지녔기 때문에 참다운 군인으로 부를 수 있는 것입니다. 이처럼 "참(진짜)"은 우리가 언급하고 있는 사물의 속성이 어떤 기준에 부합하거나 일치하는 관계를 말합니다.

진리 탐구의 역사

그런데 그 표준이라는 것은 어디에서 누구에 의해 만들어질까요? 이 세상 안에 있는 것일까, 아니면 세상을 초월해 있는 것일까요? 그것은 절대적인가요 상대적인가요? 우선 그 문제는 접어두고 참이라는 말이 어떤 표준과 어떻게 일치하는지를 먼저 확인해보겠습니다.

참이라는 말은 어떤 사람의 주장을 표현하는 진술이나 신념 속에서 드러나기도 합니다. 참을 말하는 사람은 "옳은" 진술을 하는 사람입니다. 어린이가 동물원에 있는 말을 가리키며 "말"이라고 말하는 것은 옳습니다. 이런 진술은 참에 해당되죠. 우리가 어떤 사물을 보고 "옳다, 그르다"는 신념으로 표현할 때, 그 신념은 판단의 속성입니다. 그리고 그 신념은 참이기도 한 것입니다. 이렇게 볼 때,

참은 어떤 표준(기준)과의 일치나 부합, 또는 어떤 진술의 속성이라는 의미로 나눌 수 있겠습니다. 서양 철학에서는 이것을 크게 두 가지로 나누어 고찰해 왔습니다. 하나는 그리스 이래 중세를 거쳐 근대에까지 전해져 온 진리관이고, 다른 하나는 근세철학이 확립한 진리관입니다.

플라톤은 참된 진리에 도달하려는 인간의 노력은 성공할 수 있다고 보았습니다. 그리고 진리를 말한다는 것은 전혀 낯선 어떤 것을 말하는 것이 아니라고 이해했습니다. 소크라테스의 산파술에서 보았듯이, 진리를 배우는 것은 빈 그릇을 채우는 것이 아닙니다. 그것은 자신의 밑바닥에서 진리를 재발견하는 것이죠. 그리고 이 시기에는 있는 것과 없는 것, 우리의 인식과 바깥의 존재 또는 현실과의 일치에서 진리를 구하려고 했습니다. 진리의 기준이 바깥의 존재와 현실에 있는 것입니다. 예를 들면, 아리스토텔레스는 "있는 것을 없다고 하거나 없는 것을 있다고 말하는 것은 허위이며, 이와 반대로 있는 것을 있다고 말하고 없는 것을 없다고 말하는 것을 진리"라고 했습니다. 이때 진리의 기준은 우리의 인식이나 지각에 있는 것이 아니고 사물에 있으며, 인식이나 지각은 사물에 의해서 결정됩니다.

중세에 오면 진리관은 기독교의 신관과 결부됩니다. 하나님은 가장 높고 완전한 존재, 절대적이고 영원부동의 참된 존재로 인정됩니다. 인간은 신의 피조물이며 종에 불과하죠. 따라서 인간은 신앙을 통한 신의 계시를 통해서만 비로소 진리에 다다를

283

수 있습니다. 토마스 아퀴나스는 "자연의 빛에 의한 인식은 신의 신비로운 뜻에까지 도달할 수 없다"고 말합니다. 그것은 신의 직접 계시에서 얻어지는 초자연의 빛에 의해 인식에 이르는 단계에 불과하다는 말입니다.

근세에 이르면 신 중심의 세계관에 의문을 품기 시작합니다. 그들은 신이 아니라 인간의 의식과 인식에 진리의 기준을 두었습니다. 진리는 인간에 의해 발견되는 것이지 어떤 초자연적 계시에 의해 획득되는 것이 아닙니다. 진리는 우리 의식 속의 어떤 것입니다. 이런 인식의 확립에는 베이컨, 데카르트, 칸트의 이름이 기억될 만합니다. 칸트는 객관이 주관에 의거하며 객관은 주관에 의해서만 가능하다고 함으로써 진리의 기준을 주관에서 구했습니다.

그후, 미국에서 탄생한 프래그머티즘(실용주의)은 사유와 행동을 유효하게 하는 판단에 진리성을 부여하려고 합니다. 이는 진리의 기준을 판단이 가져오는 결과와 성과에 두려는 것이죠. 진리는 인간 생활에 현실적 유용성이 있어야 한다. 현실은 가변적이다. 따라서 현실을 유효하게 살아가려면 인간의 현명한 판단이 요구된다. 이러한 진리관은 상대적이고 부분적이며 비속적인 것으로 파악됩니다.

한편 마르크스의 변증법적 유물론에서는 의식에서 완전히 독립하고 있으면서 객관적 법칙에 의하여 운동하고 있는 물질의 존재성을 극단적으로 인정합니다. 변증법적 유물론은 사유로서의 의식이 물질세계의 법칙성을 정확하게 반영한다고 보았고 거기서 진리를 찾으려고 합니다. 이때 인간의 의식은 일정한 발전단계에

놓여있는 과학의 수준과 사회생활의 역사적인 상대성으로
존재합니다. 인간은 이러한 상대적 인식을 통하여 무한히 절대적
진리에 접근해 가는 것이죠.

고대에서부터 현재까지 진리를 탐구하는 인간의 열정은
끝없이 이어져 왔습니다. 그런데 시대마다 사상마다 진리를
파악하는 기준이 왜 다를까요? 진리는 명증성에 근거하기
때문일까요 아니면 실재의 모사일까요? 어떤 판단 체계에서 모순이
없는 것들일까요? 합리적이며 해석적인 것일까요? 한 가지로
대답하기는 곤란합니다. 그렇다면 "진리성(옳음)"에 관한 이론을
통해 이해를 시도해보기로 하죠.

285

■ 진리성에 관한 이론

진리 대응설

진리 대응설을 간결하고 명확하게 표현했던 철학자는
아리스토텔레스입니다. "없는 것을 있다고 말하는 것은 그르고,
반면에 있는 것을 있다고 말하거나 없는 것을 없다고 말하는 것은
옳다." 다시 말하면, 꽃이 피었을 경우, "꽃이 피었다"라고 말하고,
얼음이 녹을 때, "얼음이 녹고 있다"는 문장은 옳다고 판정할 수 있는
것입니다. 여기에서 옳은 진술은 사실로서 성립된 것을 주장하지만
그른 진술은 사실로 성립되지 않은 것을 진술합니다.

대응설은 진리를 관념idea과 실재reality의 대응으로 봅니다. 관념은 우리의 신념이나 의견, 개념, 생각, 지각을 의미합니다. 실재는 눈에 보이고 붙잡을 수 있는 것, 우리의 지각에 대하여 독립적으로 존재하는 어떤 것을 의미합니다. 만약 내가 "머리 위로 비행기 한 대가 날고 있다"고 말한다면, 여러분들은 곧바로 위를 쳐다보고서 내 말이 맞는지 그른지 확인할 수 있습니다. 여러분이 비행기를 볼 경우, 어떤 것이 실제로 하늘에 있고, 비행기라는 말이 실제로 있는 그 물체를 정확하게 기술하고 있다는 사실에 동의할 것입니다. 비행기의 종류나 속도에 대한 의견의 일치가 이루어지지 않았더라도 머리 위로 비행기가 실제로 날고 있었다는 원래의 언명이 거짓이라고 판정할 수는 없는 것이죠.

그런데 이를 검증하기 위해서는 제시하는 사실을 다른 사람들도 똑같이 관찰할 수 있어야 합니다. 적합한 사실의 존재에 대한 불일치나 그 사실에 관한 어떤 언명도 심각한 문제를 불러일으킵니다. 이와 같은 불일치나 의심이 생기면 언명이 참이 아닐 가능성은 높아집니다. 또 객관적 기준에 의해 증명하거나 측정할 수 없거나 사실상 존재하지 않는 영역에서의 진리 문제를 대응설은 해결하기 어렵습니다. 즉 사랑이나 정의의 원칙과 같은 것들의 참-거짓을 판별할 방법이 없는 것이죠.

• 진리 정합설

만약 어떤 학생이 증언을 했는데, 한 군데에는 자기가

1990년에 태어났다고 하고, 다른 데에서는 자기가 한국이 처음 IMF
구제금융을 받았을 때에 성인이었다고 진술한다면 정합성이 없다고
말할 수 있습니다. 1990년에 태어난 학생은 IMF구제금융을 받을
때에 일곱 살쯤 되었을 겁니다. 그런데 성인은 보통 18세 이상이기
때문에 우리는 그 진술이 이치에 맞지 않는다는 것을 금방 알 수
있습니다. 이처럼 진리는 일련의 모순되지 않는 관련 명제에 의하여
제시되는 속성입니다. 특수한 언명인 명제는 그것이 전 체계의
일부로 구성된 다른 명제들로써 완전하게 통합될 때 참입니다.
언명이 적합하지 못한 것을 참이라고 할 수 없습니다. 조리와 이치에
맞지 않으면 참이라고 할 수 없는 것이죠. 정합설은 이런 점에서
조리를 추구하는 이론입니다. 문제는 최초의 가정에 대해 참인지
거짓인지 논증하거나 증명할 수 없다는 데 있습니다. 즉 최초의
가정이 다른 가정들보다 우월하다고 증명할 수가 없습니다.

287

　　그러나 정합설은 혼란을 바로잡기 위해 사용하는, 어떤 신뢰할
만한 범주를 찾는 사람들의 일상적인 일 가운데서 예증됩니다.
수많은 자극들이 인간에게 가해지고 모순되는 예견들과 판단들이
인간에게 부과되죠. 그럴 때 그것들을 분류하고 정리하며 판단할
수 있는 기준이 없다면, 인간은 당황하여 어찌할 바를 모르게 될
것입니다. 인간은 하나 내지 그 이상의 기본 명제를 충실하게
만들어야 할 가치가 있다고 생각될 때, 자기의 경험을 통합합니다.
그리고 지켜야 할 것, 지키지 않아도 될 것을 구분하며 자기 지식을
조직할 수 있는 능력을 갖추게 됩니다. 즉 정합이론을 사용하여

자신의 삶을 정리하고 관조할 수 있게 되는 것입니다.

• 실용적 진리론

실용주의는 20세기 초, 미국에서 태동했습니다. 퍼스, 제임스, 듀이에 의해 제창되었는데, 존 듀이는 도구주의라는 용어로 자기 철학을 분명히 했죠. 실용주의는 참된 것은 효율적인 것이라고 말합니다. 어떤 사안에서 효율적이지 못하다면 참된 것이 아니다. 그래서 진리는 어떤 행위의 결과에 의해서만 정의될 수 있다. 즉 그 결과가 유효한가 그렇지 않은가에 따라서 결정된다는 말입니다.

하나의 언명은 개인이 바라는 결과를 얻기 위해 활동하는 상황이나 관계를 정확하게 기술할 때 참입니다. 따라서 인간은 현재진행중인 그들의 활동 속에서 진리를 창출합니다. 진리는 사람들이 자기 지식을 통합하고 사건의 과정을 예측하거나 바랐던 목적을 달성함으로써 얻어지는 효과에 따라 판단됩니다. 예컨대 실용주의는 컴퓨터 같은 인간에게 효용성을 주는 것을 발명했을 경우 진리를 발견했다고 봅니다. 또 사건의 과정을 더 정확하게 예측할 수 있는 학설을 완성하거나, 민주적인 정부형태와 같이 생활 경험을 인간의 욕구, 욕망을 충족시킬 수 있는 형태로 발전시키는 가운데 진리를 발견하는 것으로 만족합니다.

이런 점에서 그들은 진리를 창조합니다. 따라서 절대적이고 궁극적인 진리에는 관심을 갖지 않습니다. 그들은 특수한 가설들을 행위와 결과에 대한 실험을 통해 밝힐 때마다 인간의 사상과 행위를 통하여 진리가 끊임없이 형성된다고 말합니다. 그들은 과학 실험에서 수행되는 활동을 진리 형성의 실례로 자주 거론하죠. 그러나 많은 사람들은 실용주의와 같이 진리를 잠정적이고 가변적인 것으로 간주하는 데 만족하지 못합니다.

종교적 진리관

우리는 앞에서 진리의 본성에 대한 세 가지 이론을 간략히 살펴보았습니다. 또다시 우리는 진리가 하나로 정의하기 어려운 개념이라는 결론에 도달하고 말았습니다. 달리 말하면 진리를 향한 인간의 관심은 영원한 것인지도 모르겠습니다. 이제 한 걸음 더 나아가보죠. 좀 더 엄격하고 절대적으로 생각되는 종교적 진리에 대해 살펴보겠습니다. 우리 사회에 큰 영향을 미치고 있는 유교와 불교, 기독교가 추구했던 종교적 염원도 진리를 향한 거룩한 과정이었다고 말할 수 있습니다.

• 수기치인修己治人의 진리관

공자는 진리의 기준을 성인과 군자에 두었습니다. 유학에서는 "성실한 자는 하늘의 도이고 성실히 하려는 자는 사람의 도이다. 성실한 자는 힘쓰지 않고도 도에 맞으며 생각하지 않고도 알아서 자기도 모르게 도에 맞으니 이게 성인이다"라고 말하고 있습니다. 성인은 이미 성실을 몸에 체현하고 있는 사람입니다. 그러니

성실함 자체가 진리의 기준이 될 수 있습니다. 성실함이라는 것은
일상생활에서의 충실을 말합니다. 성실히 하기 위해서 인간은 "널리
배우며 자세히 물으며 신중히 생각하며 밝게 판단하며 독실히"
행해야 합니다. 즉 배우고 묻고 생각하고 판단하여 끊임없이 진리
탐구를 해야 합니다. 이렇게 하여 진리를 터득했을 때 인간은 최고의
경지에서 완성됩니다. 최고의 경지에 오른 성인은 지혜와 청렴,
용기와 재능을 두루 갖추고 있어야 할 뿐만 아니라 인간에 대한
기본적 예의와 행위에 대한 조절 능력, 인품이 고루 갖춘 전인이어야
합니다.

공자가 말하는 성인은 충서忠恕를 온전히 실천하는 군자의
길을 걸어가는 인물입니다. 군자는 인仁을 완성함으로써 자기
몸을 닦고 남을 편안하게 해주는 수기안인修己安人의 이상을
천하에 실현시킨 최고의 인간인 것이죠. 그러므로 유가의 진리는
인성人性의 선善한 이념에 근거합니다. 그리하여 완전한 인간을
양성하고, 건전한 인격을 함양하여 자기와 타인을 동시에 세우려고
합니다. 또한 진리는 사물에 부딪혔을 때, 잘 처리할 수 있는 방법을
일러줍니다. 이것이 유가의 교육사상인 동시에 그들이 추구한
진리입니다.

"사람들이 알아주지 않더라도 서운해 하지 않는다면 군자가
아니겠는가?"라고 하며, 군자는 부모에 효도하고 형제간에
공경하는 근본에 힘써야 한다고 강조합니다. 이러한 진리는 주체적
인간으로서 자기 신념에 의하여 스스로 사고하고 행동하는 인간에

의해 진리가 추구된다는 것을 암시하고 있습니다. 주체적인 인간은
도덕적 인격을 스스로 다져 나갑니다. 뿐만 아니라 그것을 타인에게
전달해야 한다는 강한 책임감을 지니고 있죠.

군자의 성실함은 어디에서 드러나는 걸까요? 성실함은 자기
몸가짐을 바르게 하는 내면에서도 드러나고, 타인을 다스리는
외면에서도 동시에 드러납니다. 다시 말하면 자신의 덕성을
수양하여 개인적인 이상을 달성할 때에도, 개인과 관계되는 국가와
사회에 공헌하기 위해 덕성을 쌓을 때도 드러난다는 것입니다.
유학이 추구하는 진리는 이것을 실천하면서 완성됩니다. 수기치인,
이것이 최고의 실천 행위라고 할 수 있습니다.

291

• 해탈과 열반의 진리관

불교는 더욱 복잡한 진리체계를 갖고 있습니다. 이 시간에는
4성제四聖諦(苦集滅道)를 통해 불교의 진리관을 살펴보겠습니다.

불교에서는 기본적으로 세상을 "괴로움[苦]" 자체라고
보았습니다. "세상에 태어나는 것도 괴로움이요, 늙는 것도
괴로움이요, 병드는 것, 죽는 것도 괴로움이다. 만나는 것,
정든 뒤 헤어지는 것, 구하는 것을 얻지 못하는 것, 이 모든
것이 괴로움이다." 불타의 깨달음은 세상 모든 것이 괴로움과
무상함이라는 허무적멸의 인식이었습니다. 그렇다면 이런 괴로움의
원인[集]은 무엇일까요? 인간은 다시 태어나고자 하는 것, 쾌락을
갈망하는 것, 탐욕을 부리는 것 때문에 괴로워합니다. 인간의

괴로움은 자기 생에 대한 그러한 집착에서 생겨납니다. 즐겁게 놀고
싶어 하며, 욕심 또한 끝이 없습니다. 이런 모든 행위가 괴로움을
일으킵니다.

그렇다면 이런 괴로움으로부터 벗어나는[滅] 길은 없을까요?
그러려면 먼저 괴로움의 원인이 무엇인지 알기 위해, 그 괴로움에
벗어나기 위해 끊임없이 수행해야 합니다. 수행을 통해 괴로움의
뿌리를 끊어야 합니다. 그래야 열반에 오를 수 있습니다. 이
과정에서 괴로움을 끊는 방법[道]이 앞에서 언급한 팔정도(여덟 가지
바른 길) 입니다.

불교의 진리는 이 네 가지에 기초하고 있습니다. 우리 인간이
살아가는 데 모든 것은 괴로움인데, 그 괴로움의 원인을 찾고,
괴로움을 끊을 수 있도록 수행하여 해탈에 이릅니다. 이것이 불교가
말하는 진리입니다. 문제는 이 모든 과정을 자각해야 한다는 데
있죠. 그 진리를 자각하면 부처가 되는 것입니다.

구원의 진리관

기독교에서 진리의 기준은 하나님입니다. 하나님께서 인간을
자기 형상대로 만드셨기 때문이죠. 그런데 인간은 본래의 창조적
아름다운 모습을 잃고 타락하는 원죄를 짓고 말았습니다. 타락하고
처참한 현실에서 인간이 어떻게 본래적 모습을 회복할 수 있느냐가
기독교의 근본 문제입니다. 다시 말하면 원죄에서 거듭나 구원을

얻을 수 있느냐의 문제인 것이죠.

이런 기독교의 신앙, 진리는 하나님이 인간을 구원해 준다고 믿는 것을 뜻합니다. 이러한 구원의 역사는 하나님과 만나는 역사입니다. 진리는 하나님과 만날 때 이루어집니다. 구약에서 예언자들은 이 역사를 구원의 약속으로 예언하였습니다. 하나님의 아들, 즉 예수 그리스도를 보내어 구원하게 되는 것이죠. 그 신앙이 바로 기독교적 진리입니다.

인간은 하나님의 형상으로 지으심을 받아 하나님의 말씀과 사랑을 받아들이는 자입니다. 동시에 인간은 원죄를 지었기 때문에 "옛 상황"에 처해 있지만 "새로운 상황"의 체험으로써 깨닫고 극복하게 됩니다. 그러나 인간의 역사 속에서는 이 상황들이 뒤섞여 있습니다. 그렇기 때문에 인간은 "의인인 동시에 죄인"인 것입니다. 옛 상황과 새로운 상황이라는 것은 신앙에 대한 질문이요 진리에 대한 물음입니다. 이 진리는 하나님과의 만남으로 향하고, 그것으로 말미암아 하나님과의 만남 속에서 걸어가는 길입니다.

293

진리는 존재하는가?

철학에서 말하는 진리는 관념과 실재 사이의 논리적 연관과 관계 있습니다. 앞서 살펴보았던 진리 대응설은 하나의 관념에 하나의 실재가 대응해야 하고, 정합설은 모순되지 않는 명제 사이에 조리가 맞아야 하고, 실용적 진리는 인간 행위의 결과가 유효한가 아닌가에 따라 진리를 판단합니다. 각 진리관은 경우에 따라 모두 적절합니다. 그렇다면 진리는 절대적이지 않다는 말이지요. 왜냐하면 상황에 따라 진리의 속성이 달라지기 때문입니다.

그러나 종교에서의 진리는 그 인식이 다르다는 것을 확인했습니다. 종교의 교리 자체가 절대적이기 때문이죠. 교리 자체가 진리이며 그 행동양식에 따라 진리를 추구하는 것, 즉 신앙생활을 해야만 하는 것입니다. 불교나 기독교 모두 세상을 바라보는 입장, 해탈과 구원을 향해가는 교리체계 자체가 진리인 것입니다. 따라서 다른 이론이 끼어들 여지가 없습니다.

인간에게 진리라는 게 과연 무엇일가요? 존재할까요, 아니면 존재하지 않을까요?

어쩌면 이것은 우리 인간에게 영원한 물음으로 남을 수밖에 없는 문제인지 모르겠습니다.

chapter 19

" 생명이란

무엇인가

"

생명이란 '살아 있는' 것을 말합니다. 죽은 것은 더 이상 생명이
아닙니다. 이 세상의 모든 것은 나름대로의 생명을 지니고 있습니다.
생명이 구체적인 존재 의미가 있다는 말이지요. 특히 생물의 경우,
살아 움직이는 활력으로 자기 생명력을 보여줍니다. 우리 눈에
보이지는 않지만 현미경을 통해서 보면 기묘한 형태의 원생동물이
꿈틀거리고 있습니다. 우리 인간의 몸은 또 어떻습니까. 각 기관의
움직임은 신비롭기만 합니다. 이런 생명이 어디에서 유래하고,
어떻게 태어났는지, 또 어떤 방식으로 존재하는지 궁금하지 않을 수
없습니다.

　　자연과학에서 생명의 정의는 너무 다양합니다. 이름을
모두 알 수 없는 풀들, 수많은 동물들, 인간의 생명에 이르기까지
의미부여를 하자면 끝이 없겠죠. 그리고 우리는 돌과 같은
무생물에도 이름을 붙입니다. 그러나 일반적으로 우리는 살아
움직이는 것들을 생명이라고 부릅니다. 나무나 풀 같이 한 곳에

297

고정되어 자라는 식물들, 곤충이나 새, 여기저기로 움직여 다니는 동물들. 이런 생물체에 있는 고유한 속성을 일컬어 생명이라 합니다.

그렇다면 생명은 어떤 특성을 지니고 있을까요? 생명은 무생물과 달리 아름다운 질서가 있습니다. 바다 생물 중에 조개를 예로 들어볼까요. 조개는 살아서 생명을 유지하는 동안 규칙성 있는 형태와 조개껍질을 만듭니다. 생명을 잃으면 조개껍질은 바닷가의 돌처럼 물에 씻겨 둥글어지다가 바다의 모래처럼 부서집니다. 사람도 마찬가지죠. 사람도 살아있는 동안 활력 넘치게 활동하고, 자기 질서와 규칙에 따라 삶을 영위하지만 죽어서 시체가 되면 썩어서 흙으로 돌아갑니다. 생체의 구성요소인 단백질이나 핵산 같은 고분자 물질은 어떻습니까. 이것은 분해되어 그 구성단위인 아미노산이나 누클레오티드가 되어 상태가 안정되고 평형을 이루게 됩니다. 생물과 무생물은 바로 이러한 질서와 평형이 있느냐 없느냐와 관련됩니다.

생명 탄생의 조건

생명은 자기 스스로 모든 것을 처리하며 살아갈 수 없습니다. 생물은 모두 먹어야만 삽니다. 영양을 섭취하지 않으면 안 된다는 것이죠. 에너지나 물질을 외부로부터 받아들여야만 자기를 유지하고 보존할 수 있는 것입니다. 식물은 태양빛과 탄산가스, 물을 받아들여 산소를

배출하고 광합성을 합니다. 동물은 다른 생물을 먹이로 섭취하여
노폐물을 배출하며 생명을 유지합니다. 이 속에서 먹이사슬의
관계가 형성됩니다.

생물학자들은 전통적으로 신진대사, 자극에 대한 반응,
생식, 진화의 성격을 가진 실체를 생명으로 정의해 왔습니다. 분자
생물학에서는 생명체를 "분자의 구조와 행동이 물질계와는 달리
주위 환경과 물질 및 에너지를 교환하는 개방된 체계, 자기 조절과
자기 증식을 하는 체계"라고 보았습니다. 그리고 러브록(James
Ephraim Lovelock, 1919~)과 같이 지구가 생명이 있는 것으로 주장하는
사람은 "외부와 정보를 교환하면서 외부 조건의 변화에도 불구하고
내부 조건을 일정하게 유지하는 항상성"이 생명의 특성이라고
강조합니다.

이 지구상에는 수천만 종의 서로 다른 종, 생명이 살고
있습니다. 이런 종의 다양성은 지구상의 생명이 오랜 진화 과정 동안
수많은 시행착오와 멸종, 새로운 시도를 거쳐 만들어낸 결과라고 할
수 있습니다. 생명은 살아남기 위한 끈질긴 싸움을 해왔던 것이죠.
그리고 세월에 거쳐 진화하면서 더욱 다양해졌습니다. 그래서
생명의 정의는 다양하지만 중요한 것은 생명이 다른 것과의 관계
속에서 자기를 지속해간다는 사실을 알게 되었습니다.

생명은 언제 어디에서 어떻게 탄생했을까? 지구가 형성된
것은 약 45억 년 전입니다. 원시 지구의 대기는 주로 메탄과
암모니아가 포함되어 있는 환원성 대기라는 주장도 있고,

일산화탄소, 탄산가스, 질소가스, 물로 이루어졌다는 견해도
있습니다. 처음으로 생명체가 나타난 것은 약 38억 년 전이라고
추정합니다. 환원성 대기는 어떤 에너지원의 작용을 받지 않는 한
안정 상태라고 합니다. 그렇다면 원시 지구에는 어떠한 에너지원이
존재했을까요? 먼저 태양 에너지가 있었습니다. 가장 중요하고
안전한 에너지원이죠. 화산활동이나 번개, 운석의 충돌 등을 생각할
수도 있습니다. 이들의 작용은 유기화합물을 만들 수 있는 조건이
됩니다. 이 유기화합물로 말미암아 생명은 탄생할 수 있었습니다.
과학자들은 이렇게 수많은 우주의 자연조건들이 생명의 원천이라고
인식해왔습니다.

생명을 탄생시킬 수 있는 대기와 에너지원이 있다는 가정 하에
이들을 합성시키고 생명을 출현시킨 무대는 어디일까요? 현재의
지구 상태로 미루어 보면 바다나 연못, 웅덩이, 사막 등을 떠올려
볼 수 있습니다. 물론 그 사실을 구체적으로 확인할 길은 없고 단지
가설이 있을 뿐입니다. 그 가설 몇 가지를 살펴보기로 하죠.

생명의 기원설

무생물이 자연스럽게 생물이 된다
자연발생설은 무생물로부터 생물이 자연스럽게 발생한다는
소박한 직감에서 생겨난 견해입니다. 겨울 내내 보이지 않던

개구리가 봄이 되어 땅 속에서 불쑥 나타났습니다. 이를 보고
개구리는 땅에서 나왔다고 생각합니다. 또는 썩은 고기에서
구더기가 생기고 그 구더기에서 파리가 나왔다는 식으로
생각하는 것이죠. 자연발생설은 과학이 채 발달하지 않았을 때의
견해들입니다. 인지가 발달하지 않았던 시대에는 눈으로 확인할 수
있는 것만을 믿었기 때문입니다.

생명의 탄생에 대해 탈레스를 비롯한 고대 그리스 학자들은
"생명이나 영혼과 같은 신비적인 힘에 의한 것이 아니라, 자연
자체의 힘에 따른다"고 생각했습니다. 그리고 플라톤은 "생물의
몸을 만들고 있는 물질 그 자체는 생명을 가지고 있지 않지만, 영혼
혹은 생명력이라는 것이 그 속에 들어감에 따라 그 물질이 살아있는
것"이라고 생각했습니다. 아리스토텔레스도 "물질과 영혼이
결합하여 생명이 형성된다"고 주장했습니다. 그러나 이들은 모두
자연의 어떤 힘이 어떤 이유로 생명이 없는 것에서 생명이 있는
것으로 바뀌는지에 대해서는 설명을 하지 못합니다. 인간의 과학적
호기심은 연구를 낳았고 이들의 견해는 곧 부정됩니다.

자연 발생설의 부정

처음으로 자연발생설을 부정한 사람은 레디(Francesco Redi,
1626-1697)입니다. 그는 썩은 고기에 모슬린 천을 씌어두게 되면
구더기도 파리도 생기지 않는다는 것을 증명하였던 것입니다.
그 이후에 현미경이 발명되면서 인식이 획기적으로 바뀌게

됩니다. 그간 육안으로는 볼 수 없었던 세계까지 볼 수 있게 되자 미생물이 자연발생할지도 모른다는 가설이 제기되죠. 부정되었던 자연발생설이 다시 자기 자리를 찾기 찾으면서 부정설과 대립하게 됩니다. 그러다 파스퇴르(Louis Pasteur, 1822~1895)에 의해 자연발생설은 완전히 부정되고 맙니다. 그 무렵 다윈(Charles Robert Darwin, 1809~1882)이 "생물은 간단한 생물로부터 오랜 역사가 진행되는 동안 서서히 진화해왔다"면서 진화론을 제창하자 최초의 생명에 대한 새로운 의문이 제기되었습니다.

한편에서는 영구생명설을 주장한 사람도 있었습니다. 그들은 시작과 종말을 가진 물질계와 영구 불멸의 정신계가 있다고 생각했습니다. 그리고 물질이 "생명력" 같은 신비의 힘으로 조직되어 생명을 만들어낸다고 주장합니다. 포자설도 있습니다. 넓은 우주 속 다른 천체에 생명이 존재하고 있는데, 그 하나가 포자의 형태로 운석에 의해 운반되어 지구 생명의 기원이 되었다는 주장이죠.

이러한 여러 관념론에 대해 엥겔스는 "무생물로부터 생성한 물질이 진화하고 발전하여 생명이 창출되었다"고 보았습니다. "생명은 무생물과 질적으로 다른 것이지만, 그 형성을 위해서 적당한 조건이 만들어지면, 무생물로부터 언제, 어느 때라도 생명이 발생할 가능성이 있다." 여러 주장이 오고가는 동안 과학적 발전은 계속되었고, 오파린에 와서야 좀 더 진보한 생명기원설을 접할 수 있게 됩니다.

생명기원설의 진보

오파린(Aleksandr Ivanovich Oparin, 1894~1980)은 소련의 유명한 생화학자입니다. 그는 이전의 자연발생설이나 여타의 생명기원설과는 전혀 다른 가설을 내놓습니다. 오파린에 의하면, 생명체는 원시 지구상에서 무생명체로 형성된 유기 물질들로부터 생겨납니다. 그는 철의 탄화물과 질화물이 바닷물과 반응하여 에탄이나 아세틸렌과 같은 탄화수소와 암모니아를 생성시켰고, 이 화합물들은 서로 작용하여 간단한 유기 화합물을 만들어냈다고 합니다. 이것들은 더 나아가 촉매력을 가진 더욱 복잡한 고분자 물질들로 진화했으며, 마침내 이것들로부터 원시 생명체가 만들어졌다고 설명합니다. 이를 다시 정리하면 다음과 같습니다.

첫째, 유기물이 오랜 진화 과정을 거쳐 원시적인 생물이 된다. 둘째, 생명 출현에 앞서 지구상에 대량의 유기물이 비생물적으로 형성되었고, 이 유기물로부터 생명이 형성되었다. 셋째, 이 과정에서 생겨난 유기 화합물은 안정된 것이 아니기 때문에 화학반응을 일으켜서 고분자 화합물로 발전할 가능성이 있다. 넷째, 이러한 고분자를 포함하는 유기 화합물은 서로 결합하고 외계로부터 분리되어 코아세르베이트라는 작은 물방울을 형성한다. 이 물방울이 세포 구조의 첫 단계이다. 다섯째, 생물활동의 기초가 되는 물질대사의 다양한 양식 가운데 많은 생물에서 공통으로 나타나는 양식이 가장 오래 전에 형성되었다.

오파린은 이 원칙에 입각하고 있었습니다. 현재 생물이 가진 복잡하고 정교한 조화의 대사 체계도 원시적인 형태로부터 점차 진화해 온 것이라고 할 수 있습니다. 이 가설은 생명의 기원을 밝히는 새로운 시각을 보여줍니다. 물론 생명의 기원은 아직도 신비의 베일에 싸여 있고, 우리의 호기심을 여전히 자극하고 있습니다.

동양의 생명관

동양인들은 과학적인 실험을 통해 생명의 기원을 탐구하기보다는 있는 그대로의 자연과 사회 속에서 어떻게 생명을 바라보고 보존하며 더불어 살아가느냐를 더 중요하게 생각했습니다. 특히 중국인의 고유한 세계관은 자연현상과 우주의 운행을 관찰하여 원리와 개념을 정립하였습니다. 생명은 음양陰陽, 오행五行, 기氣, 도道 등의 용어 속에 깃들어 있습니다.

생명은 자연과 우주의 음양, 남자와 여자, 밝고 어두움 같은 두 가지 요소가 역동적으로 교류하면서 존재하며 운행하는 데서 나옵니다. 그리고 물[水], 불[火], 나무[木], 쇠[金], 흙[土] 등 다섯 가지 기본 물질이 자연과 인간, 우주 속에서 끊임없이 교류하고 변화하고 대치하는 모습 속에서 생명력을 찾을 수 있습니다. 노자는 "도는 하나를 낳고, 하나는 둘을 낳고, 둘은 셋을 낳고, 셋은 만물을 낳는다. 만물은 음을 지고 양을 품으며 기와 조화하여 화합한다"며 도에서 생명의 연원을 찾고 있습니다. 주자는 "최초의 인간들은 기로부터

형성되었는데, 음양과 기의 미세한 입자들이 변화하면서 형체가
조합, 생성되었다"고 보았습니다. 생명의 기원은 기가 모여서
형성되었다는 말입니다. 반대로 기가 흩어지면 생명을 잃는 것,
죽음에 이른다는 말입니다.

　　음양의 조화도 생명을 말합니다. 독립적인 개체의 생명을
설정하지 않고 모든 생명은 자연의 운행과 질서, 관계의 사물이라고
말하는 것이죠. 생명은 그 가운데 있습니다. 기나 도, 음양과 오행은
생명력을 형용하는 말들입니다. 동양의 생명은 전체적인 관계와
조화 속에서 살아 움직이는 존재를 말합니다. 이런 인식은 앞서
살펴본 개개의 구체적인 물질의 합성을 생명의 기원으로 보는
서양의 인식과는 상당히 다르다고 할 수 있습니다.

생명의 존재 방식

생명이 특정한 여러 과정을 거쳐 형성된다는 데 인식을 같이
해봅시다. 그렇다면 어떤 형태, 어떤 방식으로 생명이 존재할까요?
생명은 살아 움직이는 생물로 그 신비를 드러내고 있습니다.
그렇다면 생물의 여러 가지 조건들을 통해 생명의 현상을 파악해 볼
수는 없을까요? 지구 위에서 살고 있는 다양한 생물은 우리에게 각기
다른 생명의 현상을 보여 주고 있으니까요.

　　지구의 생물은 태양의 열에너지와 빛에너지를 효과적으로
이용하면서 지구 환경과 조화를 이루면서 살고 있습니다.

살아간다는 것은 생명을 유지하고 보존한다는 의미입니다. 그러나 지구 바깥으로 벗어나면 지구의 생물은 적응할 수 없습니다. 강한 방사선과 X선, 자외선 등은 생물이 견딜 수 없는 극한 조건입니다.

따라서 생물은 지구의 한 분신이라고 말할 수 있습니다. 왜냐하면 지구상에 존재하는 탄소, 질소, 산소, 물, 인, 철분, 염분 등으로 구성되어 있기 때문이죠. 생물은 이 성분들을 매우 규칙적이고 질서정연한 화학 반응을 통해 합성합니다. 지구 환경에 적응하여 생체 구성과 그 기능을 유지하면서 생존과 번식을 해나갑니다.

모든 생명은 움직이거나 변화하기 위해 반드시 에너지를 사용해야 합니다. 식물이건 동물이건 인간이건 영양분을 섭취하여야 한다는 말입니다. 생명을 유지하기 위해 계속적이고 다양한 형태의 동력발생장치와 동력활용장치가 있어야 하는 것입니다. 다시 강조하면 지구 생물의 에너지 원천은 태양의 광화학 에너지입니다. 식물은 탄소동화작용을 통하여 태양의 빛에너지를 고에너지로 전환하여 화학에너지로 비축합니다. 생체기관의 세포들은 화학반응을 통하여 포도당과 같은 에너지 함유물로부터 생체구성물을 합성하고 에너지를 생산합니다. 이 과정을 대사라고 부릅니다. 대사란 생명이 살아가기 위한 일입니다. 모든 생명체는 일을 그만두면 죽습니다. 이 일을 통하여 생명체는 대사과정의 화학반응에서 발생하는 열에너지와 전기화학 에너지를 유효적절하게 생체기관에 공급하여 체온을 유지하고 활동하는 데 사용합니다. 이것이 생물의 동력원인 생명입니다.

대사를 통한 에너지의 수요 공급이 어떻게 이루어질까요?
생명체는 항상성을 유지하기 위해 대사를 진행하고 이를 통해
생체구성물과 에너지의 균형을 이루어갑니다. 이 기능이 생명의
신비한 부분입니다. 생물은 본능적으로 생존하려는 생명력이
있습니다. 인간은 매일 적당량의 칼로리를 섭취하고 몸, 생명을
유지합니다. 그리고 몸 안에서는 골고루 영양을 분해하여
신진대사를 하고 몸의 균형을 유지하죠. 몸 안에서 이런 생명 현상은
자연스럽게 일어납니다. 우리는 왜 그런지는 알 수 없습니다. 단지
우리의 몸이 그 유지에 필요한 만큼의 에너지를 요구하며 균형을
유지하려고 할 뿐입니다.

307

생명을 어떻게 이해해야 하는가?

생명은 살아있는 것입니다. 죽음이 아닙니다. 그래서 모든 생명체는
나름의 합목적성이 있습니다. 어떤 사물이나 행동이 그 목적에
적합할 때 우리는 그것을 합목적성이 있다고 말합니다. 하늘을
날아다니는 새는 몸이 대부분 가벼워서 날아다니기에 알맞습니다.
물고기는 물의 저항을 적게 받으며 헤엄쳐 다닐 수 있도록
유선형으로 생겼습니다. 들풀, 갖가지 동물들이 자기 생명체를
환경에 적응해서 잘 유지하고 있습니다. 누구도 그들의 자기 목적에
대해 반박할 수 없죠. 이것이 생명 자체의 신성함입니다.

생명을 중핵으로 하는 생물은 앞에서 본 것처럼 유형적인 생체구성물일 뿐만 아니라 무형적인 요소인 전기, 전자파, 중력, 에너지 등과 함께 어우러진 집합체입니다. 즉 유기적인 관계로 이루어진 유기체인 것이죠. 유기체는 무형과 유형이 서로 보완하는 조화체입니다. 그런데 많은 사람들이 생명을 기계의 부속품처럼 이해해 왔습니다. 세포 단위나 종 단위로 생명을 이해해 왔다는 말입니다. 그러나 생명은 살아 있다는 것과 기본적인 질서를 유지하고 있다는 가정 하에 성립합니다. 살아 움직이기 위해서는 목표와 동력원이 필요하고, 질서를 유지하기 위해서는 신호 전달과 통제 기능이 있어야 합니다. 또 설정된 목표로 가기 위해서는 사고와 판단 기능이 있어야 합니다. 그래서 생명은 유기적 관계 속에서 전일적이고 통일적으로 바라보아야만 하는 것입니다.

물론 생명은 그 본능 속에 협동과 경쟁이라는 상반된 성향을 지니고 있습니다. 그러나 기나긴 진화의 과정에서 이것은 자신을 유지하기 위한 하나의 방법이었습니다. 어쩌면 생명 자체의 존재 방식을 보여주는 것일 수도 있습니다. 우리 눈에 보이는 지구상의 생명은 무한합니다. 어쩌면 순환을 반복하는 듯하고, 생명과 죽음을 반복하는 것처럼 보이기도 합니다. 하지만 생명 그 자체의 진화는 끝이 없습니다.

그 중에서도 인간의 생명에 대한 인식은 다른 의미를 지닙니다. 인간만이 오직 이성을 지니고 인식할 수 있기에 자연적인 생명은 물론이고 사회적인 생명까지 고려해야 하는 복잡한 생명이

인간입니다. 어쩌면 생명의 기원에서부터 모든 생명에 대한 이해는
인간의 생명을 제대로 이해하기 위한 수단이었을 수 있습니다.

인간, 유기적 생명체

우리는 앞에서 자연과학적인 생명의 의미를 이해하려고 해왔습니다.
생명은 신진대사를 하며, 생식을 하고, 진화를 합니다. 지구가
형성된 이래 여러 에너지원에 의해 유기 화합물이 형성될 조건이
갖추어지고 그 이후 생명의 탄생을 예견할 수 있었습니다. 생명의
기원에 대한 여러 가지 가설도 검토해보았습니다. 자연발생적이건
유기물의 합성에 의해 진화해왔건 생명은 탄생되었습니다. 문제는
생명을 어떻게 이해하느냐 입니다. 동양에서는 조화와 화합의 관계
속에서, 서양의 생물학에서는 항상성의 유지와 대사의 진행에 의해
균형과 조화를 이룬다고 했습니다.

　강조하자면 유기체인 생명은 전체의 관계 속에서 바라볼
필요가 있습니다. 특히 인간 생명은 이 지구의 모든 생명체들과
더불어 "생명의 그물" 안에서 볼 필요가 있습니다. 그것은 인간이
혼자서 살아가지 않기 때문이며 모든 생명의 그물망과 통해야 하기
때문입니다. 자연과학적인 생명을 이해하려는 시도도 그런 차원의
하나가 아닐까 싶습니다. 자연의 생명을 파악하는 것이 바로 모든
생명을 파악하는 단초가 될 수 있기 때문입니다.

309

chapter 20

**" 정신과 육체는
분리될 수 있는가 "**

세계는 다양한 물질로 구성되어 있습니다. 물이나 불, 공기, 흙,
나무와 풀 등 이루 헤아릴 수 없는 물질이 서로 뒤섞여 움직이며
작용합니다. 인간도 세계 내에서 이 물질의 한 부분입니다. 그런데
인간에게는 "정신"이라는 독특한 영역이 있습니다. 그래서 다른
사물과의 구분할 수 있게 합니다. 다시 말하면 인간은 물질의
형태인 "'몸", 혹은 "신체", "육체"라고 부르는 것과 "정신", 혹은
"마음"이라고 부르는 것이 오묘한 형태로 얽혀 있습니다.

　　이번 강의는 정신과 물질에 관한 것입니다. 인간에게서는
"마음과 몸"의 관계에 대한 이해이기도 하다. 특별히 의식하지는
않지만 늘 활동하는 마음과 몸을 어떻게 이해하면 좋을까요? 이
문제도 다양한 시각들이 쏟아져 나왔습니다. 사는 곳에 따라서도
다양한 인식이 있어왔습니다. 그 흐름을 짚어보기로 하죠.

만물은 물질로 이루어져 있다

고대 그리스의 철학자들이 주장한 정신과 물질의 관계를 찾기란 쉽지 않습니다. 그들은 먼저 광막한 우주에 대한 경이와 호기심을 갖고 있었습니다. 그래서 그들은 사물이 무엇이고, 어떤 과정을 통해 사물이 변화하는지 의문을 가졌습니다. 그것이 그들의 철학을 낳았습니다.

최초의 철학자라고 인정받는 탈레스는 만물이 '물'로 이루어져 있다고 했습니다. 우주의 물질적 재료가 물이라는 말이죠. 이는 우리 몸의 70% 이상이 수분으로 이루어져 있다는 사실과도 관계됩니다. 아낙시만드로스는 탈레스와는 달리 그것을 "결정할 수 없다"고 주장하며 "무한한 것"이라고 했습니다. 아낙시메네스는 물질의 실체는 "공기"라고 얘기하죠. 공기가 희박하냐 농후하냐에 따라 물질이 다르게 형성된다고 했습니다. 농후해진 공기는 바람을 만들고 이 과정이 계속되어 물을 만듭니다. 그리고 땅이 생기죠. 이 과정에서 최후의 모습은 딱딱한 암석입니다. 이런 생각들이 우주의 원질에 관한 최초의 설명들입니다.

그러면 물질은 물질 자체로 가만히 있는 것일까요? 물질을 다른 형상으로는 표현할 수 없나요? 우리 인간의 육체는 어떻게 이해할 수 있죠? 피타고라스학파는 이런 질문에 대해 "만물의 기본 원리는 수"라는 획기적인 철학을 성립합니다. 구체적인 물질의 존재를 수의 계산을 통해 이해하는 방식으로 발전시켰던 것이죠. 물질 존재에 대한 형상은 원래의 물질, 즉 질료에 대한 형상의 탄생을 의미했습니다. 비로소 정신과 물질은 형상과 질료의 개념으로 설명할 수 있는 계기를 마련했습니다.

그 후 그리스 철학자들은 물질의 구성요소를 설명하는 데서 사물의 변화를 설명하려는 데로 관심을 옮겨갑니다. 헤라클레이토스의 "만물은 유전한다", 파르메니데스의 "존재한다", 제논의 역설, 엠페도클레스의 4원소-흙, 공기, 불, 물-의 조화와 부조화, 사랑과 증오의 원리들. 이 모두는 사물의 존재가 어떻게 변화하느냐에 대해 설명하려는 노력들이었습니다.

그러다가 아낙사고라스(Anaxagoras, B.C. 500?~B.C. 428)에 이르러 획기적인 발견이 이루어집니다. 바로 정신의 문제입니다. 그는 정신을 질료(물질)와 구별했습니다. 그는 세계와 세계의 만물은 매우 질서 있는 것으로 이해했습니다. 그리고 지식과 힘을 가진 하나의 존재를 설명 원리로 요구하는 복잡한 구조라고 생각하였습니다. 그것이 바로 정신 혹은 누우스nous라는 개념입니다. 정신은 물질(질료)에 질서를 부과하는 원리입니다. 이후 서양의 철학 전통은 형상과 질료, 정신과 물질, 마음과 신체라는 두 가지 개념의 긴장 관계 속에서 이어져 내려옵니다.

사물로부터 독립적으로 떨어져 있는 정신의 세계

플라톤이 서양의 철학전통에서 거의 절대적인 영향을 미친 존재라는 것을 이미 이야기를 했습니다. 그의 정신은 서양정신에 뿌리 역할을 하고 있습니다. 그가 뿌린 씨앗이 발아하여 서양의 지적인 가지들과 잎사귀들이 무성해진 것이죠.

플라톤은 지금 우리가 말하고 있는 정신과 물질을 어떻게 바라보았을까요? 플라톤은 우리 눈앞에 펼쳐지는 다양한 사물들에 대한 상식적인 인식에서 출발합니다. 그는 수많은 사물들의 이치를 파악하기 위해 정신은 우선 현상적인 사물들이 움직이는 이유들을 발견해야 한다고 깨달았습니다. 그리하여 사물들의 배후에 존재하는 세계를 발견했습니다. 그것이 사유와 이데아들의 세계였죠.

플라톤은 근본적으로 형상이나 이데아는 변하지 않고 영원하며, 비물질적인 본질이라고 말합니다. 우리가 보고 있는 현실적, 시각적인 대상, 즉 물질은 단지 형상의 조잡한 모사에 불과합니다. 그리고 이러한 형상은 구체적인 사물과 떨어져 있습니다. 구체적인 사물들로부터 "분리되어" 존재하므로 하나의 독립적인 존재를 갖습니다. 이에 형상, 정신은 독립적이므로 특정한 사물이 사라진다 해도 계속 존재합니다. 예컨대, '컴퓨터'라는 사물은 다양한 기능과 역할을 가진 기계로 형상되어 있습니다. 그리고 끊임없이 개발되어 다른 것으로 바뀌어 갑니다. 그런데 그 컴퓨터가 사라진다고 해도 그것의 형상은 컴퓨터라는 이데아로 우리에게 남아 있는 것입니다.

플라톤은 정신이 형상들을 발견하는 세 가지 방식을 제시합니다.

첫 번째, 상기想起의 방식입니다. 영혼은 육체와 결합하기 전에 이미 형상들과 친숙했습니다. 따라서 구체적으로 보이는 물질들은 인간에게는 이미 알고 있던 본질들을 상기시킵니다. 앞에서 언급했던 것처럼 우리 정신은 이미 컴퓨터란 존재를 알고 있습니다. 완전히 잊어버린 것이 아니라 접할 기회가 없어 잠시 잊고 있었을 뿐이죠. 다시 컴퓨터를 보면 컴퓨터에 대한 지식이나 기억이 되살아나 그것의 본질적인 의미를 회복할 수 있습니다.

두 번째는 변증법적 활동을 통해 형상의 인식에 도달하게 됩니다. 우리는 모든 사물들 사이에 상호관계를 발견할 수 있습니다. 이 상호관계의 발견을 통해 사물들을 추상화할 수 있는 것이죠.

세 번째는 갈망의 힘, 사랑eros을 통해서입니다. 우리는 아름다운 대상에서 아름다운 사유로 나아갈 수 있습니다. 아름다운 생각을 통해 아름다움의 본질을 찾아 단계적으로 접근할 수 있는 것입니다. 이는 누구나 갖는 일반적인 사고입니다.

플라톤은 이데아의 세계가 사물로부터 떨어진 독립적인 정신의 세계라는 것을 발견함으로써 정신과 물질의 관계를 해명하는 데 근본적인 인식의 변화를 가져다주었습니다.

317

영혼과 육체의 결합

정신은 영혼 · 의식 · 사유 · 이성 · 형상 · 이데아 등과 밀접한 유사성을 갖고, 물질은 신체 · 물체 · 사물 · 연장 · 가능태 · 질료

등과 관련을 맺습니다. 여기서는 무리가 따르겠지만 편의상 각
부류에 속한 개념을 동일한 의미로 치환하여 사용하기로 합니다.

아리스토텔레스는 플라톤의 계승자라고도 볼 수 있습니다.
그러나 아리스토텔레스는 질료와 형상을 구분합니다. 물론 형상이
없는 질료나 질료가 없는 형상을 내세운 적은 없습니다. 존재하는
만물은 구체적인 개별 사물들이며 질료와 형상의 조화이죠.
그러므로 실체는 형상과 질료의 복합체입니다. 그렇다면 인간은
정신과 신체의 복합체인 것입니다. 앞에서 플라톤은 이데아나
형상이 사물과 동떨어져 존재한다고 주장했습니다. 그러나
아리스토텔레스는 사물은 동떨어진 것이 아니라 그 둘이 결합되어
있는 덩어리라고 주장합니다.

이를 인간에게 적용하면, 영혼과 육체는 함께 하나의 실체인
인간을 형성합니다. 우리 민족이 즐겨 입던 흰옷을 본다고 칩시다.
플라톤의 경우라면 관념적으로 흰옷을 실제로 보지 않고 그려볼
수도 있습니다. 그러나 아리스토텔레스에서는 현실적으로 흰옷에
직면할 때만 그것을 볼 수 있습니다. 이런 방식으로 이성적 영혼은
사물의 참된 본성을 이해할 수 있는 것입니다. 아리스토텔레스는
이처럼 영혼과 육체를 밀접히 결합시켰습니다. 영혼은 육체를
조직화하는 원리입니다. 따라서 육체가 죽으면 영혼도 함께
사라지는 것이죠.

이런 인간의 정신과 육체에 대한 이해는 아주 현실적인
듯합니다. 물론 육체와 정신의 조화라는 그의 인식은 플라톤의

그것과는 달리 또 다른 논쟁의 불씨를 남기고 있습니다.

기독교의 성스러운 정신

종교에서 정신과 육체(물질)라는 개념을 이해하기 위해서는 이원론적 세계관에 대한 이해가 선행되어야 합니다. 원시적 종교인들은 신화적 세계와 현실이 하나로 연결된 일원론적 세계에 살았습니다. 종교생활과 일상생활이 하나로 연결되어 있었죠. 이들은 주로 신적인 모델에 의한 현세의 유지와 조화에 관심을 갖고 있었습니다. 따라서 그들은 현실을 있는 그대로 받아들이고 살아가려고 합니다. 그러다 기원 전후에 이원론적 세계관이 나타났습니다. 현실과는 다른 초월적인 세계를 생각하기 시작했다는 말이죠. 그들은 초월적인 곳이야말로 인간에게 삶의 의미를 부여해주는 궁극적인 현실이라고 이해했습니다. 이런 초월적인 세계가 내세, 신의 세계, 영계, 절대계라고 불리는 곳입니다. 종교의 주요 관심은 현세로부터 초월적인 세계로 옮겨가는 데 있습니다. 이것이 앞에서도 언급했던 구원입니다.

　서구의 전통에서 '정신'이라는 말은 종교적인 기원을 가지고 있습니다. 그래서 정신은 성스럽습니다. 그렇기 때문에 그것은 진정한 힘입니다. 이 정신은 인간의 동물적 부분이자 맹목적인 욕구의 잠재력인 신체(육체)와 대비됩니다. 기독교에서 정신은 인간이 이성을 갖출 수 있게 해주는 것인 동시에 신성에 참여할 수 있게 해주는 원리라고 말할 수 있습니다.

따라서 현실과 초월 세계는 우리의 관심인 정신과 육체(물질)에 비교해서 이해할 수 있습니다. 현실은 육체의 현상적이고 참된 것이 아닐 수 있습니다. 그러므로 현실을 벗어나 초월 세계로 들어가 정신의 구원, 신성을 갈구하는 것입니다. 육체의 쾌락-현실이 아니라 정신의 구원-초월 세계로 나아가려는 것이죠. 기독교는 이러한 정신, 신성의 세계를 강조합니다. 플라톤과 아리스토텔레스는 인간의 신성한 부분으로 정신[nous/지성]을 생각했습니다. 그러나 이는 기독교 전통에서 더 이상 인간의 본질로 간주되지 않습니다.

320 정신과 육체의 분리

근세에 이르러 인간의 이성이 중시되기 시작합니다. 근세 철학의 아버지라고 불리는 데카르트는 "지적 확실성"에 대해 주된 관심을 갖고 있었습니다. "나는 생각한다, 그러므로 나는 존재한다Cogito ergo sum." 이 짧은 언표 속에 데카르트의 전 사상이 녹아 있습니다. 이 언표에 의해 증명되는 것은 사유하고 있는 나의 존재밖에 없습니다. 나의 회의는 나의 육체와 사유 이외의 모든 것에 대해 남아있습니다. 그러므로 이 언표는 나의 존재를 확신시켜 줍니다.

나는 사유(생각)하는 사물입니다. 사유하는 사물? 그것은 회의하고 이해하고 긍정하고 부인하는 사물일 뿐만 아니라 상상하고 느끼는 사물이라는 말입니다. 사유는 하나의 사실입니다. 따라서

사유하는 사물인 사유자가 있어야 합니다. 그런데 이 사물이
"육체"는 아니죠. 여기에서 우리는 "정신"을 발견하게 됩니다.

데카르트는 사유하고 있는 나의 자아가 나의 육체와는
전적으로 구별된다고 보았습니다. 그것 없이도 존재할 수 있는
것이죠. 우리는 이리저리 움직이는 것에 대한 이른바 "연장된
실체"라고 부르는 육체들의 활동에 대한 명석한 경험을 가지고
있습니다. 또한 시각, 청각, 촉각, 또는 우리의 의지에 반하는 감각적
인상들을 받게 되며, 그것들이 우리 자신 이외의 다른 물체들로부터
오는 것으로 믿습니다. 쉽게 말하면, 눈을 통해 빨간 장미꽃을 보면
자신도 모르게 느껴지는 인상이 있습니다. 이는 장미꽃으로부터
받은 하나의 시각(느낌)입니다. 이는 생각 그 자체가 아니라 생각이
연장된 것이죠.

데카르트의 사상은 이원론에 근거합니다. 정신과 육체라는
두 가지 실체를 분리하여 이해하기 때문입니다. 정신적인 것과
물질적인 것은 두 가지 실체로서 아무런 관련이 없고 완전하게
독립적이어야 합니다. 그는 살아있는 물체는 연장을 소유한다고
했습니다. 따라서 실체(물질계)의 부분을 이룹니다. 정신과 육체의
관계 속에서 정신(영혼)은 직접 육체의 여러 부분들을 움직일 수
없습니다. 이에 데카르트는 '송과선松果線' 즉, 뇌 속에서 주요 부분을
차지하고 있는 장치가 무엇보다 먼저 '생기生氣'와 접촉하며 이를
통해 상호작용한다고 주장합니다. 이는 인간의 육체를 기계적으로
설명하는 것입니다. 전일적인 인간 체계라는 입장에서 보면 여러

가지 한계를 안고 있습니다. 어떻게 정신과 육체가 송과선이라는
통로를 통해 기계적으로 상호 작용한단 말일까요?

　　중요한 것은 데카르트가 정신과 육체를 분리하여 이해하고
그것을 통일적으로 설명하기 위해 송과선이라는 장치를 설정했다는
점입니다. 이런 관계 속에서 인간은 여러 활동을 할 수 있습니다.
순수 사유에 빠질 수도 있고, 정신은 물질적인 감각이나 지각에 의해
영향을 받기도 합니다. 또 육체는 그의 영혼에 의해 지도될 수도
있고 기계적인 힘을 받아 움직일 수도 있습니다.

역사 속에서의 정신

헤겔은 '정-반-합'이라는 변증법으로 우리에게 널리 알려져
있습니다. 그러나 그가 무엇보다 중요한 것은 그가 역사의식과
인류의식의 발전단계를 연구했다는 것입니다. 인간의 사유
과정을 밝혀내려는 그의 노력은 인간정신을 구명하기 위한 좋은
자료입니다. 아니, 인간정신 그 자체라기보다는 정신의 운동이라는
차원에서 이해할 필요가 있습니다.

　　헤겔은 세계를 하나의 유기체적인 과정으로 간주했습니다.
플라톤의 엄격한 이원론에 반해 헤겔은 현상이 곧 실재이며 무관한
것은 아무 것도 없다고 말합니다. 그러므로 무관한 듯한 사물을
주의 깊게 반성해보면 그것과 관련된 다른 사물들로 인도됩니다.
이 변증법적 사유는 절대자를 인식할 때까지 계속되는 것입니다.

저기 산에 박혀 있는 큰 바위는 나와 아무 관련이 없는 듯합니다.
그러나 언젠가 그것이 집안 뜰의 조경에 쓰인다거나, 등산을 갔을
때 휴식처를 제공한다면 새롭게 인식되는 것은 물론 깊은 관련이
있음을 발견하게 됩니다. 이런 과정을 겪는 동안 인간의 정신은
자연, 절대자와 관련을 맺습니다. 이는 인간의 사유도 하나의 과정,
더 정확히는 변증법적인 과정임을 보여주는 것입니다.

그렇다면 사유의 변증법적 과정은 어떻게 진행될까요? 인간의
이성은 모순을 범합니다. 헤겔은 인간이 자신의 내부에 있는
모순에 의해 대립이 생기고 그것을 적극적으로 지양하면 더 높은
차원으로 나아가는 운동을 전개한다고 생각했습니다. 이 과정은
테제(정립), 안티테제(반정립), 진테제(종합)의 과정을 거칩니다. 정립은
원래부터 정리된 하나의 주장이며 주관적 정신입니다. 이것이
내적 모순을 낳으면 대립명제가 생기는데 이것이 반정립(객관적
정신)의 과정입니다. 마지막으로 정립과 반정립의 모순이 통일되는
절대정신의 단계에 이르게 된다는 것입니다.

그 인식의 정점에는 예술, 종교, 철학이 있습니다. 이런 정신의
과정을 통해 그는 역사 속에서의 정신을 보여주었습니다. 헤겔은
각각의 인간이 정신의 대리인일 뿐이라고 말합니다. 정신은 자연에
대립되는 역사를 낳은 자율적 결정의 능력이죠. 그리고 정신은
역동성을 가지고 세계 속의 합리성을 출현하게 했습니다. 이러한
정신은 인간이 구축한 문화형태 속에서 드러납니다. 정신은 아주
구체적으로 역사를 만들어갑니다. 이런 역동성을 제시하며 정신을

이해하려 한 것이 헤겔의 절대적 공헌이라고 할 수 있습니다.

몸과 마음의 통일

이제 눈을 돌려 동양을 보도록 하겠습니다. 전통적으로 동양의 눈은
이분법적이지 않습니다. 통합적이고 전일적인 체계 속에서 분별하는
시각이 있어 왔습니다. 특히 인간의 정신과 육체에 해당하는
마음과 몸, 심신心身의 관계는 나누어 보지 않았습니다. 마음이 곧
몸이고 몸이 곧 마음이라는 의미가 강하게 자리하고 있습니다.
그래서 "마음을 닦는" 것과 "몸을 닦는"다는 말은 거의 같은 의미로
쓰입니다.

공자를 주축으로 하는 유가는 다양하고 풍부한 철학적
사고를 가지고 있지만, 도덕적 생활을 위한 수양을 강하게
제시합니다. 그래서 개인의 수양은 우선 내 "마음"을 바로잡는 데
있습니다. 분노로 기분이 뒤집히면 마음은 그 바른 위치에 있지
못합니다. 공포에 의해서도, 무엇에 대해 과한 애착을 느낄 때에도
마찬가지입니다. 정신이 평행을 잃기 때문에 마음은 바른 위치에
있지 못한 것입니다. 마음이 거기에 있지 않으면 보아도 보이지 않고
들어도 들리지 않고, 음식을 먹어도 맛을 모르게 됩니다.

그렇다면 마음이 인간의 행위를 결정하는 것이죠. 맹자는
부동심不動心, 즉 "마음이 흔들리지 않는 태도"를 매우 중요하게
여겼습니다. 그리고 "학문하는 것이 다른 게 아니라 풀어 해이해진

마음을 굳게 다잡는 것"일 뿐이라고까지 말했습니다. 또한 주자는
마음을 이렇게 말합니다. "마음이라는 건 사람에게 있는 헤아려
밝힐 수 없는 그 무엇이다. 여기에는 모든 이치가 갖추어져
있어서 세상만사가 다 응할 수 있다." 마음속에 모든 이치가 다
갖추어져 있다면 우리는 그것을 밝혀내기만 하면 됩니다. 마음이
모든 것을 주관한다면 인간사에서 어려운 일이 무엇이겠습니까?
그런데 마음이란 게 그렇게 간단하지 않습니다. 왕양명은 조금 더
적극적으로 마음에 대해 이야기합니다. "마음 밖에는 어떤 것도
없으며 어떤 이치도 없다." 모든 사물이 마음으로 포섭되는 것이죠.
마음이 지향하는 곳에 사물이 있게 마련입니다. 여기에 이분법적인
사고가 개입할 여지는 없습니다.

　　마음은 일종의 수뇌로서 그 작용은 인류의 모든 지능과 재능을
통제할 수 있습니다. 마음은 또한 본체이기도 합니다. 그렇기 때문에
무한한 양태의 모든 사상을 자신 속에 포함하고 일반적인 의미에서
모든 사물을 지배할 수 있습니다. 마음은 여러 가지 방식으로 사물에
작용합니다. 마음은 신체의 주인이 되거나 외형의 군주가 되기도
합니다. 또는 생의 근본이 되기도 하죠. 이성 속에 침투함으로써
신명이 변화되기도 하고 정에 깃들어 사랑의 은혜를 베풀고
정성스럽게 되기도 합니다.

　　마음은 단순히 신체의 어떤 기관을 설명하는 것이 아니라,
인간의 구조를 종합적으로 안고 있는 것입니다. 유가에서 마음은
몸(신체)에 대해서 말하는 것이라기보다는 다른 사물에 대해 말한

것입니다. 따라서 서양의 정신과 육체의 관계와는 다르게 이해해야
합니다. 이미 정신과 육체는 하나이기 때문입니다.

오직 마음

불교는 흔히 "마음"의 종교라고 부릅니다. 불교에서도 "마음이 곧
부처"라고 이야기합니다. 불교에서 마음은 모든 것의 근본입니다.
마음이 중심이 되고 마음에 의해서 모든 것이 이루어집니다. 나쁜
마음을 가지면 말과 행동도 나빠지고, 이 때문에 괴로움이 따릅니다.
착한 마음을 가지면 말과 행동이 착하게 되고 이 때문에 즐거움이
따릅니다. 부처는 "모든 악을 짓지 말고 모든 선을 받들어 행하라"고
가르칩니다. 이처럼 불교는 마음을 인생과 사회의 변화를 주도하는
것으로 보고, 마음의 정화를 통해 모든 문제를 해결하고자 합니다.
그러나 마음은 새가 이 나뭇가지에서 저 나뭇가지로 옮겨 다니는
것처럼 끊임없이 움직이기 때문에 일관되게 붙잡거나 지키기가 매우
어렵습니다.

내가 살아있다는 것을 자각하는 것도 마음이며, 가장 확실한
것이 무엇인가 하고 생각하는 것도 마음 그 자체입니다. 마음이
확실한지 아닌지 의심하는 것도 마음밖에 없습니다. 지금 의자에
앉아 책을 읽는 것도 마음이며, 그 책의 존재를 의심하는 것도
마음입니다. 과거를 회상하며 현재를 생각하고 미래를 꿈꾸는 것도
마음입니다. 자기를 아는 것도, 주위에 무엇이 있다고 인식하는

것도, 의심하는 것, 납득하는 것도 모두 마음입니다. 그러므로
마음만이 가장 확실한 사실입니다.

그렇다면 우리의 몸, 신체는 도대체 어떻게 되는 것인가요?
우리는 몸에서 떨어진 마음이 마음만으로서 어딘가에 떠돌고
있다고 할 수는 없습니다. 불교에서도 몸과 마음은 떨어질 수
없다고 말해왔습니다. 신체를 떠난 마음이 있을 리가 없으며 마음을
떠난 신체도 있을 수 없죠. 따라서 불교의 수행은 "몸과 마음이
한결같다"는 심신일여心身一如에 바탕을 두고 있습니다. 이는 본래의
인간 존재를 말합니다. 그러면서도 불교는 신체와 독립된 측면에서
마음을 말합니다. 이때의 마음은 모든 신체적인 욕구의 구속에서
벗어난 고도의 정신력을 말하는 것입니다. 예를 들면 몸이 아무리
잠을 요구할지라도 정신력은 그것을 물리칠 수 있습니다.

327

정신과 육체의 뫼비우스

철학사전에서는 정신을 마음과 같은 뜻으로 쓸 때가 많습니다.
그리고 육체와 대립시켜 설명합니다. 그런데 정신과 육체, 정신과
물질의 관계는 다양한 양상으로 전개되어 왔고 지금도 논의되고
있습니다. 하지만 그 모든 것을 말하기는 여전히 힘듭니다. 서양의
일원론과 이원론, 유가와 불교의 일원론적 전통 중에서 어느 것이
옳으냐 그르냐는 인간 개개인의 다양한 경험과 인식만큼이나 다를
것입니다.

고대 그리스의 우주론의 물질에 대해 초보적으로
해석했습니다. 플라톤의 이데아론, 아리스토텔레스의
조화론으로부터 기독교의 구원으로 나아가는 정신, 데카르트의
심리철학, 헤겔의 역사정신 그리고 지금도 서구의 철학자들은
이 정신과 육체라는 문제를 이해하고 구명하기 위해 노력하고
있습니다. 물론 그것만으로도 방대하여 이번 강의에서는 생략하기로
합니다.

동양에서는 인간의 심신을 분리하지 않고 논의해왔습니다.
수양의 대상으로서 인간 존재 전체를 논의하는 수준이 많았죠. 이는
동서양 지적 전통의 차이에서 기인합니다. 지금까지 훑어보았듯이
우리도 심각하게 정신과 육체, 몸과 마음의 관계를 구명해보기로
합시다. 인간에 대해 진지하게 고민한다는 것은 우리의 의식 수준이
높아지는 것은 물론이고 우리의 존재 이유를 조금 더 명확히 할 수
있기 때문입니다. 지금 당장 질문을 던져 봅시다. 정신과 육체 어느
것이 앞설까? 어느 것이 우위일까? 구분할 필요는 없는 것일까?

chapter 21

"가치와
행위에
대하여"

인간은 구체적인 현실 속에서 살아갑니다. 그 속에서 무엇인가
지각하고 인식하죠. 학교에서는 무언가를 배우고, 사회 속에서
그것을 나름대로 실천해보려고 합니다. 실제 생활은 배운 내용과
판이하게 다르기도 합니다. 이럴 때 사람들은 어떻게 합니까? 인간은
자신의 가치 기준에 따라 행동하게 마련입니다. 지금 나에게 가장
가치 있는 것은 무엇일까?

331

　　우리는 어떤 형태로건 가치에 따라 판단하고 삶을 선택합니다.
우리 인생에서 기준이 되는 그 무엇이 다름 아닌 가치입니다.
사람들은 가치관에 따라 저마다 다른 행위를 선택합니다. 그
하나하나의 선택이 인간 삶의 실천입니다. 달리 말하면 그 실천의
밑바탕에 가치가 깔려 있다고 보면 됩니다. 나는 과연 어떤 가치관을
지니고 살아가는 걸까? 진정으로 가치 있는 인간 행위란 무엇일까?

가치의 본질

가치를 이해하는 데에는 여러 걸림돌이 놓여 있습니다. 보편타당한 가치를 만들기도 어렵고, 개인의 주관이나 감정에 따라 가치는 달라지기 때문에 한마디로 규정하기도 어렵습니다. 그렇지만 일반적으로 어떤 대상에 관계하는 사람의 일정한 태도를 가치라고 말할 수는 있습니다. "이 꽃은 아름답고 풍성해서 내 애인에게 바칠 수 있다." "이 꽃은 꽃다발을 만들어 팔면 돈을 벌 수 있다." 이 두 문장은 모두 서로 다른 용도이지만 공통적으로 꽃의 가치를 말하고 있습니다. 이처럼 하나의 사물에 대해서 승인이나 추구, 거부나 회피 등의 평가에 따라 가치는 달라지기 마련입니다.

가치는 본래적인 정의가 허용되지 않는 '존재', '실존' 등과 같이 최고의 개념에 속합니다. 우리가 존재와 실존에서 그랬던 것처럼 가치도 무엇인지 명확하게 정의할 수는 없습니다. 하지만 가치의 내용이 무엇인지 해명해볼 수는 있겠지요.

우선 선험적인 방법이나 관념적인 방법은 배제합시다. 대신에 현상적으로 사물을 바라보죠. 있는 그대로 말입니다. 우리는 흔히 "무엇 무엇은 가치를 가지고 있다"고 말합니다. 우리가 빵이나 먹을 것에 가치를 부여하는 것은 그것이 우리의 배고픔을 해소시켜주기 때문입니다. 또 옷이 가치가 있다면, 그것은 추위로부터 몸을 보호해주기 때문입니다. 단순하게 요약하면, 가치는 우리의 욕구를 충족시켜주는 어떤 것이 됩니다.

그런데 인간의 욕구는 사람들마다 다릅니다. 가치에
대해 개인의 판단이 개입하기 때문이죠. 어떤 사람은 강아지를
좋아하지만 어떤 사람은 혐오할 수 있습니다. 강아지를 좋아하는
사람은 강아지가 가치가 있을 테지만, 강아지를 싫어하는 사람은
전혀 무가치합니다. 이것은 가치에 대한 개인의 주관성과
관계됩니다. 우리는 이미 어떤 사람에게 있는 가치, 즉 그 사람과
어떤 형식으로건 관계있는 가치이므로 주관과의 관계가 문제가
됩니다. 가치는 항상 "어떤 사람에게 있어서의 가치"입니다. 따라서
가치란 가치를 느끼고 있는 주관과 관계되는 사물의 특성이라고
말할 수 있습니다.

이러한 가치의 본질을 시몬즈는 다음과 같이 여섯 가지로
얘기합니다. 첫째, 가치는 무엇이 "좋은 삶"을 구성하는가에 대한
신념입니다. 둘째, 가치는 구체적인 대상과 추상적인 대상 모두에
관계됩니다. 셋째, 가치는 명령적인 것으로 경험됩니다. 넷째,
가치는 교수, 관찰, 창조에 의해 습득됩니다. 다섯째, 가치는 개인의
삶의 역사를 가집니다. 여섯째, 가치는 지각과 행동에 영향을
미칩니다.

333

가치의 타당성

우리는 가치가 존재한다는 것을 의심하지 않습니다. 그리고
일상 속에서 사랑, 건강, 돈 등 여러 사물에 가치를 부여합니다.

그렇게 평가된 것을 하나의 가치라고 명명합니다. 따라서 모든 개인들에게는 가치가 존재합니다. 그런데 그 가치는 단지 개인적인 타당성만을 가질 뿐입니다. 다시 말해 단지 가치를 평가하는 몇몇의 개인들에게만 유효한 것입니다. 그런 가치들을 개인적인 주관적 가치라고 말합니다. 이는 인간이라는 유類의 일반에 유효한 일반적 가치들과는 상반됩니다. 개인적인 주관적 가치는 사랑하는 연인을 생각해보면 쉽게 다가옵니다. 여기 사랑하는 사람이 있습니다. 그녀가 어떻게 생겼건 어떤 말씨를 쓰건 어떤 옷을 입었건 그녀를 아름답다고 느낍니다. 그런데 그녀를 사랑하지 않는 사람은 그녀에게서 혐오감을 느낄 수도 있습니다. 그런데 풍부한 영양이 담긴 음식을 먹고 건강해지는 것은 누구에게나 일반적으로 중요한 가치입니다. 어떤 개인에게는 가치 있고 어떤 개인에게는 무가치한 것이 아니기 때문입니다. 이것을 일반적이고 객관적이며 보편적인 가치라고 부릅니다.

개인에게 타당한 것이 다른 사람에게 타당하지 않을 수도 있습니다. 다시 말하면 가치는 개인에 따라 상대적이라는 말입니다. 상대적인 상황에서는 모든 사람에게 두루 통하는 객관적이거나 절대적인 가치가 존재하지 않습니다.

다시 일반적 가치에 눈을 돌려 봅시다. 먼저, 우리는 일상생활에서 단순히 우리의 주관적 의욕이나 욕구로 가치를 체험하지 않는다는 사실을 분명하게 알게 됩니다. 만약 우리가 금강산과 같은 아름다운 풍경을 보게 된다면, 테레사 수녀와 같이

성스러운 윤리적 행위에 내적으로 깊은 감동을 받게 된다면, 우리는
주관적 의식이 아니라 객관성(혹은 대상성)에 입각해서 그러한
가치들을 체험한다는 것을 분명히 느끼게 됩니다.

두 번째, 대부분의 인간은 자신에게 부여된 가능성을 실현하기
위해, 자신의 이상을 실현하기 위해, 자기의 존재를 완성하기
위해 노력합니다. 다시 말하면, 어두움에서 벗어나 밝은 곳으로,
낮은 곳에서 높은 곳으로 가기 위해 노력하죠. 이것은 정신적인
가치입니다. 그런데 인간의 정신적 구조는 대부분 동일하므로
그 가치들 역시 대부분의 인간에게 적용될 수 있습니다. 따라서
정신적인 본질에 대한 가치 관련성은 개인의 차원을 넘어
보편타당성을 부여할 수 있는 것입니다.

세 번째, 문화적 측면에서도 가치는 객관성을 가질 수
있습니다. 인간에게 문화는 필수적으로 존재합니다. 문화는 인간
주체의 행위를 통해 객관적 가치를 실현합니다. 따라서 문화의
현존은 객관적 가치의 현존을 전제로 하죠. 문화를 창조하는
사람들은 그 객관적 가치에 감동하는 것입니다. 그런 가치에 잠겨
있기에 더욱 높은 세계가 그들 안에서 발현됩니다. 그들은 주관적인
개인적인 감정을 넘어 고귀하고, 위대하고, 대단한 어떤 것을
실현하려고 합니다.

하지만 여전히 가치의 타당성 문제를 증명하기란 쉽지
않습니다. 개인의 주관적 가치도 개인에게는 타당하며, 일반적이고
객관적인 가치도 함께 존재하기 때문이죠. 그렇다면 가치의 타당성

문제는 사실과 가치 판단을 통한 윤리라는 차원으로 넓혀 가게
됩니다. 당위와 도덕, 의무와 관련된 인간의 가치는 인간의 선한 삶
속에서 타당성을 가지게 됩니다. 그렇다면 있는 그대로의 사실과
가치의 관계를 어떻게 설정해야 할까요? 당연히 행해야 하는 당위와
의무 사이에서 가치는 어떻게 존재할까요?

사실과 가치판단

인간은 대개 착하게 살아가려고 노력합니다. 이런 선한 의지
속에는 반드시 인간의 가치가 결부되어 있습니다. 인간의 모든
행위, 즉 삶은 그의 가치에서 영향을 받기 때문입니다. 의식적이든
무의식적이든 인간의 삶은 그의 가치를 반영합니다. 다시 말하면
가치는 각자의 삶을 인도하고 삶의 방향을 제시한다고 할 수
있습니다. 삶 속에서 가치는 선택의 행위를 이끕니다. 여기에서
사실과 가치판단을 구별할 필요가 생기는 것입니다.

각별하게 지내던 친구가 길을 가다가 교통사고를 당했습니다.
그 친구가 병원에 입원했으니 흔히 사람들은 병문안을 갑니다. 물론
어떤 사람은 이유가 있어서 병문안을 가지 않겠지요. 교통사고를
당한 건 하나의 사실입니다. 여기서 병문안을 가거나 가지 않는
행위는 개인의 가치 판단에 따른 것입니다. 병문안을 가지 않는
이유가 있다면 그것이 병문안보다 더 가치 있는 일일 수 있습니다.
이처럼 사실과 가치 판단이 꼭 일치하는 것은 아닙니다.

그럼에도 병문안을 가거나 그렇지 않거나 모든 가치는
사실과 관계하고 있습니다. 가치는 사실, 실제를 담보로 성립하기
때문입니다. 병문안을 가느냐 그렇지 않느냐와 같이 어떤 사실에
대해 주관적 가치 의견을 나타내는 것이 가치 판단입니다. 일반적인
판단은 주어와 술어의 관계에서 순수한 이론적인 두 개념·내용
사이에 논리적(또는 사실적)으로 존재하는 객관적 관계이지만, 가치
판단은 주어 개념에 대해 주관적 평가를 내려서 시인 또는 부인된
가치 술어, 즉 유용함, 바름, 착함, 아름다움 등의 술어를 갖습니다.
가치 판단이 보편타당성을 주장할 수 있는가, 없는가에 대해서
가치를 단순히 주관적이며 우연적인 쾌, 불쾌의 감정에 그치는
것으로 보는 자연주의적인 견해가 있고, 경험 주관을 넘어선
객관적인 본질로서의 가치를 세우는 것으로 보는 칸트적인 견해도
있습니다.

어쨌든 가치는 사실과 관련되어 있고 사실을 향하도록
되어 있습니다. 따라서 순수한 가치는 추상적이고 허깨비와 같은
것입니다. 우리는 완전히 가치가 없는 사실을 생각할 수 없습니다.
사실은 여러 가지 관점에서 가치를 지니기 때문입니다. 모든 사실은
어떤 관계에 있든지 간에 유용성의 가치가 달라붙습니다. 살아있는
신체가 중요하다면 살아있다는 가치 또한 신체에서 사실이 될
수 있습니다. 물론 그렇다고 해서 가치가 존재로 환원되는 것은
아닙니다. 가치는 인간이 겪을 수 있는 모든 상황에서 주장될 수
있습니다. 가치와 사실은 구분되면서도 서로 관계합니다. 사실은

가치에 대하여 가치는 사실에 대하여 서로 충만한 완성을 도모하죠.
관념론에서는 가치만을 보고 실제를 무가치하다고 보지만,
실재론에서는 존재만을 보고 가치를 존재화합니다. 그렇기에 우리는
사실과 가치 판단의 문제를 좀 더 개방되고 넓은 세계 속에서 이해할
필요가 있습니다.

당위와 가치

일상생활 속에는 마땅히, 꼭 해야 하는 행위가 있습니다. 마땅한
행위, 즉 당위를 칸트는 이를 다른 목적의 수단으로서의 당위와 그
자신을 목적으로 하는 당위로 구별하였습니다. "너는 해야 한다",
즉 자신을 목적으로 하는 당위는 무조건의 명령이므로 도덕법의
요구와 일치합니다. 따라서 필연을 본질로 하는 자연의 법칙과는
대립합니다. 이런 윤리적인 성격을 가진 당위는 신칸트학파에서
가치의 기초가 됩니다.

  마땅히 행해야 할 것은 가치가 있기 때문에 하는 것일까요?
아니면 가치는 어떤 존재에 마땅히 있어야 하는 것인가요?
하르트만(Nicolai Hartmann, 1882~1950)은 "어떤 것이 그 자체로 가치가
있다 해서 어떤 사람이 그것을 행한 것이 결과로 나타나지는 않는다.
그것은 아마 그것이 존재해야 한다는 것을 의미한다."고 했습니다.
가치는 단지 관념적으로 또는 순수하게 마땅히 있어야 하는 것이죠.
그렇다고 존재 당위와 가치가 동일하지는 않습니다. 당위는 어떤

것에 대한 지향이지만, 가치는 그 지향이 향하는 어떤 것 자체를
말하기 때문입니다.

　관념적 존재 당위와는 달리 작용적 존재 당위도 있습니다.
작용적인 존재 당위는 사실과 대립하는 곳에 자리를 잡거나, 또는
자체로 존재하는 가치들이 비실재적인 곳에 자리를 잡습니다. 즉
가치가 반드시 작용적인 존재 당위에 붙어 있지는 않다는 말입니다.
작용에 따라 가치가 달라붙는 것이죠. 이것은 인식하고 의욕하는
주관과 만나게 되면서 행위 당위로 바뀌게 됩니다.

　하르트만은 당위를 이렇게 "관념적 존재 당위"와 "작용적 존재
당위", "행위 당위"의 세 가지로 구분했습니다. 한편 셸러는 당위를
"관념적인 당위"와 "규범적인 당위"로 구분합니다. 당위는 가능한
사실 존재를 향합니다. 관념적인 당위는 그 내용이 어떤 추구에 의해
체험되기 때문에 하나의 규범적 당위가 됩니다. 그러므로 셸러는
가치들이 어떤 가능한 사실 존재로 관찰되는 한, 관념적 당위는
가치들에서 나타난다고 말합니다.

　가치와 당위는 깊이 들어가면 갈수록 난해합니다. 하지만
인간 행위의 윤리적인 측면을 고려하면 쉽게 풀릴 수도 있습니다.
윤리적인 것에 적합한 절대적인 의무의 성격은 윤리적 가치에
내재하고 있는 당위에 근거하는 것일까요? 아니면 윤리학의 특정한
방향이 가리키는 가치들에 의해 부여되는 것일까요? 가치가
당위에 근거하여 이미 내재하는지, 가치에 의해 당위가 부여되는지
심각하게 생각해볼 일입니다.

가치의 분류

이제 조금 더 우리의 일상생활로 들어가 보기로 합시다. 우리의
삶과 행위 속에는 어떤 가치들이 존재할까요? 먼저 적극적 가치와
소극적 가치로 나누어볼 수 있습니다. 적극적 가치는 우리가
일반적으로 가치라고 부르는 것이며 소극적 가치는 무가치한
것입니다. 가치가 있느냐 없느냐, 즉 가치-무가치의 양극 구조를
말합니다. 다음으로 인격 가치와 사물 가치로 나눌 수 있습니다.
인격 가치는 인격적인 본질에만 주어질 수 있는 윤리적인 가치라면,
사물 가치는 비인격적인 부분에 부착되어 있는, 재화라고 묘사하는
가치들입니다. 자기 가치와 파생 가치로도 나눌 수 있습니다. 자기
가치는 확실하게 자기 안에 근거를 두기에 다른 가치에 의거하지
않고 독립된 성격을 소유합니다. 파생 가치는 그의 가치 성격을 자기
자신이 아니라 다른 것에서 얻습니다. 즉 차용하여 파생된 가치인
것이죠.

　　실질적인 관점에서의 가치는 서로 다른 가치 양태들이
있습니다. 다시 말하면 저급하거나 감각적인 가치, 고급의 정신적인
가치들이 있습니다. 감각적 가치들은 자연 존재로 인간과 관계하고
정신적 가치들은 정신 존재로 인간과 관계합니다. 감각적 가치는
물질적인 양태로, 정신적 가치는 비물질적인 양태로 있습니다.
감각적 가치는 주관적이고 상대적인 가치이지만 정신적 가치는
객관적이고 절대적인 가치입니다. 예컨대 빵의 가치는 인간의 식욕,

충동에 의해 구성됩니다. 따라서 주관의 성질과 상태에 의존하죠. 이는 개인적인 차원의 가치입니다. 그러나 "인간은 만물의 척도이다"라는 특수한 고급의 가치 영역이 있습니다. 이 정신적 가치들은 객관적이고 절대적입니다.

감각적 가치들은 쾌락 가치나 삶의 가치, 유용 가치 등으로 대별됩니다. 즉, 음식이나 음료, 생명력, 건강 등 유용한 경제적 가치들을 이릅니다. 생활에 직접적으로 필요한 많은 것들이 감각적 가치를 구성합니다. 반면 정신 가치들은 논리적 가치, 선의 가치를 표현하는 윤리적 가치, 고귀함, 비극적인 것, 사랑스러운 것 등을 나타내는 미학적인 가치, 종교적인 거룩한 가치들을 포함합니다. 이런 가치들은 서로 구별되며 개인에 따라 혹은 어느 정도 보편적으로 일정한 서열을 이루고 있습니다. 셸러(Max Scheler, 1874~1928)는 가치 서열의 기준을 다음과 같이 제시합니다.

① 가치는 더 오래 지속될수록 더 높은 가치들이다.

② 가치들은 적게 분할될수록 더 높은 가치이다.

③ 설립하는 가치는 설립되는 가치에 비해 높은 가치이다.

④ 성취를 가져오는 만족도가 클수록 가치들은 더욱더 높은 가치들이다.

⑤ 어떤 가치의 높이를 판단하는 최종 기준은 그 가치의 상대성 정도에 놓여 있다.

어떻게 가치를 실현할 수 있을까?

우리는 어떻게 가치를 실현할 수 있을까요? 이 질문에 답하기
위해서 우리는 다시금 인간과 인간이 만들어낸 문화, 그리고 사회로
돌아올 수밖에 없습니다. 가치는 인간을 어떻게 정의하고 의의를
부여하느냐에 따라 달라집니다. 동시에 가치가 인간의 삶 속에서
실현될 때 인간의 삶은 의의를 갖게 됩니다. 인간의 삶은 가치가
성취되는 것만큼 의의를 확보하는 것이죠. 그리고 인간은 개별
존재이면서 동시에 문화에 의해 매개된 사회 존재입니다. 문화는
인간의 활동과 창조를 통해 만들어진 작품입니다. 문화가 삶의
가치와 관계하면 하나의 가치가 실현되는 것입니다. 따라서 가치의
실현은 문화의 의의이며 문화의 가장 내면적인 본질이라고 할 수
있습니다. 모든 문화적 행위는 가치의 실현을 묘사합니다. 과학적
가치, 윤리적 가치, 미학적 가치, 종교적 가치 등 모든 문화는 가치에
의해 규정되는 사건이라고 할 수 있습니다.

그렇다면 어떤 방법으로 이런 가치를 실현할 수 있을까요?
모든 가치는 주관적 체험 속에서 이루어집니다. 객관적이고
일반적인 가치도 주관적 체험을 거쳐 내면화의 길을 걷습니다.
먼저, 우리는 소극적 체험을 통해 인간적 자아를 절대화하면서
자신을 한 단계 끌어올릴 필요가 있습니다. 동시에 삶을 신성화하여
좀 더 경건할 필요도 있습니다. 다음에는 적극적으로 인간의 삶을
체험하며 모든 인간의 가치 창조에서 경계를 뛰어 넘어 더 높은

이상을 예상할 필요도 있습니다. 때로는 가치 실현에서 어떤 것들을 거부할 수도 있습니다. 이런 몇 가지 태도를 통해 삶의 가치를 실현할 수 있습니다.

한계

가치의 문제는 너무나 복잡합니다. 가치는 각 문화 영역마다 다르고 개인마다 다릅니다. 실현 방법 또한 다양하지요. 우리는 앞에서 가치는 항상 "어떤 사람에게 있어서의 가치"이며 "주관과 관계되는 사물의 특성'이라고 했습니다. 이는 개인과 주관의 중요성을 말해줍니다. 가치는 개인이건 일반이건 주관과 관계합니다. 그리고 이런 가치는 상대적이면서도 보편적이고 절대적인 타당성을 지니죠. 문제는 타당하다는 의미를 쉽게 설명할 수 없다는 점입니다. 또 가치는 사실과의 관계 속에서 판단할 수 있습니다. 어떤 사물을 바라보고 어떤 기준에서 어떻게 판단할 것인지는 개인과 문화적 공통성을 지닌 사람들의 몫입니다.

중요한 것은 일상생활에서 가치가 마땅한 행위에 내재해 있는지, 마땅히 해야 할 일이 가치가 되는지를 깊이 생각해야 한다는 점입니다. 왜냐하면 가치와 당위는 인간의 도덕 윤리 문제에서 주요한 사안이기 때문이죠. 또 저급한 가치와 고급의 가치, 감각적 가치와 정신적 가치의 분류와 기준에 따라 인간의 행동양식도 달라짐을 인지해야 합니다.

343

더욱 중요한 것은 가치 실현의 문제입니다. 모든 가치는 주관적 체험에서 이루어집니다. 이때, 우리의 가치 판단과 선택은 우리 삶을 총체적으로 결정짓고 삶을 이끌어갑니다. 인간은 항상 한 단계 더 높은 가치를 향해 단계적으로 수위를 높여가야 합니다. 어쩌면 인간의 바람 자체가 가치 지향적이지 가치의 단계를 높이는 것은 아닐지 모르겠습니다.

가치는 어쩌면 삶 자체라고 할 수 있습니다. 그러니 삶을 이해하는 것만큼 깊고 넓습니다. 우리는 가치의 본질을 이해해야 합니다. 다른 사물과의 관계 속에서 인간이 판단하고 실천하는 과정에서 쌓인 경험의 축적물을 이해할 때 가치는 타당성을 얻고 진정하게 실현될 것입니다.

chapter 22

“ 아시아적

가치는

무엇인가 ”

아시아, 혹은 동양은 무엇을 의미할까요? 지리상의 구분 개념일까
아니면 역사, 문화, 제도, 관습을 포괄하는 복합적 개념일까요?
'아시아적 가치'란 무엇을 말하는 걸까요? 또한 아시아적 가치라는
것이 있기는 한 걸까요? 아시아적 가치에 대한 논의는 활발하게
진행되고 있습니다. 1994년 김대중 평화재단이사장은 당시의
싱가포르 수상이었던 리콴유와 아시아적 가치에 대해 지상
논전을 벌인 적도 있습니다. 이번 강의는 그 아시아적 가치에 관한
것입니다. 아시아의 가치에 대한 논의를 살펴보고 그 논의가 과연
우리에게는 무슨 의미가 있는지를 살펴보기로 합시다.

347

'아시아적 가치' 논쟁의 등장

'아시아적 가치'에 대한 논쟁은 일본을 비롯하여 한국, 대만,
홍콩, 싱가포르 등 동아시아 신흥국가들의 경제성장과 관련하여

등장했습니다. 20세기 중후반, 아시아 국가들은 세계 역사상
유래가 없을 정도로 눈부신 경제성장을 이룩합니다. 그러자 1970,
80년대 세계 학계(주로 서구 학계)는 아시아 국가들의 경제적 부상,
그 바탕에 무슨 힘이 도사리고 있는지 탐색하기 시작했습니다.
그들이 처음으로 주목한 것은 아시아 문화의 핵심인 유교였습니다.
이전에 서구인들은 아시아를 아주 비합리적이고 근대적으로
발전할 잠재력이 없는 나라들로 취급하였습니다. 베버(Max Weber,
1864~1920)만 하더라도 아시아 문화를 대표하는 유교에 대해
"자본주의적 의존 관계의 결여", "자연법과 형식 논리의 결여",
"자연과학적 사유의 결여"라는 표현을 쓰며 근대화의 장애물을 가득
안고 있다고 인식했습니다.

그런데 아시아 여러 나라들은 그들의 예견을 빗나가 성장을
하기 시작합니다. 가장 먼저 주목받기 시작한 일본을 비롯하여,
한강의 기적을 이룬 한국을 포함한 "아시아의 네 마리 용들"을
주목하기 시작했습니다. 서구인들은 고도로 성장하는 아시아에
놀라움을 표시하기 시작합니다.

"아시아는 농경사회에서 공업사회로 급속히 발전하면서 서구적인
경쟁과 효율성의 시장원리가 뿌리내리지 못하고 전통적인 인정에 기반한
공동체사회가 여전히 중요한 자리를 차지하고 있다. 그리고 고도성장은
이 같은 문화적 배경과 정부 주도의 개발모델이 어우러진 결과이다."

인용문은 아시아 경제성장의 문화적인 배경, 혹은 그 뿌리를 유교문화로 설명하려는 하나의 시도입니다. 그러다 1980년대 후반부터 아시아 경제는 침체되기 시작했고, 한국의 경우에는 IMF라는 국가위기 상황에 몰리기까지 했습니다. 그러자 그들은 다시 아시아적 가치, 즉 유교 문화를 비판하기 시작합니다. 그들은 유교라는 문화 자체가 서구식 자본주의를 수용할 수 없는 결함을 지니고 있다는 반증이라고 평가했습니다. 다시 말하면, 아시아적 가치는 서구 근대 민주주의와 자본주의라는 틀에서 볼 때, 별로 의미 없는 전근대적 사고의 범주라는 것이었습니다.

그리고 또 아시아적 가치 논쟁은 서구 근대성이 직면한 위기와 한계라는 배경을 안고 있습니다. 서구인들은 위기에 직면하여 그동안 배제되고 억압되어 왔던 비서구권의 다양한 문화적 가치들을 조명하기 시작했던 것이죠. 여기에서 중국 문명을 중심으로 하는 아시아적 사유가 그 가치를 발휘하며 새롭게 인식되었던 것입니다. 서구의 개인주의에 대비되는 유교적 공동체주의는 인간의 미래를 구제해줄 수 있는 대안으로 비치기도 했습니다. 즉 서구문화 중심의 오랜 관행에서 오리엔탈리즘이라는 독특한 문화적 환경이 인정되는 현상이 나타난 것이죠.

문제는 정말 아시아적 가치가 있냐는 것입니다. 만약 그 가치가 존재한다면 동양인들에게, 혹은 서구인들에게 어떤 의미를 지니는 것일까요? 그리고 동양식 유교와 서구 민주주의, 자본주의의 만남은 가능한 것일까요?

아시아는 유교문화 하나로 특징짓기에는 너무도 다양한 종교, 문화, 인종을 갖고 있습니다. 유럽문화라는 말을 생각해봅시다. 유럽의 다양한 종교, 문화, 인종을 기독교적 문화라고 특징지을 수 있을까요? 아이러니한 것은 유럽인들조차도 유럽적 가치가 무엇인지 정답을 말하고 있지 못하다는 사실입니다. 15세기가 될 때까지 유럽에 공통된 가치, 단일 민족국가 같은 개념을 지닌 국가는 그리 많지 않았습니다. 그들은 자신의 우월성을 입증하기 위해 폄훼해야 할 대상이 필요했습니다. 그것이 그들이 아시아에 눈을 돌린 가장 큰 이유였죠. 이것을 우리는 "오리엔탈리즘"이라고 부릅니다.

따라서 아시아적 가치라는 용어는 지나친 일반화의 오류를 범하고 있다는 비판을 면하기 어렵습니다. 유럽이 세계를 지배하기 시작하자 그러한 오리엔탈리즘적 사고는 더욱 확대 재생산되었습니다. 우리가 눈 여겨 보아야 할 것은, 경제성장을 하는 아시아를 보는 시각과 경기침체에 시달리는 아시아를 보는 시각이 전혀 다르지 않다는 사실입니다. 아시아의 민주주의를 비판할 때 그들이 재는 잣대는 유럽식 민주주의입니다. 서로의 문화와 역사가 다른데 자신들만의 잣대로 비판하는 것은 자기중심적인 논리라는 혐의를 벗을 수 없습니다.

물론 아시아적 가치에 대한 논의는 여전히 진행 중입니다. 그러나 그간 서구 학계가 보여주었던 시각으로는 아시아적 가치를 찾아내기 어렵습니다. 서구의 시각을 벗어나 자신만의 가치를 찾아야만 진정한 아시아적 가치를 발견할 수 있습니다. 그것이 지금 아시아에서 살아가는 우리들의 숙제이기도 합니다.

아시아, 동양의 의미

아시아라는 말은 앗시리아어의 '아수'에서 왔다고 합니다. 아수는 "해가 뜨는 곳"이라는 단순한 의미를 지닌 말입니다. 이것이 그리스로 들어가서 아시아가 되었는데, 그리스인에게 아시아는 자신들을 중심으로 동쪽을 가리키는 말이었습니다. 당시에 생각한 아시아는 오늘날의 터키 정도에 해당합니다. 그러다 로마시대를 거치고 지리상의 발견을 하게 되면서 인도와 중국을 비롯한 광대한 지역을 아시아라고 부르게 되었던 것입니다. 한편 유럽이라는 말은 "해가 지는 곳"이라는 의미의 앗시리아어 '에베르'에서 왔다고 합니다. 이것이 그리스말로 유럽이 되었고, 그리스의 서쪽을 의미했습니다. 이처럼 동양과 서양은 해가 뜨는 곳, 해가 지는 곳이라는 원초적인 의미를 지니고 있습니다.

그런데 동쪽과 서쪽, 해가 뜨는 곳과 해가 지는 곳은 서로 합쳐져야 하나의 세계가 됩니다. 즉 서로가 전제가 되는 지리적 개념일 뿐입니다. 문제는 서양 식민제국주의 세력이 팽창하면서 아시아라는 광대한 지역이 지닌 다양한 문화적 전통과 역사를 무시하고 자기중심적인 눈으로 바라보면서 나타났습니다. 아시아는 서구와 대립되는 개념이 아닙니다. 그때까지 자기중심적인

351

서구인들은 타문화, 즉 아시아를 인정하지 않은 것입니다.

아시아적 가치는 말 그대로 "아시아 문화권에 있는 독특한 내적 가치"입니다. 그런데 앞서 얘기한 대로 넓은 지역에 저마다의 전통과 역사, 문화를 갖고 있는 아시아에 정말 공통적인 보편 가치가 존재할까요? 아시아 전체를 대표하는 공통 가치체계를 발견하는 것은 그리 쉬운 일은 아닙니다. 그래서 어떤 이들은 서구의 의도가 담긴 허구적인 구성이라고 말하기도 하는 것입니다.

서구인들은 유교문화의 특징을 아시아적 가치라는 말로 치환합니다. 경제발전의 바탕에는 유교적 특징인 검소함, 교육에 대한 열의, 성실함, 공동체주의, 일사분란한 의사결정이 있다고 보았던 것이죠.

유교에 대한 새로운 이해

유교는 사실 중국, 한국, 일본 등 동아시아를 중심으로 발달한 사상입니다. 전통적 가치로서 유교는 서구의 근대적 사고에 비하면 중세, 혹은 전 근대적 가치에 속합니다. 서구의 근대성은 이념과 체제 면에서 개인주의, 관용과 견제, 합리성, 도덕성, 자유주의와 시장경제를 앞세우는 데 비해 유교의 경우에는 권위와 복종, 가족을 중심으로 확장되는 공동체, 즉 우리의식으로 무장하고 있습니다. 이러한 아시아적 가치는 부정적으로는 폐쇄성과 배타성, 몰가치성과 부패의 구조화를 고착시키고, 긍정적으로는 인간관계와 윤리 도덕,

인정의 문화가 싹틉니다.

　전통적인 유교사회는 계급·계층이라는 신분질서를 요구했습니다. 신분사회에서는 구조적인 위계질서가 존재하며 그것이 가장 존중받는 가치가 됩니다. 개개의 인간들은 상하계층 구조의 어느 부분에 소속되어 있으며, 소속에 따라 신분이 결정되고 권리와 의무를 분배받습니다. 이 위계질서를 지탱하는 것이 바로 권위와 복종입니다. 상위계층은 하위계층 위에서 군림하고 지배하는 것을 자신의 원리로 삼습니다.

　가장(아버지)과 식구(기타 가족 구성원들), 스승과 제자, 상사와 부하, 왕과 신하의 관계는 대부분이 권위-복종의 관계를 이루고 있습니다. 이는 국가구조상 지배자의 입장에 있는, 즉 권위를 가진 관료들의 힘에 의해 관료주의로 변질됩니다. 관官은 민民 위에 있다는 위계의 개념을 만들어내기 쉽습니다. 강한 권위주의 의식으로 무장된 제도 아래서 관 주도형 경제개발, 관치금융, 관에 의한 시장개입, 행정규제와 같은 현상들이 자연스레 드러납니다. 그리고 이 권위주의에 길들여진 민은 관의 개입과 통제를 이의 없이 받아들이게 됩니다.

　행정기관의 장, 국회의원, 대기업 총수 등이 바로 권위주의의 산물입니다. 그만큼 권위는 인간의 어떤 목적 달성과 실행을 위한 직접적인 힘이었던 것입니다. 이러한 권위주의적 지배방식, 즉 지배하는 소수의 인간과 복종하는 다수의 인간이 바로 아시아 전통사회의 인간구조를 이루고 있었던 것입니다. 다시 말하면,

353

위계질서와 서열의식이 바로 권위주의를 낳고 정당화시켰던 것이죠. 그리고 그것은 나름대로 아시아 사회체제를 유지하는 질서체계이자 규범, 윤리덕목으로 굳어 있었다고 볼 수 있습니다.

그러나 이러한 인식은 유교가 추구한 바도 아니고 유교의 본질도 아닙니다. 유교는 물질보다 정신을 강조하고 협동을 권하는 철학입니다. 유교가 권위나 위계질서만 강조해 왔을까요? 역사적으로 많은 유학자들이 개혁과 개방을 주장하기도 했고, 국가체계에 대해 정면으로 도전한 사람도 있습니다. 많은 유학자들이 주류 가치에 대해 비판의 칼날을 세워온 것도 사실입니다. 아시아적 가치는 보수적인 체계만을 대표할 수는 없습니다. 그러한 해석은 자칫 지배계층의 관점으로 역사와 문화를 바라보는 심각한 오류에 빠질 수도 있습니다.

354

유교는 기본적으로 혈연관계를 중심으로 하는 사유체계를 지니고 있습니다. 가족을 중심으로, 그 원리에 따라 나의 활동 범위를 조금씩 넓혀갔던 것이죠. 우리는 흔히 "우리"라는 말을 자주 씁니다. "우리"라는 말은 인간이 자신이 속한 사회에서 어떤 가치, 존재이유, 혹은 역할을 하는지 잘 보여줍니다. "우리"는 단순히 말하면 한 울타리 내에서의 인간관계를 말합니다. 가장을 축으로 조직되는 가정은 구성원들 사이에 일체감 혹은 연대의식이 강할 수밖에 없습니다. 우리는 가족이라는 식구 공동체로 결속된 하나의 힘으로 뭉쳐져 있고 그것으로 외부의 위협에 대처합니다.

이것은 동일한 논리로 사회와 국가로 확장됩니다. 우리나라만

해도 지연, 학연, 혈연 등 인연에 의해 맺어진 끈들이 무수히
얽혀 있습니다. 이런 우리라는 공동체의식은 "울타리" 보호막을
만드는 긍정적인 측면도 있지만, 그만큼 타인들에게는 폐쇄적이고
배타적입니다. 즉 타인에 대해 이분법적으로 나누어 생각하기
쉽다는 말이죠. 이 속에는 남을 용납하기를 거부하는 철저히
배타적인 "우리"라는 정념이 도사리고 있습니다. 그래서 우리
전통사회에서는 우리-남, 내 편-네 편, 내 사람-다른 사람 등의 편
가르기라는 부정적 결과를 낳았던 것도 사실입니다. 조선시대의
당파 싸움에서 오늘의 남북 분단까지 그런 가치와 신념체계의
연장선상에서 역사가 흐르고 있는지도 모르겠습니다.

그런데 다른 한편으로 보자면, 유교적 가족주의는 아시아에서
전통적인 사회유지의 수단이었습니다. 그리고 자기 정체성을
확립시켜주는 장치이기도 했습니다. 나는 누구의 자식인가? 나의
조상은 어떤 분인가? 나는 앞으로 우리 가문을 위해 무엇을 할
수 있을 것인가? 이런 생각들이 유교에서는 당연시되었습니다.
그것은 한편으로 인간관계의 결속력을 높여주는 계기로 작용하기도
했습니다. 그래서 유교를 인간의 철학이 아니라 인간관계의
철학이라고 부르기도 하는 것입니다. 다시 말하면 유교는 개인적
윤리학이 아니라 사회적 윤리학입니다. 유교는 이처럼 인간이 구성한
모든 공동체의 원형을 가족에 두었던 것이죠. 아시아적 가치의
뿌리는 가장 먼저 가족주의적 공동체라고 할 수 있을 것 같습니다.

아시아적 가치에 대한 기존의 평가들

그렇다면 이제 우리는 서구인들이 말하는 아시아적 가치와는 다른 우리 눈으로 그것을 찾아봐야 합니다. 아시아적 가치 예찬론자인 말레시아의 전 총리 마하티르는 이렇게 말했습니다.

"무엇보다도 아시아적 가치는 공동체 또는 가족 중심적이다. 우리는 가족의 가치에 대해 큰 비중을 둔다. 또 완전한 개인의 자유와 권리보다는 그 개인이 속해 있는 공동체의 전체적인 이익에 더 큰 가치를 두고 있다. 가족과 공동체에 대한 개인의 책임이 개인적 자유보다 더 중요하다. 반면 서양의 가치관은 개인의 권리를 훨씬 강조한다. …… 아시아적 가치는 또 정부의 권위를 존중한다. 정부의 권위는 사회 안정을 보장한다. 이러한 권력과 안정이 없으면 질서도 없다."

마하티르(Mahathir bin Mohamad, 1925~)는 공동체와 정부의 권위가 아시아가 발전할 수 있었던 바탕이었으며 앞으로도 그 가능성을 열어준다고 생각하는 것입니다. 아시아적 가치가 개인, 사회생활의 두 측면에서 서구적 규범보다 우월하거나 적어도 미래의 대안이 될 수 있다고 보았던 것이죠.

리콴유(Lee Kuan Yew, 李光耀, 1923~) 싱가포르 전 수상의 경우도 크게 다르지 않습니다. 그는 90년대 후반에 발생한 아시아의 경제파국이 정실주의나 부정부패, 막후 밀실거래의 관행으로 나타난 것이라고 인정합니다. 하지만 그것은 아시아적 가치의 기본 뿌리인 유교의 본질이 아니라 유교의 타락이라고 봅니다. 그의 논리는 가족을 돕고 친구와 우애를 지키라는 유교적 윤리 자체가 나쁜 것이 아니라 인간의 공적인 자리, 혹은 권력을 이용하여 특혜를 준, 변질되고 타락한 유교가 나쁜 것이라는 입장입니다.

국내의 몇몇 소장학자들도 아시아적 가치의 기본 뼈대인 유교를 서구 민주주의와도 충분히 조화될 수 있다고 생각했습니다. 즉 유교민주주의라는 이름으로 서구의 "시민"을 "군자", 혹은 "선비"에 대비시킵니다. 자유민주주의가 "개인적 권리"를, 사회민주주의가 "계급 이해"를 핵심적인 가치로 삼는다면, 유교민주주의는 '인의예지仁義禮智'를 추구하는 민주주의라는 것입니다. 앞에서 본 것처럼 유교는 가족을 중시합니다. 이 가족 공동체가 바로 인의예지의 가치가 실현되는 공간입니다. 그래서 이 시대가 요구하는 것은 뚜렷한 문화적 정체성, 즉 유교적 정체성을 바탕으로 강력한 자아관과 가족관, 국가관, 세계관을 형성하고 유지하는 것, 여기에서 아시아적 가치는 의의를 지닌다고 생각했던 것입니다.

홍콩 총독을 지낸 크리스토퍼 패턴은 『동양과 서양』이라는 책에서 이렇게 말했습니다.

"이제 세계는 아시아적 가치로 볼 수 있는 검약, 근면, 가족 가치, 권위에 대한 존중, 그리고 기업과 정부 간의 밀착 등의 미덕이 무리한 탐욕, 완고함, 친척이나 우리 사람 등용, 부패 등의 악덕으로 변할 수 있는지를 알게 되었다."

　미국의 MIT대학의 루시앙 파이 교수는 "아시아적 가치는
온정주의적인 아시아 신생 민족주의가 서구 식민주의에 대항하는
역사적 싸움의 맥락에서 이해해야 한다"고 주장했습니다.
서구로부터 수입된 민족국가의 이상은 전통적인 아시아적 집단의
정체성과 모순을 일으킵니다. 즉 가족, 씨족 및 종족적 혈통
등 모두 새로운 국가적 정체성을 구축하는 데 마찰과 문제를
일으킨다는 것입니다. 여기에서 아시아적 가치가 서구 근대
민족국가의 가치이념과 충돌한다고 보았던 것이죠. 또한 타임 지의
칼럼리스트인 신밍쇼도 아시아 지역이 "뒤틀린 유교"를 포기하지
않는 한 계속 서양에 뒤떨어질 것이라고 폄하합니다.
　『문명의 충돌』의 저자 헌팅턴은 1999년 방한 중 한 강연회에서
이렇게 말합니다.

　"지난 수십 년 동안 동아시아 국가들이 이룩한 눈부신 경제발전은
이 지역 특유의 아시아적 가치 때문이라는 설명은 최근 동아시아의
경제위기로 말미암아 비판받고 있다. 그러나 모든 가치에는 부정적
측면이 있게 마련이다. 동아시아의 금융위기를 촉발시킨 것은 정실
자본주의, 투명성 결여 등 아시아적 가치의 부정적 측면이었다. 그러나
다행히도 긍정적 측면이 경제난 회복에 일조하고 있다."

이는 아시아적 가치의 부정적 측면과 긍정적 측면을 동시에 본
것입니다. 그리고 아시아적 가치는 유효함과 가능성을 갖고 있음을
보여줍니다. 즉 근면과 규율, 권위 존중, 집단적 충성심 등으로
대변되는 아시아적 가치는 경제성장의 주요한 원천이었으나, 결탁과
정실주의, 투명성 결여라는 부작용도 가져왔다는 것이죠. 그러나
아시아적 가치의 긍정적인 측면들은 다시 경제회복의 주요한 힘이
되고 있다고 역설하고 있습니다.

『역사의 종말』이라는 책을 쓴 프란시스 후쿠야마는 아시아적
가치와 경제발전의 관계를 모호한 것으로 봅니다. 즉 경제성장의
밑바탕에 유교가 존재한다는 가정 자체를 부정했습니다. 그는
"아시아 일부 국가의 경제성장은 그 지역의 아시아인들이
유교문화의 상업과 육체노동을 비하하는 것을 포함하여 그들 자신의
문화적 유산 중 중요한 요소를 부정한 것에 부수된 것이었다"고
주장했습니다. 즉 아시아적 가치가 아시아 경제성장의 중심적
요인이 아니고, 아시아적 가치는 '사회관계의 영역' 속에 존재하는
것이라는 것이죠. 한편, 홍콩대학의 그랜트 에번스 교수는 아예
아시아적 가치나 아시아적 문화, 혹은 아시아적 심성은 존재하지
않는다고 말하기도 했습니다.

만약 아시아라는 개념을 아시아 대륙의 지리적 영역 전반에 걸쳐
나타나는 문화적 제일성의 어떤 것을 지칭하는 것으로 사용한다면, 이는
매우 잘못된 것이다. 중국이 프랑스문화보다는 베트남문화에 더 영향을

주었고, 인도가 발리 혹은 스리랑카 타이 불교에 더 영향을 주었다.
아시아는 매우 다양하고 복합적인 것이다. 아시아는 인도문명에 의해
영향을 받은 남아시아, 중국문명의 영향을 받은 동아시아, 그리고 주로
인도의 영향을 받아 이것에 적응한 것처럼 보이는 동남아시아 ……
아시아는 서로 다른 영향을 받은 세 개의 커다란 문화영역이 있다고
보아야 할 것이다.(『무엇이 아시아인가?』 중에서)

그는 아시아적 가치란 광대한 아시아 전역에서 공통적으로
나타나는 문화현상이 아니라 동아시아라는 좀 더 좁은 의미의
가치나 신념체계를 말한다고 보았던 것입니다.

360

민주주의와 인권을 바탕으로 하는 아시아적 가치

아시아적 가치라는 용어가 탄생한 배경은 아시아 몇몇 나라의
비약적인 경제적 성장 때문이었습니다. 그러나 우리는 위에서
살펴본 것처럼 그 가치를 하나로 규정하기 어렵다는 사실을 알게
되었습니다. 아시아라는 광활한 지역과 서로 다른 문화, 인종,
공동체는 아시아적 가치라는 용어로 통일하기에 어려움을 줍니다.
또한 그 다양함에 대한 아시아 내부에서의 이해 또한 부족한 것이
현실입니다.
아시아 여러 지역의 이야기를 모은 『백 개의 아시아』의 공동
편집자인 방현석은 책을 펴낸 의도를 "(아시아를) 하나로 규정할

수 없다면, 서로 어떻게 다른가, 어떻게 다른 가치와 문화 속에서
성장했고 어떤 다른 길을 향해 가고 있는가를 보여줘야" 한다고 믿고
있습니다.

두 번에 걸쳐 노벨평화상 후보에 올랐던 태국의 술락 시바락사
박사는 아시아는 기존의 성장중심의 사고에서 벗어나, 자연과
인간의 공존, 협동과 순환, 공동체적 가치를 추구하는 쪽으로
발전해야 한다고 강조합니다. 아시아적 가치라는 말이 인권에
대한 변명이어서도 안 됩니다. 송상현 국제형사재판소 소장은
"인권이라는 보편적 가치는 아시아라고 해서 다르게 적용되어서는
안 된다"고 힘주어 말합니다.

아시아적 가치는 서구의 편중된 시각의 문제뿐만 아니라,
아시아 내부에서도 성장과 사회안정이라는 논리 아래 불평등을
심화해 왔습니다. 그들은 부정부패나, 인권의 문제에도 "불구하고"
경제가 발전했다는 논리를 과감하게 전개해 왔습니다. 그러나
지금까지 논의된 아시아적 가치는 민주주의와 인권의 문제에서
재평가되어야 되어야만 합니다. 유교문화에 대해서도 그런
바탕을 근거로 해서 재해석해야 합니다. 결국 이 문제는 결정하고
해결해가야 할 당사자는 아시아인 바로 우리들입니다.

참고문헌

· 周易
· 論語集註
· 孟子集註
· 中庸章句
· 大學章句
· 荀子
· 朱子語類
· 朱文公文集
· 論語古今註
· 史記列傳
· 師說
· 道德經
· 般若心經
· Bible
· Koran

· 강선보 · 신창호. 교육의 이해. 서울: 동문사, 2009.
· 김동화. 불교학개론. 서울: 보연각, 2013.
· 김정환, 강선보. 교육학 개론. 서울: 박영사, 1998.
· 선불교 경전연구팀. 한법. 한법. 영동군: 선불교 출판부, 2007.
· 신창호, 서은숙. 한국 사상과 교육윤리. 고양: 서현사, 2003.
· 신창호. 교육과 학습. 고양: 온고지신, 2012.
· 유네스코 21세기 세계교육위원회. (김용주 역). 21세기 교육을 위한 새로운
  관점과 전망 : 유네스코 21세기 세계교육위원회 종합보고서. 서울: 오름, 1997.
· 200주년 신약성서 번역위원회. 신약성서: 한국천주교회 창립200주년 기념. 서울:
  분도출판사, 1991.
· 한국대장경편찬위원회. 韓國大藏經 1 : 阿含部 : 長 · 中 · 增一, 雜阿含. 경기도:

불교통신교육원, 2000.

· Aristotle. (천병희 역). 니코마코스 윤리학. 고양: 숲, 2013.
· Aristotle. (천병희 역). 정치학. 고양: 숲, 2009.
· Aristotle. (김진성 역주). 형이상학. 서울: 이제이북스, 2007.
· Bentham, Jeremy. (고정식 역). 도덕과 입법의 원리 서설. 파주: 나남, 2011.
· Bertman, Stephen. (이미숙 역). 그리스 신전에서 인간의 길을 묻다: 내 인생을 바꾸는 4천 년의 지혜. 예문, 2011.
· Bergson, Henri. (이광래 역). 사유와 운동: 형이상학 입문. 서울: 문예출판사, 1993.
· Broad, Charlie D. (박찬구 역). 윤리학의 다섯 가지 유형 : 스피노자, 버틀러, 흄, 칸트, 시즈위크. 서울: 철학과현실사, 2000.
· Buber, Martin. (표재명 역). 나와 너. 서울: 문예출판사, 2001.
· Descartes, Rene. (이현복 역). 성찰: 자연의 빛에 의한 진리 탐구, 프로프램에 대한 주석. 서울: 문예, 1997.
· Descartes, Rene. (이종훈 역). 데카르트의 삶과 진리추구: 방법서설. 파주: 이담Books, 2012
· Dewey, John. (이홍우 역). 민주주의와 교육. 서울: 교육과학사, 2007.
· Dewey, John. (이유선 역). 철학의 재구성. 서울: 아카넷, 2010.
· Dworkin, Ronald. (염수균 역). 법과 권리. 파주: 한길사, 2010.
· Dworkin, Ronald. (장영민 역). 법의 제국. 서울: 아카넷, 2004.
· Einstein, Albert. (장헌영 역). 상대성 이론: 특수 상대성 이론과 일반 상대성 이론. 서울: 지식을만드는지식, 2012.
· Fichte, Johann Gottlieb. (황문수 역). 독일국민에게 고함. 서울: 범우사, 1979.
· Fichte, Johann Gottlieb. (한자경 역). 전체 지식론의 기초. 서울: 서광사, 1996.
· Freud, Sigmund. (조대경 역). 프로이트: 꿈의 해석. 서울: 서울대학교출판부, 1993.
· Freud, Sigmund. (임홍빈, 홍혜경 역). 정신분석 강의. 파주: 열린책들, 2003.
· Freud, Sigmund. (임홍빈 외 역). 프로이트 전집. 서울: 열린책들, 2003.
· Fromm, Erich. (이상두 역). 자유에서의 도피. 서울: 범우사, 1985.

363

· Fromm, Erich. (최혁순 역). 소유냐 존재냐?. 서울: 범우사, 1999.

· Fromm, Erich. (황문수 역). 사랑의 기술. 서울: 문예출판사, 2000.

· Giddens, Anthony. (박노영, 임영일 역). 자본주의와 현대사회이론: 마르크스, 뒤르켐 그리고 막스 베버의 저작분석. 파주: 한길사, 2008.

· Hartmann, Nicolai. (허재윤, 금교영 공역). 인식과 윤리: 존재론의 입장에서. 서울: 형설출판사, 1994.

· Hegel, Georg Wilhelm Friedrich. (홍재일 역). 헤겔철학과 변증법. 서울: 법문사, 1960.

· Hegel, Georg Wilhelm Friedrich. (김계숙 역). 헤겔논리학. 서울: 서문출판사, 1983.

· Heidegger, Martin. (전양범 역). 존재와 시간. 서울: 시간과 공간사, 1992.

· Heidegger, Martin. (김문성, 이윤성 역). 신은 죽었다. 서울: 책향기, 2000.

· Heidegger, Martin. (이기상, 김재철 공역). 존재론: 현사실성의 해석학. 서울: 서광사, 2002.

· Heidegger, Martin. (김재철 역주). 종교적 삶의 현상학. 서울: 누멘, 2011.

· Heidegger, Martin. (박찬국, 설민 공역). 근본개념들. 서울: 길, 2012.

· Hobbes, Thomas. (최공웅, 최진원 역). 리바이어던. 서울: 동서문화사, 2009.

· Hobbes, Thomas. (이준호 역). 인간론. 서울: 지식을만드는지식, 2009.

· Hohfeld, Wesley Newcomb. Fundamental legal conceptions as applied in judicial reasoning. Westport, Conn. : Greenwood Press, 1978.

· Huntington, Samuel P. (이희재 역). 문명의 충돌. 서울: 김영사, 1997.

· Illich, Ivan D. 탈학교의 사회. 서울: 삼성문화재단, 1978.

· Jhering, Rudolf Von. (심윤종, 이주향 공역). 권리를 위한 투쟁. 서울: 범우사, 1998.

· Kroner, Richard. (유헌식 역). 헤겔: 칸트에서 헤겔까지. 서울: 청아출판사, 1990.

· Locke, John. (이극찬 역). 통치론, 자유론. 서울: 삼성출판사, 1986.

· Malinowski, Bronislaw Kasper. (한완상 역). 文化의 科學的 理論. 서울: 삼성, 1982.

· Martin, Gottfried. (박갑성 역). 소크라테스 평전. 서울: 삼성문화재단, 1974.

· Marx, Karl, Engels, Friedrich. (광송섭, 권명식 역주). 마르크스 · 엥겔스 혁명론.

서울: 지평, 1988.

· Marx, Karl. (김수행 역). 자본론. 서울: 비봉, 2001.

· Merleau-Ponty, Maurice. (권혁면 역). 의미와 무의미. 서울: 서광사, 1985.

· Merleau-Ponty, Maurice. (류의근 역). 지각의 현상학. 서울: 문학과 지성사, 2002.

· Mill, John Stuart. (김형철 역). 자유론. 파주: 서광사, 2008.

· Montesquieu, Charles-Louis de Secondat. (이명성 역). 법의 정신. 서울: 홍신문화사, 2006.

· Newton, Isaac, Sir. (이무현 역). 프린키피아 : 자연과학의 수학적 원리 제1권, 물체들의 움직임. 서울 : 교우사, 1998.

· Nietzsche, Friedrich. (최승자 역). 니체전집, 6. 짜라투스트라는 이렇게 말했다. 서울: 청하, 1987.

· Nietzsche, Friderich Wilhelm. (안영란 역). 니체 혼자인 인간. 서울: 세광문화, 1996.

· Nozick, Robert. 자유주의의 정의론: 아나키, 국가 그리고 유토피아. 서울: 문광문화사, 1991.

· Oparin, Alexawder I. (양동춘 역). 생명의 기원. 서울: 한마당, 1990.

· Plato. (최민홍 역). 플라톤 전집: 소크라테스의 대화.3. 소크라테스의 변명. 서울: 상서각, 1973.

· Plato. (최현 역). 소크라테스의 대화록: 소크라테스의 변명 외. 서울: 집문당, 1997.

· Plato. (강철웅 역). 향연. 서울: EjB, 2010.

· Plato. 고르기아스. 서울 : EJB, 2011.

· Plato. (박종현 역주). 국가. 파주: 서광사, 2011.

· Jaspers, Karl. (황필호 역). 소크라테스, 석가, 송자, 예수, 모하메드. 용인: 강남대학교 출판부, 2001.

· Jaspers, Karl. (윤성범 역). 실존철학입문. 서울: 신양사, 1958.

· Jaspers, Karl. (윤성범 역). 철학입문. 서울: 을유문화사, 1980.

· Jaspers, Karl. (신옥희 역). 철학적 신앙. 서울: 이화여자대학교 출판부, 1995.

· Jaspers, Karl. (황문수 역). 비극론 · 인간론. 서울: 범우사, 1999.

· Kant, Immanuel. (이규호 역). 도덕형이상학원론 : 영구평화론. 서울: 박영사, 1974.

· Kant, Immanuel. (최재희 역). 실천이성비판. 서울 : 박영사, 2001.

· Kant, Immanuel. (이석윤 역). 판단력비판. 서울: 박영사, 2001.

· Kant, Immanuel. (최재희 역). 순수이성비판. 서울: 박영사, 2011.판부. 2001.

· Kierkegaard, Soren. (최혁순 역). 키에르케고르: 사랑과 영혼의 기로에서. 1988.

· Kierkegaard, Soren Aabye. (임춘갑 역). 불안의 개념. 서울: 종로서적, 1979.

· Kierkegaard, Soren. (임규정 역). 불안의 개념. 서울: 한길사, 1999.

· Kohlberg, Lawrence. (문용린 역). 콜버그의 도덕성과 발달 이론. 서울: 아카넷, 2000.

· Rousseau, Jean-Jacques. (정봉구 역). 에밀. 서울: 범우사, 1984.

· Rousseau, Jean-Jacques. (김봉구 역). 고백. 서울: 박영률출판사, 2005.

· Rousseau, Jean Jacques. (최석기 역). 인간불평등기원론, 사회계약론, 고독한 산책자의 몽상. 서울: 동서문화사, 2007.

· Rawls, John. (황경식 역). 공정으로서의 정의. 서울: 서광사, 1991.

· Sartre, Jean Paul. (김희영 역). 구토. 서울: 학원사, 1987.

· Sartre, Jean Paul. (정동호, 이인석, 김광윤 공역). 죽음의 철학. 서울: 청람, 2004.

· Sartre, Jean-Paul. (박정자, 변광배, 윤정임, 장근상 공역). 변증법적 이성비판. 파주: 나남, 2009.

· Scheler, Max. (이을상, 금교영 공역). 윤리학에 있어서 형식주의와 실질적 가치 윤리학: 윤리적 인격주의의 정초를 위한 새로운 시도. 서울: 서광사, 1998.

· Spinoza, Baruch. (김성근 역). 국가론. 서울: 서문당, 2001.

· Spinoza, Benedictus de. (강영계 역). 에티카. 파주: 서광사, 2007.

· Tillich, Paul. (남정길 역). 사랑, 힘, 정의. 대구 : 형설출판사, 1972.

· Weber, Max. (전성우 역). 탈주술화 과정과 근대: 학문, 종교, 정치. 서울: 나남출판, 2002.

· Weber, Max. (박성환 역). 경제와 사회: 공동체들. 파주: 나남, 2009.

· Weber, Max. (박성수 역). 프로테스탄티즘의 윤리와 자본주의 정신. 서울: 문예출판사, 2010.

375

신창호 교수의 인문학 특강